教育部人文社会科学重点研究基地重大项目"宋代经学与哲学研究"（07JJD720042）成果
教育部人文社会科学重点研究基地山东大学易学与中国古代哲学研究中心重大项目成果

宋代经学哲学研究

理学体贴卷

向世陵／主编

王心竹　吴亚楠／著

上海图书馆
上海科学技术文献出版社

图书在版编目（CIP）数据

宋代经学哲学研究·理学体贴卷 / 向世陵主编. —上海：上海科学技术文献出版社，2014.10
ISBN 978-7-5439-6389-4

Ⅰ. ①宋… Ⅱ. ①向… Ⅲ. ①经学—研究—中国—宋代 ②理学—研究—中国—宋代 Ⅳ. ①Z126.274.4②B244.05

中国版本图书馆CIP数据核字（2014）第229266号

责任编辑：张　树　李　莺
特编编辑：施　维　张亮亮

宋代经学哲学研究·理学体贴卷

向世陵　主编

*

上海科学技术文献出版社出版发行
（上海市长乐路746号　邮政编码200040）
全 国 新 华 书 店 经 销
四川省南方印务有限公司印刷

*

开本 700×1000　1/16　印张 17　字数 350000
2015年1月第1版　2015年1月第1次印刷
ISBN 978-7-5439-6389-4
定价：48.00元
http://www.sstlp.com

目 录

第一章 宋初儒学复兴的社会政治语境 …………………………… 1
  一、宋初政治困境与偃武修文国策的确立 ………………… 2
  二、右文崇儒,以为家法 …………………………………… 6
  三、庆历以来的政治变革对儒学复兴的促进作用 ………… 11

第二章 经学新诠的历史轨迹 …………………………………… 19
  一、宋初经学的守成与萌新 ………………………………… 20
  二、庆历正学向《六经》的回归与对圣人之道的追寻 …… 26
  三、嘉祐以来的性理之学与理学的产生 …………………… 33

第三章 与佛老的抗辩及性理话语的容摄 ……………………… 42
  一、佛老之说天下已成风 …………………………………… 42
    (一) 释氏东行,山闻海惊 ……………………………… 43
    (二) 天下遍有道像矣 …………………………………… 47
    (三) 吾理自立,则彼不必与争 ………………………… 52
  二、由治世到治世与治心的贯通 …………………………… 59
    (一) 佛者治心、儒者治世之论 ………………………… 59
    (二) 儒学治心与治世的贯通 …………………………… 62
  三、性理论题的相互开示 …………………………………… 65
    (一) 欲闻性命之趣,吾儒自有至要 …………………… 65
    (二) 儒道两家道、理、气论的相互启发 ……………… 70
    (三) 返本复性论中的交融互摄 ………………………… 73

第四章 核心话语转换下经典文本的拣选与扩展 …… 81
一、《五经》资源的再挖掘 …… 82
（一）《春秋》 …… 82
（二）《周易》 …… 86
（三）《三礼》《尚书》与《诗经》 …… 90
二、经典文本的扩大：《大学》《论语》《孟子》《中庸》 …… 95
（一）《论语》 …… 96
（二）《孟子》 …… 100
（三）《大学》《中庸》 …… 103

第五章 从《周易》《中庸》到《太极图说》与《通书》 …… 110
一、《周易》与天人合一的本体论构造 …… 112
二、合《中庸》于《周易》而论"性" …… 117
三、经典的融汇与希圣工夫 …… 120

第六章 程学的经典与天理的体贴（上） …… 124
一、时代话题与经典语境 …… 125
二、二程之前天理与理的概念 …… 129
（一）二程之前的天理 …… 129
（二）二程之前的理 …… 132
三、体贴天理的灵感 …… 140
（一）"穷理尽性以至于命" …… 141
（二）格物穷理致知的进路 …… 142

第七章 程学的经典与天理的体贴（下） …… 146
一、天理与本体 …… 147
（一）"形而上下" …… 147
（二）"立象尽意" …… 149
二、天理与生生之仁 …… 151
（一）儒家经典的多角度发明 …… 151
（二）《周易》与《孟子》的阐发 …… 155

三、"理一分殊"与贯通理性命 …………………………………… 157
　　四、涵养工夫的落实 ………………………………………………… 164

第八章　发于《易传》的张载气学 ……………………………………… 171
　　一、张载之前的"太虚"概念 ……………………………………… 172
　　二、《易》之"形象""幽明"与气之"太虚" ………………… 181
　　　（一）"太虚"的意涵 …………………………………………… 182
　　　（二）"幽明"与"太虚" ……………………………………… 185
　　　（三）"形""象"与"太虚" ………………………………… 186
　　三、《易》之"太和"世界 ………………………………………… 189
　　　（一）"神"与"太和"世界的动力 …………………………… 190
　　四、"天命之谓性"与"继善成性" ……………………………… 194
　　五、"知崇礼卑"与"尽心知性" ………………………………… 197

第九章　宋学方法论与理学理论创见 …………………………………… 201
　　一、怀疑经传——以朱熹"格物补传"为例 …………………… 201
　　　（一）《大学》阙文 …………………………………………… 202
　　　（二）《格物补传》与理学发明 ……………………………… 206
　　二、张栻与朱熹的解经理路——以《论语·学而》的注解为例 … 210
　　　（一）《论语解·学而》重理重行的特色 …………………… 211
　　　（二）《论语集解·学而》之兼采汉宋 ……………………… 217
　　　（三）张、朱二人就《学而》注解的讨论 …………………… 223
　　三、超越经典——陆九渊的经典观 ……………………………… 228
　　　（一）直趋本根，脱略文字 …………………………………… 229
　　　（二）"转步而未曾移身" …………………………………… 232
　　　（三）发明本心与超越经典 …………………………………… 237

结语：理学的新经典与话语系统的形成 ………………………………… 241
　　一、经典内部的统一 ……………………………………………… 241
　　二、经典之间的协调 ……………………………………………… 242
　　　（一）《周易》《中庸》之言天道与人事 …………………… 243

（二）忠恕"贯道"与"违道不远" …………………………… 244
（三）圣贤气象与言有异处 …………………………………… 244
三、对经典的超越 ………………………………………………… 245
（一）《论语》与《孟子》之性"近"与"性善" ………………… 246
（二）《论语》之"上智下愚不可移" ………………………… 247
（三）再论《孟子》言"生之谓性" …………………………… 248
（四）《孟子》言性善与《周易》之"继善成性" ……………… 248
四、核心范畴的贯通 ……………………………………………… 250
五、经典的作用和彼此互补 ……………………………………… 251
（一）《周易》之"穷理"与《大学》之"格物" ……………… 252
（二）"《易》非学者之急务" ………………………………… 253

后　记 …………………………………………………………… 255

参考文献 …………………………………………………………… 257
关键词索引 ………………………………………………………… 263

第一章　宋初儒学复兴的社会政治语境

陈寅恪先生认为，中国文化实造极于赵宋之世①；而赵宋文化的核心则是理学。对于"理学是如何生发和建立"这个问题的追溯，不仅是理解理学思想的题中之义，亦对今日我们面向传统文化与外来文化以寻求新文化之生提供一种参鉴。以往学界对于这个问题的思考，多沿循回应佛道挑战和融汇佛道资源的理路，近年来渐有一种新的关注，即从儒家经学内部来探索理学萌发之机，本书所论亦是此工作之一种继续。

即便如此，学术思想的发展从来不是纯逻辑的推衍，现实世界存在变化的原因和根据，往往是推动它深入发展的深厚动力。儒学在宋初的复苏，与赵宋王朝偃武修文国策的确立与实施有着密切的关系。而且，自汉末以来，作为一种与社会人伦、政治制度联系紧密的思想学说，儒学在收拾人心方面的力不从心也是和自汉末以来动荡的政治环境密不可分。这里需要说明的是，宋初的文治国策只是使儒学得以复苏，其最重要的价值便是为后来的经学新诠提供了重要的文化环境和人才贮备，而仁宗以来的政治革新则是促使作为儒学的核心形态的经学发生新变并最终导致理学产生的重要条件。这些政治上的革新运动直接推动了儒学的革新，这是因为，这些政治革新运动的发起人，无不以儒学作为他们的重要思想资源，从中寻求支持政治革新的依据。也就是说，二者之间有着密不可分的伴生关系。"这种伴生关系，或许是研究北宋儒学的一个必要纬度。依据这个纬度来研讨北宋儒学复兴运动，可以把握各学派共同的问题意识、相互关联的理论宗旨、各派的思想逻辑及其真实内涵，从而避免单纯概念演绎所难以避免的诠释随意性以及内涵虚化等

---

① 参见陈寅恪：《金明馆丛稿二编》，上海：上海古籍出版社，1980年，第245页。

流弊。"①

一、宋初政治困境与偃武修文国策的确立

从历史的发展来看，宋代直承五代十国之乱；而五代十国时期可以说是中国历史上最混乱的时期之一，这种混乱首先集中表现为武将擅权，地方藩镇割据势力的不断抬头，即政治制度本身的败坏上，宋初对中唐以后以及五代十国之乱的反思也集中体现在这一点："天下之所以四分五裂者，方镇之专地也；干戈之所以交争互战者，方镇之专兵也；民之所以苦于刑苛法峻者，方镇之专杀也；朝廷命令不得行于天下者，方镇之继袭也。"② 其次则是基本人伦道德的普遍沦丧。后晋节度使安重荣就直言不讳地说："天子宁有种邪？兵强马壮者为之尔！"③ 整个社会"君君臣臣、父父子子之道乖，而宗庙朝廷人鬼皆失其序"，④ 以致置君如置吏，变国如变舍，"五十三年之间，易五姓十三君，而亡国被弑者八，长者不过十余岁，甚者三四岁而亡"⑤《宋史·忠义传序》也讲："士大夫忠义之气，至于五季，变化殆尽。"⑥

故赵宋王朝立国伊始，即"以防弊之政，作立固之法"，从政治制度的条理化，以及社会纲常伦理的有序化等各个层面重建政治秩序。而政治秩序的重建，既包括政治制度本身的有序构建和社会人伦的规范创设，更体现在对作为这一制度合法性依据的探寻上。就前者而言，儒家思想重在以五伦为中心构建一个长幼尊卑等差而有序的社会，并以此作为指导人们日用常行的价值原则。宋初的智圆和尚在论及儒佛之异，并告诫佛徒不可轻视儒家时即言："世有滞于释氏者，往往以儒为戏。岂知夫非仲尼之教则国无以治，家无以

---

① 卢国龙：《宋儒微言》，北京：华夏出版社，2001年，第2页。
② 陈邦瞻：《宋史纪事本末》，北京：中华书局，1977年，第11页。
③ 欧阳修：《新五代史》卷五十一，北京：中华书局，1974年，第583页。
④ 欧阳修：《新五代史》卷十六，第173页。
⑤ 欧阳修：《本论》，《欧阳修全集》卷六十，李逸安点校，北京：中华书局，2001年，第862页。
⑥ 脱脱等：《宋史》卷四百四十六，北京：中华书局，1977年，第13149页。

宁，身无以安。国不治，家不宁，身不安，释氏之道何由而行哉？"① 就后者而言，即儒家在为政治制度、政治运行提供思想基础方面，也有当时兴盛的佛老所不可拟的优势，这是由儒家思想本身一方面看重纲常伦理，另一方面自创生起即积极为人本身及现实制度寻找天道依据的特征所决定的。因此，赵宋王朝在开国之初"偃武修文"，客观上崇儒尊儒，可谓必然之举措，宋太祖甚至认为："今之武臣，亦当使其读经书，欲其知为治之道也。"② 当然，这里需要注意的是，不是统治者为了弘扬儒学而提倡"偃武修文"，而是儒学本身的特征符合了宋初的实用特征。也正因为如此，在当时"偃武修文"国策的推动下，儒释道三教实际都得到了重视，这从吕蒙正《大宋重修兖州文宣王庙碑铭并序》中可见："（宋太宗）谓皇道既以平，华戎又以宁，尔乃凝神太素，端拱穆清。阐希夷之风，诠真如之理。间则披皇坟而稽帝典，奋睿藻以抒宸章，哲王之能事备矣，太平之鸿业成矣。"③ 但儒学本身的如上特征使其很快脱颖而出，全面登上历史舞台。

赵宋王朝"偃武修文"的策略也顺应了当时人心在经历了长期离乱之后厌乱而思治的普遍社会心理。余英时先生在《朱熹的历史世界》中引晁补之《张穆之触鳞集序》："太祖皇帝起平祸乱……慨然思得诸生儒士，与议太平。而鲁之学者始稍稍自奋陇亩，大裾长绅，杂出于戎马介士之间。父老见而指以喜曰：此曹出，天下太平矣。方时厌乱，人思，复常故士贵。"一段，认为民间这种厌乱求治的心理是宋初儒学复兴的原动力，"鲁地民间父老对儒学和经生都抱有敬意，这是因为他们深受五代混乱的痛苦，迫切期待着'天下太平'，社会秩序得以早日'复故常'"④。

直接导致赵宋王朝兴文的当然还有对武将的忌惮。五代以来，由于拥兵自重的藩镇首领经常带兵入主中央，中央禁军的力量逐渐强大，后唐明宗李嗣源、末帝李从珂、后周太祖郭威都是由于得到禁军的拥立而登上皇位的。

---

① 释智圆：《中庸子传上》，《闲居编》卷十九，《续藏经》第101册，台北：新文丰出版公司，1983年，第110页、111页。
② 司马光：《涑水记闻》，邓广铭、张希清点校，北京：中华书局，1989年，第15页。
③ 吕蒙正：《大宋重修兖州文宣王庙碑铭并序》，《全宋文》第4册，成都：巴蜀书社，1988—1994年，第345页。
④ 余英时：《朱熹的历史世界》，北京：三联书店，2004年，第297页。

可见武将之位高权重已经到了无以复加的地步，直接决定着王朝的变迁。后汉史弘肇就曾说："安朝廷，定祸乱，直须长枪大剑，至如毛锥子（笔——笔者注）焉足用哉？"① 而赵匡胤本身就曾协助郭威夺取政权，后来由于战功卓著升为禁军最高统领殿前都点检，助他获取皇位的陈桥兵变，走的也是禁军拥立的道路。赵匡胤建国之初禁军的九名高级将领，都曾在赵宋集团的崛起和陈桥兵变中发挥过重大作用，集兵权、功勋于一身，对新登皇位的赵匡胤来说，他们都是潜在的危险，故"以防弊之政，作立固之法"，解除一些禁军大将的兵权，或将一些开国将领调出京师，"各守外藩"。赵匡胤对武人的不信任还在于他认为武人的残暴害民远甚于文人。他曾对赵普说："五代方镇残虐，民受其祸，朕令选儒臣干事者百余，分治大藩，纵皆贪浊，亦未及武臣一人也。"② 故"艺祖皇帝用天下之士人，以易武臣之任事者，故本朝以儒立国，而儒道之振，独优于前代。"③ 同时他对文士的偏好也影响了宋初文治国策的确立："自古创业垂统之君，即其一时之好尚，而一代之规模，可以豫知矣。艺祖（宋太祖——笔者注）革命，首用文吏夺武臣之权，宋之尚文，端本乎此。"④

另外，作为五代时期最后一个利用军权夺取政权的皇帝，赵匡胤的权力基础相对比较薄弱，不能以威德凌人，这也就是王夫之所说的"权不重""望不隆""学不夙""恩不洽"，"权不重，故不敢以兵威劫远人；望不隆，故不敢以诛夷待勋旧；学不夙，故不敢以苛法督吏民"⑤，但赵匡胤本人却"惧以生慎，慎以生俭，俭以生慈，慈以生和，和以生文"⑥，以惧慎之心，生俭慈和文之举，故在建国之初的施政方略上务求宽柔，以缓解与社会各阶层的冲突，"百年嚣陵噬搏之气，浸衰浸微"⑦。

基于这一基本国策，赵宋王朝也确实构建了一个有序的政治制度，如重用文臣以抑制武将；分割宰相事权以解决皇权与相权的矛盾；解除大将兵权，

---

① 薛居正等：《旧五代史·史弘肇传》，北京：中华书局，1976年。
② 李焘：《续资治通鉴长编》卷十三，北京：中华书局，1995年，第293页。
③ 脱脱等：《陈亮传》，《宋史》卷四百三十六，第12940页。
④ 脱脱等：《文苑一》，《宋史》卷四百三十九，第12997页。
⑤ 王夫之：《宋论》，北京：中华书局，1964年，第3页。
⑥ 同上。
⑦ 同上。

实施兵将分离以平息藩镇武将祸乱；鼓励台谏官上书言事以加强对百官的监督等等，基本结束了武人政治。尤其通过百官的相互牵制和监督，实际上加强了中央及君主的权力，这可以说是宋代政治革新的一个重要特点。就君主及中央集权而言，前者是指皇帝一个人的专制，天下事无论大小都由君主决定；后者则主要体现为中央与地方的关系，即由中央政府直接有效地控制地方的行政、财政、司法、军事诸权力。这一体制虽萌发于战国时期，至秦始皇一统天下正式确立，但其完善和不断强化却经历了一个相当漫长的过程。可以这样说，至少在宋之前，宗室、外戚、权臣以及地方豪族势力常常以违法犯禁、分裂割据等手段，对中央王权构成严重威胁，因此中央君权独尊的地位，并没有真正完全确立。但唐宋之际是个分界线，宋代以后，君主专制独裁逐渐膨胀，至明、清两朝达到极点。

对于中央及君主集权下的政治状况，范祖禹曾形象地表述："自本朝之法，上下相维，轻重相制，民自徒以上，吏自罚金以上，皆出于天子。藩方守臣统制列城，付以数千里之地，十万之师，单车之使，尺纸之诏，朝召而夕至，则为匹夫。是以百三十余年，海内晏然。"① 但这一秩序的建立，在加强了中央及君主的权力，杜绝了地方割据之可能性的同时，削弱了臣僚及地方州郡的管理权。君主直接控制军事、财政、行政大权，削弱州郡实力，使一切权力集中到皇帝个人手中。据载，"太祖既得天下，诛李筠、李重进，召赵普问曰：'天下自唐季以来，数十年间，帝王凡易十姓，兵革不息，苍生涂地，其故何也？吾欲息天下之兵，为国家建长久之计，其道何如？'普曰：'陛下之言及此，天下人神之福也。唐季以来，战斗不息，国家不安者，其故非他，节镇太重，君弱臣强而已矣。今所以治之，无他奇巧也，惟稍夺其权，制其钱谷，收其精兵，则天下自安矣。'语未毕，上曰：'卿勿复言，吾已喻矣。'"② 对于这样一种集权状况，朱熹即言："本朝鉴五代藩镇之弊，遂尽夺藩镇之权，兵也收了，财也收了，赏罚刑政一切收了。州郡遂日就困弱。"③ 叶适也说："国家因唐、五季之极弊，收敛藩镇，权归于上，一兵之籍，一财

---

① 李焘：《续资治通鉴长编》卷四百六十八，第1277页。
② 司马光：《涑水纪闻》，第11页。
③ 黎靖德编：《朱子语类》卷第一百二十八，王星贤点校，北京：中华书局，1994年，第3070页。

之源，一地之守，皆人主自为之也。"① "兵皆天子之兵，财皆天子之财，官皆天子之官，民皆天子之民"②。这种权力向君主的集中化在宋初即有批评的声音，欧阳修在仁宗在位前期就说："今自京师至于海隅徼障，一尉卒之职必命于朝，政之大小皆自朝出，州县之吏奉行而已。"③ 导致的结果就是地方政府虽有心兴利，而无其权其力，这一方面使地方州郡官吏失去了管理的主动性和积极性，另一方面，也只能在协调一切民事纠纷之外，间或过问州县书院的教育，用力于教化。就此而论，文教事业在此大背景下得以发展。这可以说也是宋代儒学得以复兴的原因之一。

二、右文崇儒，以为家法

如上所述可见，"偃武修文"国策的确立不单是为了儒学复兴而设，但确实对儒学的复兴具有至关重要的意义。围绕这一国策，有许多具体的政策与制度建构，如不杀士大夫与上书之人、台谏制度的完善、经筵讲读、倡明科举、鼓励书院等等。对于这些施政方略，赵匡胤也颇为自得，他在给赵普的信中即言："朕与卿平祸乱以取天下，所创法度，子孙若能谨守，虽百世可也。"④

所谓不杀士大夫与上书言事人，据旧题为陆游所著的《避暑漫抄》记载："艺祖受命之三年，密镌一碑，立于太庙寝殿之夹室，谓之誓碑，用销金黄幔蔽之，门钥封闭甚严。因敕有司，自后时享及新天子即位，谒庙礼毕，奏请恭读誓词。是年秋享，礼官奏请如敕。上诣室前，再拜升阶。独小黄门不识字者一人从，余皆远立庭中。黄门验封启钥，先入焚香明烛，揭幔，亟走出阶下，不敢仰视。上至碑前再拜，跪瞻默诵讫，复再拜而出。群臣及近侍，皆不知所誓何事。自后列圣相承，皆踵故事。岁时伏谒，恭读如仪，不敢漏泄。虽腹心大臣，如赵韩王、王魏公、韩魏公、富郑公、王荆公、文潞公、

---

① 叶适：《始议二》，《水心别集》卷十，《叶适集》（三），北京：中华书局，1983年，第759页。
② 脱脱等：《陈亮传》，《宋史》卷四百三十六，第12933页。
③ 欧阳修：《问进士策三首》，《欧阳修全集》卷四十八，第674页、675页。
④ 《全宋文》第1册，第185页。

司马温公、吕许公、申公,皆天下重望,累朝最所倚任,亦不知也。靖康之变,犬戎入庙,悉取礼乐祭祀诸法物而去。门皆洞开,人得纵观。碑止高七八尺,阔四尺余,誓词三行,一云:'柴氏子孙有罪,不得加刑,纵犯谋逆,止于狱中赐尽,不得市曹刑戮,亦不得连坐支属。'一云:'不得杀士大夫及上书言事人。'一云:'子孙有渝此誓者,天必殛之。'后建炎中,曹勋自虏中回,太上寄语云,祖宗誓碑在太庙,恐今天子不及知云云。"① 二程虽未言有此誓碑,但当他在说到"三代而后,本朝有超越古今者五事"② 时,其中就有"百年未尝诛杀大臣"③,即不诛杀大臣确实是事实。王夫之则明言有此誓:"自太祖勒不杀士大夫之誓以诏子孙,终宋之世,文臣无欧刀之辟"④,并认为"若此三者,不惟之盛德也不能"⑤。

至于对上书言事之人的优渥,可以从苏轼《上神宗皇帝书》中可见:"历观秦、汉以及五代,谏诤而死,盖数百人。而自建隆以来,未尝罪一言者,纵有薄责,旋即超升,许以风闻,而无官长,风采所系,不问尊卑,言及乘舆,则天子改容,事关廊庙,则宰相待罪。"⑥ 宋代的谏诤,主要是以台谏制度来实现的,所谓台谏制度乃御史台与谏院的并称,其作为职官在中国政治制度史中的发展变迁,以及在宋代政治中的重要作用,陈植锷先生有详述⑦,就后者而言,兹引其论,"北宋台谏制度的加强,与宋学的崛起,也表现为一种相互影响、相互促进的关系……一方面是统治者出于巩固中央集权而救

---

① 《秘史》,《丛书集成新编》第86册,台湾新文丰出版公司影印版[未署出版年],第668页。据明代秤乘本排印。转引自杨海文:《"宋太祖誓碑"与"不杀士大夫"》。对于"宋太祖誓碑"存在的可能性及碑文内容的真实性,张荫麟先生最早加以考辨,见《宋太祖誓碑质疑》,后杜文玉先生以及徐规先生等,均对此碑的真实性持怀疑态度。但杨海文先生以《"宋太祖誓碑"与"不杀士大夫"》及《"宋太祖誓碑"的文献地图》(《学术月刊》2010年第10期),认定"宋太祖誓碑"存在的可能性远远大于不存在的可能性。笔者认同杨海文先生之论。
② 程颢、程颐著,王孝鱼点校:《河南程氏遗书》卷第十五,《二程集》,北京:中华书局,2004年,第159页。
③ 同上。
④ 王夫之:《宋论》,第6页。
⑤ 同上书,第4页。
⑥ 苏轼:《苏轼文集》卷二十五,北京:中华书局,1986年,第740页。
⑦ 参见陈植锷:《北宋文化史论述》,北京:中国社会科学出版社,1992年,第35—59页。

'内重'之弊的需要大开言路、鼓励直谏，一方面是应了这种世运变化而复兴的儒家传统文化的熏陶，使儒家知识分子本来就相当突出的批判意识和参与意识在这一时期得到空前的高涨，蔚为从政治生活开始进而贯彻到社会文化各个层面的时代精神，以及由它派生的怀疑精神、创造精神和实用精神"①。故《宋史》谓："考宋之立国，元气在台谏。"② 这种对文人的优渥，既保持了内部政治的相对稳定，为经济和文化的发展提供了安宁的社会环境，又为士大夫的自由论政论学，为儒学在宋代的复兴提供了重要的制度保障和必要的条件。

至于经筵之制的建立，虽然汉以来就有，但"经筵"之名宋代才出现。宋初，太祖召王昭素讲《周易》，但并无开经筵之举。依南宋吕中之说："自太平兴国开设经筵，而经筵之讲自太宗始。自咸平置侍讲学士，而经筵之官自真宗始。"③ 经筵制的建立，使儒学得以通过宣讲于帝王的方式，影响最高统治者，并进而影响天下之士风与学风。

"夫学术之归，视乎科举。"④ 科举制度虽正式形成于唐代，但当时仍有明显的察举制的残余，很容易造成"空有篇章传海内，更无亲族在朝中"、"闭门十年专笔砚，仰天无处认梯媒"的状况，故在太祖起，便对前朝科举制度进行革新，取士不讲门户，废除"公荐"，开宝八年（975）二月，太祖在殿试时即谓："向者登科名级，多为势家所取，致塞孤寒之路，甚无谓也。今朕躬亲临试，以可否进取，尽革畴昔之弊矣。"⑤ 太宗雍熙二年（985）甚至将"举进士试皆入第"的宰相李昉之子、参知政事吕蒙正的弟子、盐铁使王明之子、度支使许仲宣之子，以"此并势家，与孤寒竞进，纵以艺升，人亦谓朕为有私也"为由而"皆罢之"⑥。"朝为田舍郎、暮登天子堂"于此时已成为鲜

---

① 参见陈植锷：《北宋文化史论述》，第50页、51页。
② 脱脱等：《列传》第一四九附论，《宋史》卷三百九十，第11963页。
③ 《宋大事记讲义》卷八，文渊阁四库本。转引自《经术与性理》，北京：学苑出版社，2009年，第69页。
④ 《道学外传》，见《社会剧变与规范重建——严复文选》，上海：上海远东出版社，1996年，第93页。
⑤ 李焘：《续资治通鉴长编》卷十六，第336页。
⑥ 李焘：《续资治通鉴长编》卷二十六，第595页。

活的现实事例。如王禹偁，即"世为农家"①，"仲淹两岁而孤，母更适长山朱氏"②，欧阳修"四岁而孤……家贫，至以荻画地学书"③，一大批出身贫寒而又才学高拔之人通过科举得以脱颖而出。同时，通过实行殿试等制度，使皇帝亲自掌握取士大权，及第进士但知恩出师门、不及人主的状况也得以清除，皇帝的权力也由此得以强化。建隆三年（962），太祖即"诏及第举人不得呼知举官为恩门、师门及自称门生"④。

不仅科举考试的机会向孤寒之士倾斜，科举录取的名额也激增。从开宝六年殿试进士到太宗继位的20年间，每年录取进士都在500人以上，而整个唐代贡举取士人数最多的一次也不过79人。太宗继位仅两个月，就亲开科举，并言："朕欲博求俊乂于科场中，非敢望拔十得五，止得一二，亦可为致治之具矣。"⑤ 同时，为防止场屋舞弊，还严密科举条制，实行别头、锁院、弥封和誊录制度，严格考试的公平性，尽可能地扩大应试者队伍。并且凡中进士第者一律授官。考试的内容，虽也有诗赋，但逐渐开始看重对儒家典籍的考查。当然当时对儒家典籍的考查还基本是帖书以及墨义，看重的是对经文本身的记忆和对汉唐注疏的因循，但这为当时读书人普遍熟悉儒家经典提供了重要的制度保障，经学也于此得以在上承汉唐的基础上逐渐恢复，宋初经学重守成的特点于此得以体现。之后，科举考试的内容、方式等伴随着政治革新均有调整，这些调整既体现了经学新诠的成果，又促进着经学发生更深入的变化，关于这一点，在后文中将结合北宋政治变革而展开。

学校教育在宋初右文崇儒的方略下也得到发展。宋代学校有官学与私学两大类。官学中又有中央学校与地方学校之分。中央官学主要有国子学、太学、律学、武学、医学六所；宋徽宗时还一度设有算学、书学和画学；此外，还有广文馆、宫学和宗学。在所有中央官学中，以国子学与太学最为重要，在宋代国子学与太学的发展变化中，可以看出当时学校教育受众群的扩大与兴盛局面。国子学在宋以前一直是贵胄子弟的专属学校，如唐代，三品以上、国公子孙，才有入学的资格，且名额有限，学生最多时也就300人。但到北

---

① 脱脱等：《王禹偁传》，《宋史》卷二百九十三，第9793页。
② 脱脱等：《范仲淹传》，《宋史》卷三百一十四，第10267页。
③ 脱脱等：《欧阳修传》，《宋史》卷三百一十九，第10375页。
④ 李焘：《续资治通鉴长编》卷二，第71页
⑤ 李焘：《续资治通鉴长编》卷十三，第393页。

宋，国子学的入学资格，降到京朝七品官以上子弟，并且这一规定一再放宽，开宝八年（975），打破只招七品以上官员子弟的规定，低级官员、寒门子弟都可以入监听读。至景德年间（1004—1007），规定文武朝官的嫡亲子弟可附国子监取解，而那些远离家乡长期寓居京师的一般学子，只要文艺可称，有本乡命官做保，经国子监长官验实，也准许入学读书。这说明国子学在宋代已经不再是贵胄子弟的专属学校，由此也可见当时教育受众群体已完全平民化，孤寒之士得以有机会接受教育。而且随着太学的发展，国子学逐渐向太学转化，最终与太学合而为一①。

宋初统治者也多次通过视学、表彰先圣先贤以及提高教师地位等方式，体现对教育的重视，太祖建隆元年的两次视学，前人视之为北宋儒学复兴之始。太祖建隆元年，还诏塑先圣先贤先儒之像，并亲制孔、孟之赞，以表延续学统。太宗淳化五年（994），应判监李至所奏，把无定员的讲书改为直讲，"以京朝官充"，作为专事讲经的老师②。除中央官学外，地方学校教育也逐渐复兴。北宋初期，地方州县学很少，且不许州县官随便立学。州县置学之始，当为大中祥符二年（1009）二月特许曲阜先圣庙立学。之后，州县之学渐次开放。陈植锷先生总结说："北宋兴学一共有四次，第一次是天圣、景祐时期的州县学校大量兴办，第二次是庆历、嘉祐时期的太学盛建，第三次是熙宁元丰时期太学三舍法的实施，第四次是崇宁以后，三舍法由太学推广至州县，学校考选代替科举成为取士的重要途径。"③ 在这样的治国策略下，培育了大量的读书人，他们追尊孔子及儒家诸子，整理儒家经籍，重视讲学授业，形成了尊师重教、读书明理的社会风气。

书院也开始逐步恢复。书院是我国历史上学校教育的重要形态之一，更是历史上儒学民间教育的最高形态。就书院的起源，陈傅良曾言："书院不知起何时，以余所闻，汉初郡国往往有夫子庙，而无教官，且不置博士弟子员。其学士尝课试，供养与否，阙不见传记。然诸儒以明经教于其乡，率从之者数十百人，辄以名其家。齐、鲁、燕、赵之间，《诗》《书》《礼》《易》《春

---

① 参见姚瀛艇主编：《宋代文化史》，开封：河南大学出版社，1992年，第77—82页。
② 吴国武：《经术与性理》，第77页。
③ 陈植锷：《北宋文化史论》，第121页。

秋》《论语》，家各甚盛，则今书院近之矣。"① 认为汉初夫子庙乃书院之雏形，理由便是二者具有相近的教育功能。贞元中，李渤隐居读书于庐山白鹿洞，至南唐时就遗址建学馆，以授生徒，号曰庐山国学，实乃书院。至于书院之名，一般认为其名始于唐代。开元六年（718）设丽正修书院，十三年改集贤殿书院。置学士，掌校刊经籍、征集遗书、辨明典章，以备顾问应对。书院用以讲学，盖始于唐末。大顺中，江州陈衮立东佳书堂（亦称义门书院）。在两宋三百多年的历史中，书院有 720 所之多，在数量上超过了唐五代书院总和的 10 倍以上②。宋代书院书院作为与官学、私学并立的教育形式，在基本性质上主要有私人讲学和吸收民间力量两个特点。而且，随着书院教育的发展，宋代书院作为完善的教育组织，很大程度上成了科举应试教育的承担者和矫正者，这双重因素促使它反而可以在更大的空间里得到社会资源和多方支持。据载，宋初太祖、太宗、真宗朝共有公私书院 9 所③。几大著名书院于此时开始建立或复建。如岳麓书院，"盖宋受命四年，遂平荆湖。又十有一年，尚书朱洞来守长沙，作书院岳麓山下"④。应天府书院则是应天府民曹诚在戚同文故居旧址上所建。嵩阳书院为五代后周时所建，至道二年（996）太宗赐"太室书院"匾额，景祐二年（1035）重修，改为嵩阳书院。白鹿洞书院，如前所述，自南唐建立学官，至宋一直有士子就学，虽在真宗朝有停办，但仁宗皇祐五年（1053）又在原址复建学馆。

三、庆历以来的政治变革对儒学复兴的促进作用

一方面是基于"以防弊之政，作立固之法"，确立了偃武修文的基本国策，另一方面由于宋初与任何一个初建的王朝一样，都经历了前朝末世之乱，

---

① 陈傅良：《潭州重修岳麓书院记》，《陈傅良止斋先生文集》卷三十九，《四部丛刊》本。
② 见邓洪波：《中国书院史》，上海：东方出版中心，2006 年，第 60 页。
③ 见曹松叶：《宋元明清书院概况》，《中山大学语言历史研究所周刊》第十集，第 111 期。
④ 陈傅良：《潭州重修岳麓书院记》，《陈傅良止斋先生文集》卷三十九，《四部丛刊》本。

民生已凋敝不堪，因此，与汉初一样，宋初三朝也在"偃武修文"基本国策下，采取"与民休息""无为而治"的策略，以有利于国计民生的恢复，这不能不说是受黄老思想影响的结果。当然，所谓"偃武修文"即融摄了儒释道各家的思想。得益于这一施政方略，社会经济得以逐步恢复，整个社会风气也趋于庄敬简默，士风以因循为尚，反对更张，"国初，赵普中令为相，于厅事坐屏后置二大瓮，凡有人投利害文字，皆置瓮中，满即焚于道衢。李沆文靖为相，当太平之际，凡建议，务更张喜矫激者，一切不用。每曰：'用此以报国耳。'"① 吕端则直言："国家若行黄老之道，以致升平，其效甚速。"② 近代著名史学家、文献学家刘咸炘在《史学述林·北宋政变考》中对宋初这一士风有一概括："真宗以前及仁宗初年，士大夫论治则主旧章，论人则循资格，观人则主禄命，貌以丰肥为美，行以宽厚为尚，言以平易见长，文以缛丽为美，修重厚笃谨之行而贱振其跅驰之才，乃至论文主馆阁体，论诗主白居易，其习盖出于中唐士大夫及五代冯道、何凝诸人，大氐唐之余也。"③

这种重因循尚清静的策略，虽然为赵宋王朝赢得了相对和平的发展空间，但至仁宗朝已弊端重重，并集中表现为各级官吏政治上的无所作为，以及三冗即冗官、冗兵、冗费。对于当时这种状况，欧阳修曾言："国家自数十年来，士君子务以恭谨静慎为贤。及其弊也，循默苟且，颓堕宽弛，习成风俗，不以为非，至于百官不修，纲纪废坏。时方无事，固未觉其害也。一旦黠寇犯边，而财用空虚，公私困弊，盗贼并起，天下骚然。"④ 另一方面，承接宋初右文崇儒打下的基础，此时儒家士大夫阶层已全面登上政治舞台，并大放异彩。他们——以范仲淹、欧阳修等为代表——以"每感激论天下事，奋不顾身"的参政姿态，"言政教之源流，议风俗之厚薄，陈圣贤之事业，论文武之得失"⑤，积极寻求解决现实政治困境的方法，并剖析导致现实困境的原因。可以这样说，正是赵宋王朝重用文士的国策使士大夫的角色意识发生了很大

---

① 邵伯温：《邵氏闻见录》卷第六，北京：中华书局，1997年，第54页。
② 李焘：《续资治通鉴长编》卷三十四，第758页。
③ 刘咸炘：《史学述林·北宋政变考》，《刘咸炘学术论集·哲学编（中）》，黄曙辉编校，桂林：广西师范大学出版社，第505页。
④ 李焘：《续资治通鉴长编》卷一百八十九，第4556页。
⑤ 范仲淹：《奏上时务书》，《范仲淹全集》卷第九，李先勇、王蓉贵点校，成都：四川大学出版社，2007年，第205页。

的转变，使他们表现出了比以往任何时代都要强烈的"仕以行道"的自觉意识，因此自积贫积弱局面初露端倪，士大夫们便自觉地以天下为己任的精神，要求改变现状。范仲淹"居庙堂之高，则忧其民；处江湖之远，则忧其君，是进亦忧，退亦忧。然则何时而乐耶？其必曰：先天下之忧而忧，后天下之乐而乐"，可谓道尽这种精神。"宋朝的时代，在太平景况下，一天一天的严重，而一种自觉的精神，亦终于在士大夫社会中渐渐萌苗。所谓'自觉精神'者，正是那辈读书人渐渐自己从内心深处涌现出一种感觉，觉到他们应该起来担负着天下的重任。（并不是望进士及第和做官）。"① 对于宋代的士大夫在当时政治中的作用，柳诒徵曾言："盖宋之政治，士大夫之政治也。政治之纯出于士大夫之手者，惟宋为然。"② 余英时也说："宋代的'士'不但以文化主体自居，而且也发展了高度的政治主体的意识，'以天下为己任'便是其最显著的标帜。"③ "宋代不但是'士'最能自由舒展时代，而且也是儒家的理想和价值在历史上发挥了实际影响的时代……宋儒所倡导的新理想与新价值，确曾在各方面重新塑造了一代文化。"④ 并在《朱熹的历史世界》中一再申述。

以范仲淹为代表的庆历诸儒认为革新积弊的出路在于重新确立政治方针，以改因循之弊，但新的政治方针如何确定，他们认为应以史为鉴，这是中国古代政治寻求改革时的最有效的路径。但现实的情况是，唐之藩镇、汉之外戚作为反面典型俱不得借鉴。故而庆历时期的士大夫们力倡放远目光，回归三代，法先王之所以为法，师古以用今。由于以三代为代表的上古政治典范都记录在儒家《六经》中，"夫善国者，莫先育才。育材之方，莫先劝学。劝学之道，莫先宗经。宗经则道大，道大则才大，才大则功大。盖圣人法度之言存乎《书》，安危之几存乎《易》，得失之鉴存乎《诗》，是非之辨存乎《春秋》，天下之制存乎《礼》，万物之情存乎《乐》。故俊哲之人，入乎六经，则能服法度之言，察安危之机，陈得失之鉴，析是非之辨，明天下之制，尽万物之情。使斯人之徒辅成王道，夫何求哉！"⑤ 于是他们通过阐释《六经》展开关于现实问题的理论批判。引经义以议政，上疏言国事，辨奸贤，通经致

---

① 钱穆：《国史大纲》下，北京：商务印书馆，2004年，558页。
② 柳诒徵：《中国文化史》（下），上海：东方出版中心，1996年，第207页。
③ 余英时：《朱熹的历史世界》（上），《总序》，第3页。
④ 同上书，第290页。
⑤ 范仲淹：《上时相议制举书》，《范仲淹全集》卷第十，第237页、238页。

用成为当时共识。如天圣末，晏殊曾引《周礼》，迫使刘太后不逾礼制，放弃欲着皇帝衮冕谒太庙的做法。明道二年（1033）年，宋绶也援引《春秋》"考仲子之宫"之例，得以让仁宗生母章懿太后以庙祭。"（仁宗）诏定章献明肃、章懿太后祔庙礼，绶援《春秋》考仲子之宫、唐仪坤庙故事，请别筑宫曰奉慈庙以安神主，事多采用。"① 从所引经义来看，仁宗后期，引经义以议政从议"人伦纲纪"过渡到"君道帝学"。以赵鼎所编《国朝诸臣奏议》所载奏议为例，嘉祐以前儒臣多论朝纲，而嘉祐以后儒臣更加重视人君的道德修养②。而且经筵讲读的内容，比之宋初也发生了变化，更看重结合政事讲经史，而且讲经史跳出了旧注疏的束缚，重在追求大义经旨，同时看重对君道的规制，从正心诚意讲修齐治平。从这些都可以看出与循注疏重守成不同的新的风貌，经学新诠的萌芽于此逐渐豁显。

  在引经义以议政的同时，他们积极推行变法，将对儒家经义的探求贯彻到方方面面，直接影响了当时的科举、学校和书院教育。就科举改革而言，范仲淹、富弼于庆历三年（1043）九月上书的《答手诏条陈十事》中第三条便是"精贡举""进士先策论，后诗赋，诸科取兼通经义者"③。庆历四年（1044）三月乙亥，朝廷颁发诏令，推行这一改革方案。这一改革，不仅强调进士科考试应以策论为主，突出经世致用的特点，而且开始重视诸科中的通经之士，要求明经应以"大义"，看重对儒家义理的阐发，而非记诵。对于这一点，早在改革之前，晏殊即谓："唐明经并试策问，参其所习，以较材识短长。今诸科专记诵，非取士之意也，请终场试策一篇。"④ 这一请求虽因时机不成熟而胎死腹中，但却开启了科举改革的先声。欧阳修亦谓，"今贡举之失者，患在有司取人先诗赋而后策论，使学者不根经术，不本道理"⑤。这种对儒家经典的重视，以及解经义理化的趋向，还可以从仁宗即位后赐《中庸》、《大学》的变化中看出。仁宗即位后，改变了之前君主向及第进士赐诗的做法，而改赐《中庸》和《大学》。如天圣五年（1027）年，即赐及第进士《中庸》一篇；八年，则赐及第进士《大学》一篇；自此，间赐《中庸》《大学》

---

① 脱脱等：《宋绶传》，《宋史》卷二百九十一，第9733页、9734页。
② 参见吴国武：《经术与义理》，第63页。
③ 脱脱等：《范仲淹传》，《宋史》卷三百一十四，第10273页。
④ 李焘：《续资治通鉴长编》卷一百九，第2542页。
⑤ 欧阳修：《论更改贡举事劄子》，《欧阳修全集》卷一百四，第1590页。

成为常例。而且,一批后来在北宋思想界声名远播的儒者,经由作为新政主力军的范仲淹、欧阳修等的擢拔开始崭露头角。"欧阳文忠公知嘉祐贡举,所放进士,二三十年间多为名卿士大夫"①。像眉山苏氏、南丰曾氏、横渠张氏、河南程氏都出乎此时。可以这样说,他们的思想偏好深刻地影响了当时的士风和学术取向,并经由他们所提拔之人而发扬光大。

  同时,学校教育也在新政的推动下以复古学为主旨而蔚为推展,首先是国子监,除东京国子监外,以河南府学为西京国子监,其后,南京、北京亦皆援之。后又在庆历四年(1044),将国子监扩张,建立太学。孙复、胡瑗、石介、李觏、梅尧臣、司马光等都曾任国子监直讲、学官等。比如对石介,欧阳修曾谓:"先生自闲居徂徕,后官于南京,常以经术教授。及在太学,益以师道自居,门人弟子从之者甚众。太学之兴,自先生始。"② 其次,诏立各地州学、县学,"时范仲淹参知政事,意欲复古劝学,数言兴学校,本行实。召近臣议,于是宋祁等奏:'教不本于学校,士不察于乡里,则不能覆名实。有司束以声病,学者专于记诵,则不足尽人材。参考众说,择其便于今者,莫若使士皆土著,而教之于学校,然后州县察其履行,则学者修饬矣。'乃诏州县立学,士须在学三百日,乃听预秋赋,旧尝充赋者百日而止。"③ 各级学校授课的内容即儒家经典。"今诸道学校,如得明师,尚可教人六经,传治国治人之道。"④ 其中以胡瑗为代表的"湖学为东南之最","其教人之法,科条纤悉具备。立经义、治事二斋:经义则选择其心性疏通有器具可任大事者,使之讲明六经;治事则一人各治一事,又兼摄一事,如治民以安其生,讲武以御其寇,堰水以利用,算历以明数是也"⑤。即前者选择心性疏通,可任事的学生教习《六经》;后者主修一科,教习民政、军事、水利、算数等学科。州学、县学的兴起,也使一些书院改为州学。书院、群居讲学之风在此时也

---

  ① 《葛敏修圣功文集序》,《文忠集·省斋文稿》卷二〇,文渊阁四库本,转引自吴国武:《经术与性理》,第76页。
  ② 欧阳修:《徂徕石先生墓志铭》,《欧阳修全集》卷三十四,第507页。
  ③ 脱脱等:《选举一》,《宋史》卷一百五十五,第3613页。
  ④ 范仲淹:《答手诏条陈十事》,《范文正公政府奏议》卷上,《范仲淹全集》,第529页。
  ⑤ 黄宗羲、黄百家、全祖望等:《安定学案》,《宋元学案》卷一,《黄宗羲全集》第三册,杭州:浙江古籍出版社,2005年,第56页。

颇为繁盛。这些教育形式的兴起，也推动了师道的尊崇。庆历新政的夭折，并没有影响各地兴学，反而使贬到地方的儒臣有机会直接去发展郡县学校。①全祖望在总结这段历史时说："有宋真仁二宗之际，儒林之草昧也。当时濂洛之徒，方萌芽而未出，而睢阳戚氏在宋，泰山孙氏在齐，安定胡氏在吴，相与讲明正学，自拔于尘俗之中。亦会值贤者在朝，安定韩忠献公，高平范文正公，乐安欧阳文忠公，皆卓然有见于道之大概，左提右挈。于是学校遍于四方，师儒之道以立，而李挺之、邵古叟辈，共以经术和之。说者以为濂洛之前茅也。"②

范仲淹认为革新积弊的出路在于重新确立政治方针，王安石也以"儒者，用于君则忧君之忧，食于民则患民之患"③的精神，认为导致内忧外患的根源在于无法度，并以"变风俗，立法度"为改革初衷和目标，而他所谓的法度，不是刑名法术，而是大政方针。他说："今朝廷法严令具，无所不有，而臣以谓无法度者，何哉？方今之法度，多不合乎先王之政故也。"④ 先王之政即王政、王道。就此而论，王安石无疑是庆历新政的继承者，甚至和与"新党"有激烈冲突的以司马光为代表的旧党之间也不是绝对对立的，从一定意义上讲，二者为同一种政治诉求的表现形式，那就是确立持之有效的符合王道的大政方针。

当然，这里所谓的王道也不是必须回到三代，而同样是法三代先王之所以为法："夫已今之世去先王之世远，所遭之变，所遇之势不一，而欲一二修先王之政，虽甚愚者，犹知其难也；然臣以谓今之失，患在不法先王之政者，以谓当法其意而已……法其意，则吾所谓改易更革，不至于倾骇天下之耳目，嚣天下之口，而固已合先王之政矣。"⑤ 具体而言，在王安石那里，"'王道'政治的合理性，不在于模式本身，而在于它符合天道之理以及性命之情。天

---

① 参见吴国武：《经术与性理》，第 79 页。
② 全祖望：《庆历五先生书院记》，《鲒崎亭集外编》卷十六，《全祖望集汇校集释》，上海：上海古籍出版社，2000 年，1037 页。
③ 王安石：《杂著·子贡》，《王文公文集》第二十六卷，上海：上海人民出版社，1974 年，第 304 页，305 页。
④ 王安石：《上皇帝万言书》，《王文公文集》第一卷，第 1 页。
⑤ 同上书，第 2 页。

道性命之学的真实意义,正由此生根。"① 儒学新变的路子于此愈加开朗。由此,将圣人之道、王道归结为符合天道性命之正,经学义理之学深化为对天道性命之理的探讨,在探究变法依据的同时,义理之学进一步深化。

  与庆历新政大力兴学一样,熙宁变法关于学校的改革也有多项措施,这些措施包括太学校舍的扩大,教员的增加,教学制度的完善,学田、学粮的普遍给置,故熙宁兴学被认为是北宋教育改革中最成功的一次②。同样,与庆历诸儒力倡回归三代,师古以用今,从六经中追寻儒家之义理,以确立新的政治方针,并将这一运思贯穿到庆历新政的方方面面一样,王安石也将对义理之学的推崇贯彻到具体改革中。如在贡举改革中,熙宁四年(1071),"更定科举法,从王安石议,罢诗赋及明经诸科,专以经义、论、策试诸生。"③具体办法为:"今定贡举新制,进士罢诗赋、帖经、墨义,各占治《诗》《书》《易》《周礼》《礼记》一经,兼以《论语》《孟子》。每试四场,初本经,次兼经并文大义十道,务通义理,不须尽用注疏。"④ 可以说,以国家法定形式规定"不须尽用注疏",标志着汉唐以来的注疏之学让位于义理之学已成定局。"熙宁初,神宗皇帝崇尚儒术,训发义理,以兴人才。谓章句破碎大道,乃罢诗、赋,试以经义,士儒一变,皆至于道。夫取士以经,可谓知本。"⑤ 更进一步,为了改变"其学术不一,异论纷纷,不能一道德"⑥ 的状况,使诸生论试有统一的标准和依据,神宗诏王安石提举经义局,熙宁八年(1075年)王安石所撰的《诗新义》《书新义》《周官新义》完成,号《三经新义》,颁行天下。"一时学者无不传习,有司纯用以取士……自是先儒之传、注悉废矣。"⑦当然,从思想本身发展的相对独立的角度而言,对性命之理的探讨在熙宁变法之前的嘉祐时期已经开始,王安石本人也在作于嘉祐时期的《淮南杂说》等书中已经开始探讨性命之端,对于这一点,后文将进一步阐述。这里要说

---

  ① 卢国龙:《宋儒微言》,第3页。
  ② 参见陈植锷:《北宋文化史论述》,第133页。关于北宋兴学的状况以及其对义理之学的影响,该书第一章第五节《教育改革对宋学的推动》有详细分析。
  ③ 陈邦瞻:《学校科举之制》,《宋史纪事本末》卷三十八,第371页。
  ④ 李焘:《续资治通鉴长编》卷二百二十,第5334页。
  ⑤ 李焘:《续资治通鉴长编》卷三百六十八,第8858页。
  ⑥ 陈邦瞻:《学校科举之制》,《宋史纪事本末》卷三十八,第372页。
  ⑦ 同上书,第374页、375页。

的是，以王安石为主要推动者的熙宁变法对促使士风、学风的真正转变，以及性命义理的价值有效性被认同有很大的推动作用。

在熙宁变法中，不仅王安石的思想通过变法得以广泛传播，而且，自嘉祐以来出现的其他一些思想学派也在与新学的论争中得以发展。洛学之产生，如程颐所言，也是在嘉祐年间，因为他把嘉祐二年作为本朝理学之始；但事实上，嘉祐二年，程颢不过刚中进士，程颐也才就读太学，写出《颜子所好何学论》，而王安石已是声闻海内的通儒了，因此新学之产生要早于洛学。至熙宁，王安石的思想经由政治变革以官方的意志而加以推广，具有更广泛的传播和影响力，故二程通过对王安石思想的批判得以挺立其观点。因此，说洛学是为反对王安石的"新学"而建立起来的反对派，似不完全符合史实，但洛学确实是与新学相对抗的学派却是不争的事实。当然，在王安石变法之前和变法之初，二程都还是改革的支持者，只是在改革的推进过程中，逐渐成为变法的反对者。之所以如此，一方面是由于对某些改革举措意见不一，对王安石推行改革的方式不能认同，即就改革本身而言，其分歧主要在技术层面，而非本质，也就是说，推明三代，重建秩序是他们共同的本质追求①；但对王安石以自然性的天道为变法之依据，并推天道以明人事的理路，二程则坚决反对，认为这将不可避免地以天道侵蚀人道，造成天道与人道的两分。也就是说，在他们看来，王安石的'外王'建立在错误的'性命之理'上面②。这也就是朱熹所谓的"只缘学术不正当，遂误天下"③。而王安石变法的失败，更强化了以二程为代表的儒士们殚精竭虑地为人道寻找更坚实的天道基础，构建他们的性命之学，这也就是张栻所谓的"介甫之学，乃是祖虚无而害实用者，伊洛诸君子盖欲深救兹弊也"④。就此而论，他们各自的学术思想乃是他们政治需求在学术层面的衍化形式。

---

① 对于这一点，余英时先生在《朱熹的历史世界》中有详细论述。见该书48页、49页。
② 余英时：《朱熹的历史世界》，第12页。
③ 黎靖德编：《朱子语类》卷第一百二十七，第3046页。
④ 张栻：《寄周子充尚书》第二书，《张栻全集集》（中册），杨世文、王蓉贵点校，长春：长春出版社，1999年，第818页。

第二章　经学新诠的历史轨迹

宋初"偃武修文"国策的确立以及庆历以来的政治改革，为儒学的复兴提供了重要的制度保障，但除去这些原因，学术思想的演变也有它自身的规律。儒学发展至宋初，已失去了先秦时刚健生动、积极创新的风格和对人生社会的热情关怀，在"疏不破注"的陋规下专注于经学章句。"纷纷儒林士，章句以为贤。问之性命理，醉梦俱茫然。"① 因此，突破已有的桎梏，寻求新的内容和形式已成为时势之必然。

社会政治的因素和学术思想自身的发展逻辑，这两方面的因素结合在一起，宋代儒学开始复兴，并呈现出阶段性的特征。儒学在北宋的复苏首先体现为经学的复苏。这里所谓的儒学与经学，采用学界所通用的认定，即经学乃儒学的最主要的学术形态。除经学外，儒学还有子学形态以及史学形态，但相比于其他两种形态，经学形态乃儒学之本，儒学之核心价值通过经学形态而传承。复苏之初的经学重在整理经过战乱破坏的经籍，故版本校勘学以及考据学比较发达，就注经方式而言则多承汉唐旧制，以章句训诂重因循守成。宋初的这一解经风格，至庆历时期发生大变，此时解经不再以训诂为重，而是讲求回到经典本身，阐发经典之微言大义，探寻圣人之微旨。这种以政治革新为契机而对《六经》所蕴含的儒家之道的追寻，也是在上承唐代古文运动的基础上，以对当时所盛行的西昆体的批判而展开的。庆历正学所倡导的回到经典，一方面形成了研读经典的热潮，另一方面则直接导致对汉唐注疏之学的批判，并最终表现为惑传疑经思潮。这种将正面追寻经典之微言大义与疑经惑传结合起来，对经典进行重新诠释的经学所强调的是义理之学，它使宋代经学于此开出了新的风貌。经学义理之学由此勃兴。嘉祐以来，经

---

① 胡宏：《胡宏集》，北京：中华书局，1987年，第50页。

学义理之学又发生了新的变化，那就是将论题集中在对道德性命，即性理之学的探讨上。当时儒士以"性命"、"天道"等特定的术语申明圣人之道，并以前者作为后者的依据，这显然已有超出经传，直寻圣人之道的意味，由此，核心话语以及论证方式均得以转生，一种新的思想形态脱出经学而得以形成。南宋学者陈傅良曾谓："宋兴，士大夫之学，亡虑三变。起建隆，至天圣、明道间，一洗五季之陋，知乡方矣，而守故蹈常之习未化。故范子始与其徒抗之以名节，天下靡然从之，人人耻无以自见也。欧阳子出而以论文章粹然尔雅轶乎魏晋之上。久而周子出，又落其华，一本于六艺，学者经术遂庶几乎三代，何其盛哉！则本朝人物之所由众多矣"①。这里且不论以范仲淹、欧阳修、周敦颐作为改变宋代士风、学风，促进思想转型的代表人物是否合适，但其对北宋立国以来至理学产生这段时期经学及士风发展变化的描述还是颇为中肯的。

一、宋初经学的守成与萌新

"偃武修文"国策的确立，在客观上给儒学复兴提供了千载难逢的制度保障，儒学复兴也确实于此萌发。但"自真宗以前，朝廷尊严，天下私说不行，好奇喜事之人，不敢以事摇撼朝廷。故天下之士，知为诗赋以取科第，不知其它矣"②。故儒学多是守成，体现在经学形态上，那就是基本仍沿袭汉唐以来的专守注疏的做法，于义理的阐发尚阙如。王应麟《困学纪闻》说："自汉儒至于庆历间，谈经者守训诂而不凿。"③皮锡瑞也认为："经学自唐以至宋初，已凌夷衰微矣。然笃守古义，无取新奇；各承师传，不凭胸臆；犹汉唐注疏之遗也。"④

---

① 陈傅良：《温州淹补学田记》，《陈傅良止斋先生文集》卷三十九，《四部丛刊》本。

② 苏轼：《龙川略志 龙川别志》卷上，俞宗宪点校，北京：中华书局，1992年，第81页。

③ 王应麟：《经说》，《困学纪闻》卷八，翁元圻等注，上海：上海古籍出版社，2008年，第1094页。

④ 皮锡瑞：《经学历史》，北京：中华书局，1959年，第220页。

体现在贡举考试的设置上,"宋初承唐制,贡举虽广,而莫重于进士、制科,其次则三学选补"①。诸科考试内容虽也以儒家经典为主,"国家以王弼、韩康伯之《易》、左氏公羊、穀梁、杜预、范宁之《春秋》、毛苌、郑康成之《诗》、孔安国之《尚书》镂版,藏于太学,颁于天下。又每岁礼闱设科取士,致为准的。"② 但由于考试的方式不过是帖书与墨义,即重在记诵能力的考察,而非对经典的阐释与理解,故答题内容和答题范围有严格的限定,考生不得自由发挥。《宋史·选举一》所言:"自唐以来,所谓明经,不过帖书、墨义,观其记诵而已,故贱其科,而'不通'者其罚特重。"③ 虽只是针对明经一科而言,实际贡举各科均如是。如真宗景德二年(1005)的科举考试,论题为《当仁不让于师》,李迪和贾边虽同样落选,但最终的结果却判若天渊,"先是,迪与贾边皆有声场屋,及礼部奏名,而两人皆不与。考官取其文观之,迪赋落韵;边论'当仁不让于师',以'师'为'众',与注疏异,特奏令就御试……舍注疏而立议论,辄不可许,恐士子从今放荡无所準的。遂取迪而黜边。当时朝论,大率如此。"④ 这是因为"落韵"只是失审,而"与注疏异"则是破坏经学规范,是违反了原则问题,可能会产生误导士子的严重后果,可见当时专守注疏的学风。至于进士试,则为诗赋辞章之学,典型代表就是庆历诸儒所反对的西昆体。早在太宗端拱初,杨徽之即意识到这与崇儒之策不相符,他说:"擅文章者多超迁,明经业者罕殊用,向非振举,曷劝专勤,师法不传,祖述安在!"⑤ 在学校教育中,也是以注疏为主,未及发明经义。这也从一定程度上造成了宋初士大夫因循持重之风的盛行。

从一定意义上而言,宋初八十年重因循最大的作用就是"消弭晚唐以来的嚣陵噬搏之气,以文治恢复社会的正常生活"⑥。体现在儒学自身的发展上,

---

① 脱脱等:《选举一》,《宋史》卷一百五十五,第 3603 页。
② 孙复:《寄范天章书第二》,《孙明复小集》。
③ 脱脱等:《选举一》,《宋史》卷一百五十五,第 3605 页。
④ 李焘:《续资治通鉴长编》卷五十九,第 1322 页。
⑤ 脱脱等:《杨徽之传》,《宋史》卷二百九十六,第 9867 页。
⑥ 卢国龙:《宋儒微言》,第 9 页。

那就是对经籍的广泛收集、印制及流传①。《宋会要辑稿·崇儒四》记载，宋朝建立之初，诏文馆、史馆、集贤院三馆的藏书，仅有数柜，共计也就一万三千余卷。在偃武修文国策的推行下，一方面开始广收天下藏书，尤其是原割据政权的藏书，太祖乾德元年（963）平荆南，即下诏有司尽收高氏图籍，以充实三馆。开宝九年（976）又命吕龟祥收江南图书，得二万余卷，送史馆。另一方面鼓励献书，凡所献之书，先令史馆点检，如果真是三馆所阙，则予以收纳；对献书之人，则经翰林学士院考试后，赐以职官科名。同时，经籍得到大量印刷，且广泛流传。而经书的大量印行，是与对经书的编纂整理和校勘基本并行的。这一工作基本是在国子监的主持下，以官方形式大力推行。顾永新在《北宋国子监校定群经考》中以列表形式，将从建隆元年至天圣八年之间对群经的校定、义疏情况做了详细的介绍，兹引如下②：

校定时间	事项	资料来源
建隆三年（962）	判国子监崔颂等上新校《礼记释文》。	《玉海》卷四三《开宝校释文》
开宝五年（972）	判监陈鄂与姜融等四人校《孝经》《论语》《尔雅释文》，上之。	《玉海》卷四三《开宝校释文》
开宝五年（972）	二月，诏翰林学士李昉、知制诰命李穆、扈蒙校定《古文尚书释文》，上之，诏名《开宝新定尚书释文》。	《玉海》卷三七《开宝尚书释文》，卷四三《开宝校释文》
端拱元年（988）三月至淳化年（994）五月	国子司业孔维等奉敕校勘孔颖达《五经正义》一百八十卷，诏国子监镂板行之。	《玉海》卷四三《端拱校五经正义》
淳化五年（994）	判监李至言疏、《释文》尚有讹舛，宜更加刊定。命杜镐、孙奭、崔颐正覆校。	《玉海》卷四三《端拱校五经正义》

---

① 《宋史·艺文志》说："周显德中，始有经籍刻板，学者无笔札之劳，获睹古人全书。然乱离以来，编帙散佚，幸而存者，百无二三。"（见脱脱等：《艺文一》，《宋史》卷二百二，第5032页。）但顾永新在《北宋国子监校定群经考》一文中认为："此说不确。儒家经典开始雕版印刷的时间当自后唐、后蜀始。"并引《玉海》卷四十三《景德群书漆板刊正四经》论以证之。见顾永新：《北宋国子监校定群书考》，《宋代文化研究》（第十五辑），成都：四川大学出版社，2008年，第395页。

② 顾永新：《北宋国子监校定群书考》，《宋代文化研究》（第十五辑），成都：四川大学出版社，2008年，第398—400页。

（续表）

校定时间	事项	资料来源
至道二年（996）	判监李至请命李沆、杜镐等校定《周礼》《仪礼》《谷梁传疏》，及别纂《孝经》《论语正义》。从之。	《玉海》卷四一《咸平孝经论语正义》
咸平元年（998）	正月丁丑，刘可名上言诸经板本多误，上令崔颐正详校。可名奏《诗·书正义》差误事。二月丙戌，孙奭等改正九十四字。	《玉海》卷四三《端拱校五经正义》《长编》卷四三咸平元年正月甲戌
咸平二年（999）	命国子祭酒邢昺代领其事，舒雅、李维、李慕清、王［焕］（涣）、刘士［玄］（元）预焉，《五经正义》始毕。国子监刻诸经《正义》板，逾年而毕。	《玉海》卷卷四三《端拱校五经正义》
咸平二年（999）	十月乙丑，孙奭请摹引《古文尚书音义》，与《新定释义》并行。从之。	《玉海》卷三七《咸平古文音义》、卷四三《开宝校释文》
咸平三年（1000）	三月癸巳，命国子祭酒邢昺带领其事，重校定《七经疏义》，杜镐、舒雅、王焕、崔偓佺、刘士［玄］（元）预其事。	《玉海》卷四三《咸平校定七经义疏》、卷四一《咸平孝经论语正义》
咸平四年（1001）	九月丁亥，翰林侍讲学士邢昺及直讲崔偓佺表上重校定《七经疏义》。十月九日，命杭州刻板。于是九经疏义具矣。	《玉海》卷四三《咸平校定七经义疏》、卷四一《咸平孝经论语正义》
景德二年（1005）	四月丁酉，命孙奭、杜镐校定《尔雅释文》和释智骞所撰《尔雅音义》。	《玉海》卷四三《开宝校释文》、卷四四《尔雅》卷
景德二年（1005）	九月，国子监言《尚书》《孝经》《论语》《尔雅》四经字体讹缺，请以李鹗本别雕①，命杜镐、孙奭校勘。辛亥，命侍讲学士邢昺与两制详定而刊正之。	《玉海》卷二七《景德国子监观群经漆板》、卷四三《景德群书漆板刊正四经》
大中祥符四年（1011）	十月，命孙奭等校《孟子》，为《音义》二卷。七年正月，上新印《孟子》及《音义》。	《玉海》卷四三《景德校诸子》
大中祥符七年（1014）	九月，《易》《诗》重刻板本，仍命陈彭年、冯元定校定。自后九经及《释文》有缺讹者，皆重校刻板。	《玉海》卷四三《景德群书漆板刊正四经》
天禧五年（1021）	五月辛丑，令国子监重刻经书印板，以岁久刓损也。	《玉海》卷四三《景德群书漆板刊正四经》

① 原注："鹗字是广顺（953）书。"广顺是后周太祖郭威年号。

校定时间	事项	资料来源
天圣四年（1026）	五月戊戌，国子监摹印陆德明《尔雅音义》二卷，颁行。	《玉海》卷四三《开宝校释文》、卷四四《尔雅》
天圣八年（1030）	九月十二日，重刊《诗》《书》《释文》。	《玉海》卷四三《景德群书漆板刊正四经》①

这一校定群经的活动共历时六十余年，大致分为时间和内容上前后相继，但互有交叉的四批次，是中国历史上规模最大、延时最久的儒家经书整理、刊行活动②。经过这一大规模的活动，经书板片数量大增，《宋史·儒林传》载："景德二年……是夏，上幸国子监阅库书，问昺经版几何？昺曰：'国初不及四千，今十余万，经、传、正义皆具。臣少从师业儒时，经具有疏者百无一二，盖力不能传写。今板本大备，士庶家皆有之，斯乃儒者逢辰之幸也。'"③ 从一定意义上而言，这也是唐代以来试图统一经学工作的延伸和完成，是对汉唐注疏之学的总结，对经与经学的流布，对儒学的发展具有非常重大的意义；而宋版书，之所以为后世所珍视，即在于它经过多次校勘，且印刷质量上乘。

当然，宋初儒学也并不是一味守成，而是承唐学而微有变化，虽仍以注疏之学为主，但礼制、史学亦有亮点。清人赵翼说："宋初制诰之臣，已多博雅。……朝章国典，无不究心有素……熟于经史之学……北宋文学之臣，稽典故，援经史，俱确有据依。"④ 同时，在上承中唐以来王元感、刘知几、啖助、赵匡、陆淳等人疑古惑经、舍传求经的思想，挺立儒家道统，发明儒学微旨的同时，也开始了对儒家经典本身的考辨。比如对儒家经典在流传过程中出现的错简、阙文状况，柳开曰："读夫子文章，恨《诗》《书》《礼》《乐》

---

① 此行内容《玉海》以小字标出，顾文将其附排于"天圣四年"条下，笔者调整如上。见王应麟：《玉海》，南京：江苏古籍出版社、上海：上海书店，1987年，第814页。

② 参见顾永新：《北宋国子监校定群书考》，《宋代文化研究》（第十五辑），成都：四川大学出版社，2008年，第400—413页。

③ 脱脱等：《儒林一》，《宋史》卷四百三十一，第12798页。《玉海》亦有载，见《玉海》卷四十三，第814页。

④ 赵翼：《宋初考古之学》，《二十二史札记》卷二十四，北京：中国书店，1987年，第325页、326页。

下至（按：或有脱文），经秦火焚毁，各有亡逸，到今求一字语要加于存者，无复可有，况其尽得之乎！又念汉获壁间科斗书，以编简断裂，蛊毒事起，不能比类寻究，深为痛惜。"① 故他对王通的续补六经评价甚高，认为他"实为圣人矣"②，他自己也曾为经书修《补亡篇》，尽管他所著的《补亡篇》今已不存。太祖时宿儒王昭素即"博通《九经》，兼通《庄》《老》，尤精《诗》《易》，以为王、韩注《易》及孔、马疏义或未尽是，乃著《易论》二十三篇"③。

宋初经学虽重守成，但像邢昺、张咏、柳开、王禹偁、种放、孙奭、孙何、穆修等已渐重义理，虽然他们的努力在当时还无法成为主流，并改变学界重守成的状况，但毕竟启一代新风。《四库全书》对邢昺的《论语集解》有这样的评价："今观其书，大抵剪皇氏之枝蔓而稍傅以义理，汉学宋学，兹其转关。"肯定其在义理解经方面的特点，并由这一特点，认为此书体现了汉学向宋学的转变。如对《论语·公冶长》中"夫子之文章，可得而闻也。夫子之言性与天道，不可得而闻也。"邢昺即疏解曰："'夫子之文章，可得而闻也'者，章，明也。子贡言，夫子之述作威仪礼法有文采，形质著明，可以耳听目视，依循学习，故可得而闻也。'夫子言性与天道，不可得而闻也'者，天之所命，人所受以生，是性也。自然化育，元亨日新，是天道也。……子贡言，若夫子言天命之性，及元亨日新之道，其理深奥，故不可得而闻也。"④ 在这里，邢昺结合《中庸》以天之所命讲性，结合《周易》以自然日新讲天道，整合经典资源，重在从义理层面阐发其微旨。

一些儒者也开始在文与道的张力中以载道作为文的本质追求，"夫文，传道明心也，古圣人不得已而为之也"⑤。同时，上承唐代古文运动，明确提出应崇尚"古文"以回复儒家之道。柳开谓"吾之道，孔子、孟轲、扬雄、韩

---

① 柳开：《五峰集序》，《河东先生集》（三）卷十一，《四部丛刊》集部，上海涵芬楼景印旧抄本。
② 柳开：《补亡先生传》，《河东先生集》（一）卷二。
③ 脱脱等：《儒林一》，《宋史》卷四百三十一，第12808页。
④ 何晏著：《论语注疏·公冶长篇》，邢昺疏、朱汉民整理、张岂之审定，北京：北京大学出版社，2000年，第67页。
⑤ 王禹偁：《答张扶书》，《王黄州小畜集》（四）卷十八，《四部丛刊》集部，上海涵芬楼借江南图书馆碟经鉏堂抄本。

愈之道；吾之文，孔子、孟轲、扬雄、韩愈之文也。"① 自称"好古文与好古文之道"。而所谓"古文者，非在辞涩言苦，使人难读诵之，在于古其理，高其意，随言短长，应变作制，同古人之行事，是谓古文也。"② 就是要在古文中宣传儒家圣人之道；而且只有古文才真正能做到文、道统一，文以明道。王禹偁勉励学者作文应"远师六经，近师吏部（韩愈），使句之易道，义之易晓，又辅之以学，助之以气"③，以文为用，以道为体，把古文运动视为弘扬儒家之道的阵地。但是，这些古文主张并没有为全社会所普遍认同，主流仍然是骈文。到真宗景德年间，杨亿、刘筠、钱惟演等馆阁文人领袖文坛，以"雕章丽句"为特点的"西昆体"风靡天下。

士大夫行道意识也开始兴起。所谓"行道"意识，体现在两方面：一为对儒学价值观的认同，包括对儒家经典、古圣先贤，以及对儒家社会政治理想的尊崇，并将其落实到自己的日常践履以及政治实践中，王禹偁就说"男儿得志升青云，须教利泽生于民"④；二为开始上承韩愈，宣扬儒家之道统。柳开即言："圣人之道，传之以有时矣。三代已前，我得而知之；三代已后，我得而言之。在乎尧、舜、禹、汤、文、武、周公也……昔先师夫子，大圣人也，过于尧、舜、禹、汤、文、武、周公辈。"⑤ 但是，宋初士大夫对道统传人的选择比较宽泛，扬雄、王通、韩愈都在他们的视野之内。与此同时，他们都承认孟子的地位，如孙奭，即"请以孟轲书镂板"⑥，这为孟子的升格运动准备了思想和舆论前提。

二、庆历正学向《六经》的回归与对圣人之道的追寻

庆历以来，士大夫不仅在政治舞台上大放异彩，而且与政治上的诉求互为表里，进行了积极的话语建构，欲有所言几乎成为所共有的自觉意识。他

---

① 柳开：《应责》，《河东先生集》（一）卷一。
② 同上。
③ 王禹偁：《答张扶书》，《王黄州小畜集》（四）卷十八。
④ 王禹偁：《对酒吟》，《王黄州小畜集》（三）卷十三。
⑤ 柳开：《答臧丙第一书》，《河东先生集》（二）卷六。
⑥ 司马光：《涑水记闻》，第76页

们在师古与用今的理路下向《六经》寻找变法的依据和理想范型，必然在学术上倡导回归《六经》，而非汉唐注疏之学，由此首先形成了研读经典的热潮。这其中，胡瑗长于《论语》、《春秋》之学，于《易》尤精。孙复以治《春秋》著名。范仲淹"泛通六经，尤长于《易》"①。欧阳修著《易童子问》。这股研读经典的热潮使得东起齐鲁，西至蜀州，南自浙闽，北到关中，各方诸子均以崇儒为宗。尊经以及看重经典研读的目的在于探寻《六经》中所蕴含的圣人之道，看重以创新精神解读《六经》，这种学术取向，上承中唐以来舍传而求经的统序，体现出直面圣人之道的气概。"本经义"以至于"圣人之道"可以说是庆历诸儒的追求。

既然是返归《六经》，那就存在一个如何"返"的问题，因为师法《六经》只能是法其之所以为法，不可能回复到《六经》产生的时代。这样，对《六经》如何理解和阐释，成为当时讨论的主要问题，由此在正面追寻圣人之道的同时，形成了庆历以来的怀疑思潮。这种疑古之风，可以上溯到司马迁所谓的"学者载籍极博，犹考信于六艺"② 的重视文献徵验考核的精神，直接继承了中唐以来啖助、赵匡、陆淳治《春秋》时"舍传求经"，且专攻三传之失的辨疑学风，也在一定程度上受到禅宗"呵佛骂祖"之风的影响。当时很多学者认为，自孔子去世后，儒学就发生了严重的危机："自圣人殁，六经多失其传，一经之学分为数家，不胜其异说也。"③ 由此，自汉唐以来各家传注众多，莫衷一是，因此，他们一方面对汉唐传注之学本身进行了批判，另一方面，对其师古泥古的方法大加抨击。就前一点而言，他们批评作为汉唐经学代表的郑玄、孔颖达等的思想，如余靖在《禘郊论》中即对郑玄的"释祭之文"提出质疑："先儒之所以解经者，盖欲导前圣之渊流，启后学之钤键，援古有据，垂世不惑也。祭祀之仪，国之大典。今之《礼经》，以郑注为正。而康成释祭之文，前后驳杂。……观郑所释，似有未悟。……郑引《孝经》而反其旨，惜哉！汉承秦灭学之后，遂使儒者进无经据。康成最为明礼，而

---

① 黄宗羲、黄百家、全祖望等：《高平学案》，《宋元学案》卷三，《黄宗羲全集》第三册，第183页。

② 司马迁：《伯夷列传第一》，《史记》卷六十一，北京：中华书局，1959年，第2121页。

③ 欧阳修：《序问》，《欧阳修全集》卷六十一，第900页。

于禘郊之义不能尽之,故其释《祭法》……首尾纷拏,自相矛盾,孰为辨之哉?"① 指出郑学牵强附会,甚至不合圣人大义之处。欧阳修说:"自孔子没而衰,接乎战国,秦遂焚书,六经于是中绝。汉兴,盖久而后出,其散乱磨灭既失其传,然后诸儒因得措其异说于其间。如《河图》《洛书》,怪妄之尤甚者。余尝哀夫学者知守经以笃信,而不知伪说之乱经也。"② 对于所谓的三统说,他以问进士策的形式,质疑曰:"自汉以来学者多增三统之说,以附六经之文。今所见者,特因汉人之说尔。当汉承秦焚书,圣经未备,而百家异说不合于理者众,则其言果可信欤?"③ 他还以《易童子问》力辩《系辞》以下非孔子所为;以《毛诗本义》专攻毛、郑之失。刘敞等也都是当时疑传惑经思潮中的骁将。

就后一点而言,他们认为必须从汉唐"师法"、"家法"师古泥古的束缚中解放出来,破除"疏不破注"的陈陈相因,欧阳修在说到唐人"正义"时即谓:"至唐太宗时,始诏名儒撰定九经之疏,号为正义,凡数百篇。自尔以来,著为定论。凡不本正义者谓之异端,则学者之宗师,百世之取信也。然其所载既博,所择不精,多引谶纬之书,以相杂乱,怪奇诡僻,所谓非圣之书,异乎正义之名也。"④ 因此,他们反对教条禁锢,主张独创精神,强调有自信心而不可随便迷信古人高语。孙复曰:"专守王弼、韩康伯之说而求于《大易》,吾未见其能尽于《大易》者也;专守左氏、公羊、谷梁、杜、何、范氏之说,而求于《春秋》,吾未见其能尽于《春秋》者也。专守毛苌、郑康成之说,而求于《诗》,吾未见其能尽于《诗》者也;专守孔氏之说,而求于《书》,吾未见能尽于《书》者也。"⑤ 在对汉唐注疏之学批判的基础上,他们

---

① 《余襄公集》,转引自杨世文:《论北宋学者对汉唐经学的重新审视》,《宋代文化研究》,第十辑,北京:线装书局,2001年,第260页。
② 欧阳修:《廖氏文集序》,《欧阳修全集》卷四十三,第615页。
③ 欧阳修:《武城王庙问进士策二首》,《欧阳修全集》卷四十八,第672页。
④ 欧阳修:《论删去九经正义中谶纬札子》,《欧阳修全集》卷一百一十二,第1707页。
⑤ 黄宗羲、黄百家、全祖望等:《泰山学案》,《宋元学案》卷二,《黄宗羲全集》第三册,第140页。

对经本身也提出了怀疑①，王应麟在《困学纪闻》中引陆游的一段言论曰："唐及国初，学者不敢议孔安国、郑康城，况圣人乎！自庆历后，诸儒发明经旨，非前人所及，然排《系辞》，毁《周礼》，疑《孟子》，讥《书》之《胤征》、《顾命》，黜《诗》之序，不难于议经，而况传注乎！"②故今人马宗霍先生也说："宋初经学，大都遵唐人之旧。……因循雷同，既不出唐人《正义》之范，则宋初经学，犹是唐学，不得谓之宋学。讫乎庆历之间，诸儒渐思立异。"③

怀疑不是目的，不是要打倒儒学，而是要重塑儒学，怀疑本身就预示着创新的可能性。因此，通过对章句训诂之学的批判以及对传统经说的怀疑，他们要提出适合时代要求的新解释、新理解，并进而为传统经学输入新的内容和形式。就此而论，对旧经学的怀疑，是为建立新儒学而在阐释方法、研究内容等方面扫清障碍，"从某种意义上，宋代经典辨疑思潮的发生、发展、深化、蜕变的过程，也就是宋代新儒学的建立与演变过程"④。事实也是如此，庆历诸儒们正是在怀疑经传的基础上，注重发挥义理，以己意重新解经，赋予传统经学以适合现实需要的新内容。宋初重因循、守成的特点已不复见，代之而起的是以己解经。如在《春秋尊王发微》，孙复将传统的"三传"置之不顾，而以己意来讲"圣人"的"微言大义"，在此书之首，他即开宗明义提出：

> 孔子之作《春秋》也，以天下无王而作也，非为隐公而作也。然则《春秋》之始于隐公者，非他，以平王之所终也。何者？昔者幽王遇祸，平王东迁，平既不王，周道绝矣。观夫东迁之后，周室微弱，诸侯强大，朝觐之礼不修，贡赋之职不奉，号令之无所束，赏罚之无所加。坏法易纪者有之，变礼乱乐者有之，弑君戕父者有之，攘国窃号者有之。征伐四出，荡然莫禁。……《春秋》自隐公而始者，天下无复有王也⑤。

---

① 很多学者均认为，庆历以来的疑经惑传之风，经历了一个从疑传到疑经的过程。参见刘复生：《北宋中期儒学复兴运动》，台北：台湾文津出版社，1991年；陈植锷：《北宋文化史论》，北京：中国社会科学出版社，1992年；徐洪兴：《思想的转型——理学发生过程研究》，上海：上海人民出版社，1996年。
② 王应麟：《经说》，《困学纪闻》卷八，第1095页。
③ 马宗霍：《中国经学史》，上海：上海书店，1984年，第109页、110页。
④ 杨世文：《走出汉学——宋代经典辨疑思潮研究》，第21页。
⑤ 孙复：《隐公》，《春秋尊王发微》卷一，《四库全书（文渊阁本）》第147册，上海：上海古籍出版社，1987年影印，第3页。

即孔子并不是为隐公这个现实中的君王失去权威而作《春秋》，而是因为"天下无王"的现状，此"王"既可理解为承载、践行儒家王道的王者，也可理解为王道本身，也就是说，无论哪一层面的"王"，都非仅指现实君王。故在接下来解释"元年春王正月"时，他说："夫欲治其末者，必先端其本；严其终者，必先正其始。元年书王，所以端本也，正月所以正始也，其本既端，其始既正，然后以大中之法从而诛赏之，故曰元年春王正月也。"① 这里，通过对"端本""正始"的强调，"尊王""正王"之意蕴已和盘托出。同时，他把传统《春秋》学中"一字褒贬"的"笔法"，以及春秋时局，说成是只贬而无褒。对孙复解经的这一特征，欧阳修正面予以评价："先生治《春秋》，不惑传注，不为曲说以乱经。其言简易，明于诸侯大夫功罪，以考时之盛衰，而推见王道之治乱，得于《经》之本义为多。"②

这种与正面对圣人之道的追寻结合起来的敢于疑经惑传，并对经典进行重新诠释的精神所强调的是义理之学，它使宋代经学于此开出了新的风貌。义理之学的特征，就治学方法而言，正如陈植锷先生所谓，就是"偏重于从总体上探究和把握儒家经典的内容乃至整个儒家传统文化之精神实质，以与汉唐以来盛行的只以对经典字句的解释为务的训诂之学相区别"③。这正是石介所谓的"读书不取其语辞，直以根本乎圣人之道；为文不尚其浮华，直以宗树乎圣人之教"④、欧阳修所谓的"学者当师经。师经必先求其意，意得则心定，心定则道纯，道纯则充乎中者实，中充实则发为文者辉光，施于事者果毅"⑤。由上引文也可见，思想的突破往往与治学方法上的改变紧密联系在一起，甚至互为表里。因此，庆历诸儒在经学上向义理之学的转变，实已标识一种新思想的萌芽和出现。可以这样说，在庆历之后，讲论若专守汉唐注疏，不看重义理、发明新意，则会传为笑谈。这说明以儒学切入政治为契机，学风在变。当二程把训诂之学与"趋道"的"儒者之学"对举时，自庆历以

---

① 孙复：《隐公》，《春秋尊王发微》卷一，第3页。
② 黄宗羲、黄百家、全祖望等：《泰山学案》，《宋元学案》卷二，《黄宗羲全集》第三册，第142页。
③ 陈植锷：《北宋文化史论》，第218页、219页。
④ 石介：《代郓州通判李屯田荐士建中表》，《徂徕石先生文集》卷二十，陈植锷点校，北京：中华书局，1984年，第241页。
⑤ 欧阳修：《答祖择之书》，《欧阳修全集》卷六十九，第1010页。

来的这一方法和学风的转变所达至的结果可谓一目了然:"古之学者一,今之学者三,异端不与焉。一曰文章之学,二曰训诂之学,三曰儒者之学。欲趋道,舍儒者之学不可。"①而二程对汉儒的批评,也是基于此:"汉儒如毛苌、董仲舒,最得圣贤之意,然见道不甚分明。下此,即至扬雄,规模窄狭。"②

这种以政治革新为契机而对《六经》所蕴含的儒家之道的追寻,也是在上承唐代古文运动的基础上,以对当时所盛行的西昆体的批判而展开的。如前所论,庆历以前,即有儒者通过崇尚韩愈所提倡的古文,以回复儒家之道,庆历时期,这一诉求,愈发明确。与韩愈一样,他们认为文风关系到治道盛衰,圣道浮沉。"今杨亿穷研极态,缀风月,弄花草,淫巧侈丽,浮华纂组,刓镂圣人之经,破碎圣人之言,离析圣人之意,蠹伤圣人之道,使天下人不为《书》之《典》《谟》《禹贡》《洪范》,《诗》之《雅》《颂》,《春秋》之经,《易》之繇、爻、十翼。"③石介则谓:"三纲,文之象也;五常,文之质也。"④欧阳修则主张以"道胜"不以"文胜"。范仲淹也要求崇儒家之道,去无用之文。在批判的同时,庆历诸儒将通经致用之学发展为明体达用之学。胡瑗高足刘彝在熙宁年间回答宋神宗关于"胡瑗与王安石孰优"时说的"臣闻圣人之道,有体有用有文。君臣父子、仁义礼乐,历世不可变者,其体也;《诗》《书》、史、传、子、集垂法后世者,其文也;举而措之天下,能润泽斯民归于皇极者,其用也。国家累朝取士,不以体用为本,而尚声律浮华之词,是以风俗偷薄。臣师当宝元、明道之间,尤病其失,遂以明体达用之学授诸生……故今学者明夫圣人体用以为政教之本,皆臣师之功"⑤,即是对"明体达用"的最好的注解。如前所述,胡瑗在湖州等地以及太学授徒时,即是以"明体达用"为主旨来设"经义斋"和"治事斋",对当时整个政风、学术、文风的改变影响很大。"通经致用"立足于经书,重点在致用,往往难以深入到经义本身,而"明体达用"却引入"体用"论,以明体为本,试图以经学为本建立一种新的学术形态。

---

① 程颢、程颐:《河南程氏遗书》卷十八,《二程集》,第187页。
② 程颢、程颐:《河南程氏遗书》卷一,《二程集》,第7页。
③ 石介:《怪说中》,《徂徕石先生文集》卷五,1984年,第62、63页。
④ 石介:《上蔡副枢书》,《徂徕石先生文集》卷十三,第143页、144页。
⑤ 黄宗羲、黄百家、全祖望等:《安定学案》,《宋元学案》卷一,《黄宗羲全集》第三册,第57页。

庆历诸儒还上承韩愈的道统说,对儒家之道大加褒扬,范仲淹曰:"吾夫子之道也,用则行,而天下治;舍则藏,而天下乱。得其门者若登其泰山,涉其流者若示诸泗渎。钻仰何待,隆污以时,得者得之,失者失之。譬覆载之仁,无待于报;照临之明,不求其助。荡荡乎惟道为大,如斯而已者也。"①石介曰:"儒者好称说孔子之道,非大言也,非私于其师之道也。孔子之道,治人之道也。一日无之,天下必乱。"②"大哉!吾圣人之道,弥亘亿千万世而不倾,纲维四方上下而不绝……故天地有裂焉,日月有缺焉,山岳有崩焉,河、洛有竭焉,吾圣人之道无有穷也。"③并建立各自的道统观,孙复谓:"所谓夫子之道者,治天下,经国家,大中之道也。其道基于伏羲,渐于神农,著于黄帝、尧、舜,章于禹、汤、文、武、周公。然伏羲而下,创制立度,或略或繁,我圣师夫子,从而益之损之,俾协厥中,笔为六经,由是治天下,经国家,大中之道,焕然而备,此夫子所为大矣!"④石介也言必称道统。在《怪说》一文中,他在祖述孙复"五贤"说的基础上,去掉荀子,认为"周公、孔子、孟轲、扬雄、文中子、韩吏部之道,尧、舜、禹、汤、文、武之道也"⑤。在后来的《读原道》《尊韩》中,他甚至将韩愈的地位抬到了孟子之上,"孔子后,道屡塞,辟于孟子,而大明于吏部。""孔子之《易》《春秋》,自圣人来未有也;吏部《原道》《原仁》《原毁》《行难》《对禹问》《佛骨表》《诤臣论》,自诸子以来未有也。"⑥欧阳修也极为推崇韩愈,《宋史·欧阳修传》引苏轼言说他"论大道似韩愈"⑦,在他和宋祁主修的《新唐书》中,对韩愈评价曰:"自晋迄宋,老佛显行,圣道不断如带,诸儒倚天下正议,助为怪神,愈独喟引圣,争四海之惑,虽蒙讪笑,跆而复奋,始若未之信,卒大显于时。昔孟轲拒杨、墨,去孔子才二百年;愈排二家,乃去千余年,拨衰反正,功与齐而力倍之,所以过况、雄为不少矣。自愈没,其言大行,学者

---

① 范仲淹:《景佑重建至圣文宣王庙记》,《范文正公集续补卷第二》,《范仲淹全集》,第804页。
② 石介:《辨私》,《徂徕石先生文集》卷八,第87页、88页。
③ 石介:《徂徕石先生文集》卷十九,第221页。
④ 孙复:《上孔给事书》,《孙明复小集》卷二。
⑤ 石介:《徂徕石先生文集》卷五,第62页。
⑥ 石介:《徂徕石先生文集》卷七,第79页、80页。
⑦ 脱脱等:《欧阳修传》,《宋史》卷三百一十九,第10381页。

仰之如泰山北斗云。"① 他们之所以对韩愈有如此高的评价，就在于认为韩愈扶持道统，功莫大焉。他们还认为，正是因为不师《六经》而杂糅百家之学的为学风气，使当时文士欠缺坚毅的担当精神。"古君子之为学也，不在乎禄位，而在乎道义而已。用之则从政而惠民，舍之则修身而垂教，死而后已，弗知其它。科举以来，此道甚替，先文学而后政事故也。然而文学本乎《六经》者，其为政也，必仁且义，议理之有体也；文学杂乎百氏者，其为政也，非贪则察，涉道之未深也。是以取士众而得人鲜矣，官谤多而政声寝矣。"②因此必须以《六经》为本而追求儒家之道。

作为新思想的开拓者，面临着大破大立的双重任务，如果说回归《六经》，发明义理是立的话，那么，在文与道的张力中对当时盛行的西昆体的批判以及批判章句训诂之学、疑经改经则是破。总之，正是在这多种方式的共同推动下，"庆历之际，学统四起。齐、鲁则有士建中、刘颜，夹辅泰山（孙复）而兴，浙东则有明州杨（适）、杜（醇）五子，永嘉之儒志（王开祖）、经行（丁昌期）二子；浙西则有杭之吴存仁（当作师仁），皆与安定（胡瑗）湖学相应。闽中又有章望之、黄晞，亦古灵（陈襄）一辈人也。关中之申（颜）、侯（可）二子，实开横渠之先。蜀有宇文止止（名之邵），实开范正献公（祖禹）之先"③。

三、嘉祐以来的性理之学与理学的产生

承接庆历正学，嘉祐以来的诸儒士，进一步深化对义理之学的探讨。以王安石为例，作为政治家的王安石虽在嘉祐之后的熙宁时期才因推动变法而声名大噪，但作为儒者的王安石其实在熙宁之前，就已负有盛名。就此而论，其变法是其思想的深入和完善，同时，也是后者能在当时广泛传播的制度保障。与庆历诸儒一样，王安石也对汉唐以来的传注之学给予了激烈批评，他

---

① 《新唐书》卷一百七十六，北京：中华书局，第5269页。
② 王禹偁：《送谭尧叟序》，《全宋文》第4册，第391页。
③ 黄宗羲、黄百家、全祖望等：《宋元学案》卷首《序录》，《黄宗羲全集》第三册，第28页。括号内文字为笔者所加。

认为即便是在春秋战国那样的邪说暴行横作的乱世，孔子和孟子都能承儒学之精蕴，但经焚书之祸后，儒学遂失源流之正，章句注疏之学遂大昌，而妙道至言隐而不显，"然孔氏以羁臣而与未丧之文，孟子以游士而承既没之圣，异端虽作，精义尚存，逮更煨尽之灾，遂失源流之正，章句之文胜质，传注之博溺心。此淫辞诐行之所由昌，而妙道至言之所为隐"①。儒学不仅由此衰亡，而且也使后世儒者蒙蔽于传注之学而不识圣道，"呜呼！学者不知古之所以教，而蔽于传注之学也久矣。当其时，欲其思之深、问之切而后复焉，则吾将孰待而言邪"②！他明确指出《春秋》三传不可信："至于《春秋》三传，既不足信，故于诸经尤为难知，辱问皆不果答，亦冀有以亮之。"③ 至于诗赋之学，他说："今以少壮时，正当讲求天下正理，乃闭门学作诗赋，及其入官，世事皆所不习，此乃科法败坏人才，致不如古。"④ 对儒家经典本身，他也认为不仅难以完全体现圣人之道，而且其文本本身或有阙文、错简。"自周衰，以至于今，历岁千数年矣。太平之遗迹，扫荡几尽，学者所见无复全经。"⑤

王安石之力倡义理之学，这从朱熹对他的《字说》的批评中可见一斑，"荆公作《字说》时，只在一禅寺中。禅床前置笔砚，掩一龛灯。人有书翰来者，拆封皮埋放一边。就倒禅床睡少时，又忽然起来写一两字，看来都不曾眠。字本来无许多义理，他要个个如此做出来。又要照顾须前后，要相贯通。"⑥ 如前所述，他还通过贡举考试以及《三经新义》的颁行，以官方的形式对义理之学加以推动。南宋王应麟在论及《三经新义》时曾言："自汉儒至于庆历间，谈经者守训诂而不凿。《七经小传》出而稍尚新奇矣。至《三经新义》行，视汉儒之学若土埂。"⑦ 王安石对义理之学的贡献于此亦可见：元祐十年，国子司业黄隐排斥《三经新义》，主张用汉唐注疏，即受到多方弹劾。如御史中丞刘挚上疏说："故相王安石训经旨，视诸儒义说得圣人之意为

---

① 王安石：《谢除左仆射表》，《王文公文集》卷十八，第 207 页。
② 王安石：《书洪范传后》，《王文公文集》第三十三卷，第 400 页。
③ 王安石：《答韩求仁书》，《王文公文集》第七卷，第 81 页。
④ 脱脱等：《选举一》，《宋史》卷一百五十五，第 3617 页、3618 页。
⑤ 王安石：《周礼义序》，《王文公文集》第三十六卷，第 426 页。
⑥ 黎靖德编：《朱子语类》卷一百三十，第 3100 页。
⑦ 王应麟：《困学纪闻》，第 774 页。

多。……夫安石相业虽有间然，至于经术、学谊，有天下公论所在，岂隐之所能知也？"① 监察御史上官均也说："安石自为宰辅，更张政事，诚有不善，至于沉酣《六经》，贯通理致，学者归向，固非一日，非假势位贵显，然后论说行于天下。其于解经，虽未得圣人之意，然比诸儒注疏之说，浅深有间矣，岂隐肤陋所能通晓，此中外士大夫之所共知也。"②

相比于庆历正学批判注疏之学以"明体达用"，力倡义理之学，从总体上探寻儒家之道，把握圣贤的基本精神，嘉祐以来的义理之学将论题集中在对道德性命，即性理之学的探讨上③。如李觏之《性诠》、王安石之《原性》以及《淮南杂说》、刘敞之《公是先生弟子记》④等。如果说由章句训诂之学转向义理之学只是在经学研究构架内研究角度的转换的话，那么嘉祐以来的将义理之学的论题集中在道德性命之理的探讨上，则有超出经学框架，直追圣人之道的意味。此时，圣贤的基本精神表现为"天道""性命"。相比于"天道""性命"，载道的文即经书，只有在其能载道的前提下才有价值，作经的圣人也只有在传道的前提下才能彰显其价值，这一切昭示着一种新的思想形态即将产生。此时学者高谈性命义理之状况，在欧阳修对性理之学的批判中亦可见。在对李觏的回信中，他说："今之学者于古圣贤所皇皇汲汲者，学之行之，或未至其一二，而好为性说，以穷圣贤之所罕言而不究者，执后儒之偏说，事无用之空言，此予之所不暇也。"⑤而欧阳修之所以批判性理之说，一方面是基于其修本之说，另一方面则由于他以性理为佛教独有的话语，故

---

① 李焘：《续资治通鉴长编》卷三百九十，第9497页。
② 同上书，第9500页。
③ 陈植锷先生在《北宋文化史论》中认为："在北宋，仁宗初年和神宗初年是两条重要的界线。前者是儒学复兴和义理之学的开始，后者则是宋儒由义理之学演进到以性命道德为主要探讨内容的性理之学的标志。"（《北宋文化史论》，第11页。）吴国武先生在《经术与性理》一书中则认为，"经义到性理的转变并不是神宗初年，而是仁宗嘉祐之际"。笔者在这里更倾向于吴国武先生的观点，并认为，无论是庆历时期的重经义，还是嘉祐以来的重性理，均属于经学中的义理之学，只是在这一过程中，义理之学脱出经学之势愈加鲜明，因此，陈植锷先生所谓的由义理之学向性理之学的转变，实为经学中义理之学在不同阶段论题的不同体现。
④ 余英时先生在《朱熹的历史世界》中引钱穆先生的观点说："刘敞死于熙宁元年，《弟子记》已载他驳王安石《原性》一文，不但论性、情问题，而且还涉及'太极'与'五行'的关系。可知安石此文必是早年之作。"见第65页。
⑤ 欧阳修：《答李诩第二书》，《欧阳修全集》卷四十七，第669页、670页。

由反佛而连带剧烈反对言性理。也就是说，在欧阳修那里，儒学的基本精神还是庆历时期的"明体达用"，高谈性命，乃无用之空言。王安石就曾说他："不知经不识义理"。这一切都说明，嘉祐以来核心话语已发生了变化，这种变化在司马光的《论风俗札子》中亦可见："性者，子贡之所不及，命者，孔子之所罕言。今之举人，发言秉笔，先论性命，乃至流荡忘返。"① 同欧阳修一样，他对当时这种畅谈性命的风气也持批判态度。

在义理之学向性理之学的推进过程中，同样，王安石是个比较重要的人物，他说："先王之道理，出于性命之理，而性命之理，出于人心。《诗》《书》能循而达之，非能夺其所有而予之以其所无也。"② 今人很多关于这一问题的研究甚至认为："而道德性命之学，为宋道学家所侈谈者，在安石的学术思想里，开别树一帜的'先河'，也是事实。"③ "天道、性命问题之成为理论界所关注的焦点问题，是由荆公新学一派突显出来的。"④ 对于这一点，也不乏史料的支持，如蔡卞评价其师曰："自先王泽竭，国异家殊，由汉迄唐，源流浸深。宋兴，文物盛矣，然不知道德⑤性命之理。安石奋乎百世之下，追尧舜三代，通乎昼夜阴阳所不能测而入于神。初著《杂说》数万言，世谓与孟

---

① 司马光：《论风俗札子》，《司马光集》卷四十五，李文泽、霞绍晖点校，成都：四川大学出版社，2010年，第974页
② 王安石：《虔州学记》，《王文成公文集》卷三十三，第402页。
③ 侯外庐等：《中国思想通史》（第四卷上），北京：人民出版社，第423页。
④ 卢国龙：《宋儒微言》，第300页。
⑤ 道德一词，在先秦时期为儒道两家共享的范畴，在道家那里，道是世界的本原和本体，而德则是道下贯于人的落实，由于"道法自然"，所以德也尚虚静逍遥。但在儒家典籍中，道得自于天，体现为以仁义礼智信为核心的儒家最高价值原则，而德同样也侧重于指道在人身上的体现，故有德性、德行之说。一般情况下，道德合用，多指儒家最高的价值原则。如在《礼记·王制》中："一道德以同俗。"随着魏晋以来佛道两家的兴盛，对道德的理解多与佛老夹缠在一起，且乃当时核心话语，故韩愈积极参与到这一核心话语的讨论中，认为道德虽为儒佛道各家共享的范畴，但其基本内涵却完全不同，儒家之道德乃"合仁与义言之也"（《原道》），从而在辨明儒家道德之独特性的基础上，提出儒家的道统说，开儒学复兴运动之先河。由此，道德也成为中唐以来阐明儒家思想之独特性的核心话语。就此而论，韩愈一方面能够在儒学相对衰颓的情势下，积极参与到当时核心问题的探讨中，发出儒学的声音，另一方面能凸显儒学在这一问题上的独特性，可谓功莫大焉。至宋，对道德的理解，也在上承韩愈的基础上，进一步强调儒家之道德、尤其是道的独特性，凸显其相比于仁义、礼乐、刑政而言的总名性，以及对性命义理的侧重。

轲上下。于是天下之士始原道德之意，窥性命之端。"① 《淮南杂说》十卷作于嘉祐时期，大概在南宋就已经失传。但从蔡卞将其与《孟子》作比较中，可见其多谈道德性命。邓广铭先生即言："当时人之所以把《杂说》与《孟子》相比……而是因其多谈道德性命之故。"② 王安石的反对者陈瓘在《尊尧集》序中也说："臣闻先王所谓道德者，性命之理而已矣。此安石之精义也。有《三经》焉，有《字说》焉，有《日录》焉，皆性命之理也。蔡卞、塞序辰、邓洵武等用心纯一，主行其教，所为大有为者，亦性命之理而已矣；其所谓继述者，亦性命之理而已矣；其所谓一道德者，亦以性命之理而一之也；其所谓同风俗者，亦以性命之理而同之也。不习性命之理谓之流俗，黜流俗则窜其人，怒曲学则火其书，故自卞等用事以来，其所谓国是者皆出性命之理，不可得而动摇也。"③

在王安石所构筑的性理之学思想体系中，天道是一个核心范畴，也是一个最高范畴，"道者，万物莫不由之者也"④。天道通过五行构成万物：天一生水，构成万物之精气；地二生火，构成万物之神情；天三生木，构成万物之灵魂；地四生金，构成万物之体魄；天五生土，构成万物之意欲。"盖五行之为物，其时、其位、其材、其气、其性、其形、其事、其情、其色、其声、其臭、其味，皆各有耦，推而散之，无所不通。"⑤ 故"五行，天所以命万物者也。"⑥ "五行也者，成变化而行鬼神，往来乎天地之间而不穷者也，是故谓之行。"⑦ 由此形成一个由天道五行再到万物的世界。在这一系列中，天道因"万物莫不由"而具有本体的地位。在《原性》中，王安石也用"太极"这一范畴来表达其于五行的形上依据性，"夫太极者，五行之所由生，而五行非太极也。"⑧ 在性与五常的关系上，他也用同样的论证方式："性者，五常之太

① 晁公武：《郡斋读书志校证》，上海：上海古籍出版社，1990 年，第 525 页。
② 邓广铭：《王安石在北宋儒家学派中的地位——附说理学家的开山祖问题》，《北京大学学报》，1991 年第 4 期，第 24 页。
③ 邵博：《邵氏闻见后录》卷二十三，北京：中华书局，1983 年，第 179 页、180 页。
④ 王安石：《洪范传》，《王文公文集》二十五卷，第 281 页。
⑤ 同上。
⑥ 同上书，第 280 页。
⑦ 同上。
⑧ 王安石：《原性》，《王文公文集》第二十七卷，第 316 页。

极也，而五常不可以谓之性。"① 就性与情的关系而言则是："喜、怒、哀、乐、好、恶、欲，未发于外而存于心，性也；喜、怒、哀、乐、好、恶、欲，发于外而见于行，情也。性者情之本，情者性之用。故吾曰性情一也。"② 即性为未发，情为已发，性是情之本，情是性之用。这种对天道与万物、性情关系的论证方式与之后的理学具有一致性。就此而论，王安石的贡献不仅在于就核心话语而言，丰富了性命义理之话语，而且就方法论而言，将天道作为万事万物之依据，并由此建构一个形上的本体论体系。

但是，王安石的天道是一种纯粹的对象化的客体，这在他的《洪范传》中体现的非常突出，这是在吸收了道家思想以及天道自然的观念基础上建立起来的，"夫道者，自本自根，无所因而自然也。"③ "道，无体也，无方也，以冲和之气鼓动于天地之间，而生万物"④。这一对天道的界定虽然可见他对两汉今文经学以"天人感应"以及"祥瑞"和"谴告"解读天道的批判，但同时又使它脱离或曰超越于社会现实、历史文化背景之上，不具有相应的内涵。由这样的自然天道来统贯人道，儒家思想之意涵下的人道要求则有可能被压制和侵蚀，"人法地之安静，故无为而天下功。地法天之无为，故不长而万物育。天法道之自然，故不产而万物化。"⑤ 如前所述，这也是二程以及张栻批评他的重要原因。这样，儒家的政教伦理与道家的天道本体之间就有了巨大的裂痕："道有本有（《集义》无'有'字）末。本者万物之所以（《集义》无'以'字）生也。末者，万物之所以成也。本者，出之自然，故（《集义》无'故'字）不假乎人之力而万物以（《集义》'以'作'之所'）生也。末者，涉乎形器，故待人力而后万物以成也。夫其不假人之力而万物以生，则是圣（《集义》无'圣'字）人可以无言也，无为也。至于有待于（《集义》'于'作'乎'）人力而万物以成，则是圣人之所以不能无言也，无为也。故昔（《集义》'昔'下有'之'字）圣人之在上，而以（《集义》无'以'字）万物为己任者，必制（《集义》无'制'字）四术焉。四术者（《集义》无

---

① 王安石：《原性》，《王文公文集》第二十七卷，第316页。
② 同上书，第315页。
③ 王安石：《老子注·有物混成章第二十五》，《王安石老子注辑本》，容肇祖辑，北京：中华书局，1979年，第29页。
④ 王安石：《老子注·天地不仁章第五》，《王安石老子注辑本》，第10页。
⑤ 王安石：《老子注·有物混成章第二十五》，《王安石老子注辑本》，第29页。

'四术者'三字），礼、乐、邢、政是也。"① 因此，如前所论，如何将天道与人道贯通，回到儒家以天道与人道并重的立场，将天道看做人道流行的显现，这也是洛学在继承王安石性理话语基础上的推进，也是程颐认为王安石不知道的重要原因，"介甫只是说道，云我知有个道，如此如此。只佗说道时，已与道离，佗不知道，只说道时，便不道也。"②

围绕着性理论题，更多的范畴被开掘出来，如在司马光那里，虽然他说性乃子贡所未及，但同时，他也构筑了以"虚"为本的世界："万物皆祖于虚，生于气。气以成体，体以受性，性以辨名，名以立行，行以俟命。故虚者物之府也，气者生之户也，体者质之具也，性者神之赋也，名者事之分也，行者人之务也，命者时之遇也。"③ 这里，"虚"构成了万事万物之本原和依据，万物万形不仅因虚以生，而且最终归于虚。司马光以"虚"构筑世界的方式与张载的太虚本体论，无论在论证方式上，还是在核心话语上都具有相似性。但是，无论是王安石，还是司马光，与以周敦颐、二程、张载为代表的理学家还是不同，这种不同首先在于，在周、程、张诸子那里明确强调："古之学者，皆有传授。如圣人作经，本欲明道。今人若不先明义理，不可治经，盖不得传授之意云尔。"④ 即经虽然很重要，但它的重要性在于它是载道的工具，不能为了穷经而穷经。在二程以《河图》《洛书》为例的这段话中，这一主旨表达得更为明了："大抵须有发端处，如画八卦，因见《河图》《洛书》。果无《河图》《洛书》，八卦亦须作。"⑤ 这样，显然义理之学已脱出经传，直寻圣人之道；而在王安石、司马光这里，性命之理还是止于经学形态。二者的区别，于此亦可见："古之学者，先由经以识义理。盖始学时，尽是传授。后之学者，却先须识义理，方始看得经。"⑥ 其次，如前所述，二者关于核心话语地位之确立、内涵之理解，以及天道与人道关系的理解也不尽相同，由此也可见王安石、司马光等思想的过渡性特征。也就是说，虽然他们的论

---

① 王安石：《老子注·三十辐章第十一》，《王安石老子注辑本》，第19页。
② 程颢、程颐：《河南程氏遗书》卷第一，《二程集》，第6页。
③ 黄宗羲、黄百家、全祖望等：《涑水学案》下，《宋元学案》卷八，《黄宗羲全集》第三册，第365页。
④ 程颢、程颐：《河南程氏遗书》卷二上，《二程集》，第13页。
⑤ 程颢、程颐：《河南程氏遗书》卷十五，《二程集》，第160页。
⑥ 同上书，第164页。

题都集中在道德性命上，但究竟具体是哪个范畴成为核心范畴，被置于本体地位，具有怎样的内涵，并以何种方式来贯通天人，二者还是有较大的差异。以王安石与二程为例，王安石对明道的评价是"此人虽未知道，亦忠信人也"①；如前所引，伊川亦谓王安石不知道，这一方面说明二人对道的理解不尽相同，另一方面也说明道德性理话题乃当时核心话题。由此可见，由嘉祐以来的性理之学到以周敦颐、二程等为开创者的理学尚有距离。

在嘉祐以来成名的诸儒中，周敦颐的思想集中体现了倡言性命义理这一特征，而在其以太极所构筑的本然之全体的形上体系中，可见一直以来的围绕核心话语的核心范畴的拓展。与王安石、司马光不同的是，自胡宏②之首倡，其后经张栻③尤其是朱熹④的大力推阐，周敦颐逐渐被目为理学宗主。而且，从一定意义而言，他之所以被目为理学宗主，正在于他以《易传》为核心，结合《论语》《孟子》《中庸》，以"太极"为本讲天道性命，从本然之全体上构筑了一个由天道下贯到人道的体系，将儒家的形上学推进到一个新的高度，也为自己的理论寻找到了儒家系统内部的合法性支持，理学家所谈的所有命题，以及核心精神在周敦颐言简蕴深的思想中均已具备，这从黄百家在《濂溪学案上》中对周敦颐的评价中也可看出：

> 孔孟而后，汉儒止有传经之学，性道微言绝之久矣。元公崛起，二程嗣之，又复横渠诸大儒辈出，圣学大昌。故安定、徂徕卓乎有儒者之

---

① 程颢、程颐：《河南程氏遗书》卷第十九，《二程集》，第255页。

② 胡宏："舂陵有周子敦颐，洛阳有邵子雍，大程子颢，小程子颐，而秦中有横渠张先生。"（胡宏：《横渠正蒙注》，《胡宏集》，吴仁华点校，第162页）相关分析可具体参看向世陵：《理气性心之间——宋明理学的四系与分系》，北京：人民出版社，2008年，第117页。向先生指出："这在哲学史上，是第一次将此五子作为学术整体集中表述出来。"同时需要补充的是，因为二程早年曾经问学于周敦颐，因此伴随着二程学术的影响，在胡宏之前其实亦多有推重濂溪之各种表达（可以参看陈来：《论周敦颐影响之建立——序杨柱才〈周敦颐哲学思想研究〉》，《孔子研究》，2004年第5期），但是这种对于周敦颐之肯定主要并非立足于对其本身学术之考究，因此对于后世之影响亦不显著，考虑到以上两点，笔者认为推重濂溪之功，当以胡宏为首。

③ 张栻对于周敦颐的表彰可以具体参看张栻：《通书后跋》（周敦颐著，陈克明点校：《周敦颐集》，北京：中华书局，2009年，第119页），张栻：《太极图解序》（陈来主编：《早期道学话语的形成与演变》，合肥：安徽教育出版社，2007年，第516页）。

④ 朱子有《太极解义》（《太极图解》《太极图说解》合称《太极解义》）《通书解》等相关著作，借周子之文阐发自己理气之论。

矩范，然仅可谓有开之必先，若论阐发心性义理之精微，端数元公之破暗也①。

程颐也明确说："凡学之道，正其心，养其性而已。中正而诚，则圣矣。君子之学，必先明诸心，知所养，然后力行以求至，所谓自明而诚也。故学必尽其心。尽其心，则知其性，知其性，反而诚之，圣人也。"② 黄百家在评价程颐思想时也说："穷极性命之根柢，发挥义理之精微。"③ 这一切都可见理学以性理之学为旨归，以性命义理为核心话语的特征，具体而言，在二程那里，就是天理论的体贴与建立。而且，从二程洛学最终成为理学之主流来看，正如文后所论证的，要回答弥漫于宋初的对于性命之际的追问，"穷理"可能才是真正的落实之处。由此，经学义理之学经过庆历以来诸儒的努力，最终经过核心话语的转化以及论证方式的更新转生为理学。

---

① 黄宗羲、黄百家、全祖望等：《濂溪学案上》，《宋元学案》卷十一，《黄宗羲全集》第三册，第589页。

② 程颢、程颐：《河南程氏文集》卷第八，《二程集》，第577页。

③ 黄宗羲、黄百家、全祖望等：《伊川学案下》，《宋元学案》卷十六，《黄宗羲全集》第三册，第785页。

第三章　与佛老的抗辩及性理话语的容摄

就社会政治的原因而言，宋代经学的新诠也是对当时整个社会佞佛、崇老之风的反弹。当时整个社会如燎原之势兴盛的佛教与道教，积极致力于自身思想的兼容并蓄，扬己所长安抚人心，这一状况使儒士们产生了强烈危机感，并力斥其非。就学术思想自身的发展而言，佛老之学对性理论题的形上探讨，给当时儒者以重要的启示。对于这一点，余英时先生认为，一方面佛教"今日之风，便先言性命道德"①，另一方面僧徒与在位士大夫交游密切是宋代政治文化当中一个十分突出的现象，因此作为结果，道学中关于"心""性"的理论正是在士大夫"谈禅"的氛围中逐渐发展完成的②。

本章所要探讨的是，当时儒者正是在感受到强烈危机感的同时，通过与佛老的交游抗辩，反躬自身的性命义理资源，建构起理学的话语系统。就此而论，宋代儒学的复兴与话语系统在性理层面的充实，是在与佛老之学的交锋论辩与相容互摄中得以实现的。

一、佛老之说天下已成风

承隋唐以来佛老思想的兴盛局面，至宋，佛教与道教在全社会产生广泛的影响力，上至王公巨卿，下至贩夫走卒，无不竞相谈禅论道，尤其是网罗了一大批根器超拔的文人学士，这一状况首先使儒士们产生了强烈的危机感，并力斥其非。

---

① 程颢、程颐：《河南程氏遗书》卷二上，《二程集》，第23页。
② 参看余英时：《朱熹的历史世界·通论》。

（一）释氏东行，山闻海惊

赵匡胤登基不久，即于建隆元年（960）下令停止废毁寺院；乾德四年（966）三月"僧行勤等157人请游西域，诏许之，仍赐钱三万遣行"；① 四月，河南府进士李蔼，以不信释氏，著《灭邪集》，又辑佛书缀为衾裯，为僧所诉，被诀杖，配沙门岛②，由此可见他对佛教的态度。开宝四年（971），他又命张从信等到益州（今成都）雕刻大藏经板，这是中国历史上第一部汉文木板印刷的大藏经，它依《开元释教录》所收经藏目录为主，总计653帙、6620卷，对以后的刻经活动产生了深远的影响。宋太宗对佛教也特别重视，并要求百官大臣也读些佛典，"浮屠氏之教有裨政治……凡为君治人，即是修行之地，行一好事，天下获利，即释氏所谓利他者也……虽方外之说，亦有可观者，卿等试读之，盖存其教，非溺于释氏也"③。除此之外，他还在太平兴国初年（975）命右街僧录赞宁撰《大宋僧史略》，全书共3卷59项，记述了佛教东传以来的译经、讲经、出家、僧尼礼仪、僧官制度、朝廷与佛教的关系等等，可谓一本简明的佛教史。太平兴国七年（982），又命赞宁编撰了《大宋高僧传》。前文已引吕蒙正《大宋重修兖州文宣王庙碑铭并序》太宗之言以说明宋初三教并重的情况。这段引文之后的文字，更可见太宗对佛道的重视："居一日，乃御便殿，谓侍臣曰：'朕嗣位以来，咸秩无文，遍修群祀。金田之列刹崇矣，神仙之灵宇修矣，惟鲁之夫子庙堂未加营葺……"④ 宋真宗则进一步谓佛教"奉乃十力，辅兹五常，上法之以爱民，下遵之而迁善，诚可以庇黎庶而等仁寿也"⑤。并亲自为佛经作注。当然，由上也可见，宋代统治者对佛教的认可主要是从佛教有利于维护其统治的角度而言的。因此，他们一方面扶持和利用佛教，如上所述以官方资助、组织的形式促成佛教徒西行取经；另一方面也对其加以约束和限制，如加强对教团以及佛教徒外出活动的管理，宋初以功德使、祠部主管全国僧道，设左右街僧录司具体负责佛门事务，之后，管理更是日趋严格；同时，通过重建译经院和印经院，使译经、印经活

---

① 李焘：《续资治通鉴长编》卷七，第168页。
② 同上书，第169页。
③ 李焘：《续资治通鉴长编》卷二十四，第554页。
④ 吕蒙正：《大宋重修兖州文宣王庙碑铭并序》，《全宋文》第4册，第345页。
⑤ 《佛祖统纪》卷第四十四，《大正藏》第四十九册，第402页上。

动处于政府的严密控制下,加强对佛经的统一管理。

经过统治者的扶持,宋代佛教迎来了自中唐以后的又一个发展高峰,呈现出繁荣的强劲势头。首先,僧尼数量激增。宋初,度僧主要有试经度僧和特恩度僧两种形式。试经度僧是由官方测试童行的经业,测试合格者,发经度牒,准许出家受戒为僧尼;特恩度僧是在天子诞辰、帝后皇族忌辰、皇女出嫁等特殊日子,由皇帝下诏加恩特度僧尼。一般,试经度僧是按比例通过,有人数限制,但到后来则不断增加,而特恩度僧人数则更多。北宋中后期由于财政吃紧,为筹集财力,地方政府经常乞请朝廷准允出售度牒以鬻利,也导致僧众大增。宋建国之时,全国僧尼共计不过 67430 人,但到天禧五年就已达 397615 人。随着私度的进一步泛滥,至仁宗景祐元年(1034),全国僧尼数量据官方统计更至 434260 人。随着僧尼数量的上涨,宋代寺塔也急剧增加,仅到真宗时,寺院已近 40000 所,朝廷也不惜为此耗费巨资,如黄州齐安的永兴寺的重修、峨眉山普贤像的扩修、开宝寺宝塔的修建,不仅耗费巨大,而且前后持续最长者达八年之久。

其次,佛教寺院经济大盛。寺院不但占有大量土地,而且拥有大量地产,据《宋史》卷一七七《食货上五·役法上》记载,寺院月收房租一万五千,季收粮食百石以上者,方才缴纳助役钱。苏辙《和子瞻宿临安净土寺》诗中即言:"四方清净居,多被僧所占。既无世俗营,百事得丰赡。"① 可见一般寺院地产之厚。

再次,在官方组织下,佛经的翻译和印制继隋唐以后进一步得到发展,太宗、真宗两朝共译佛经 222 部,413 卷,至北宋政和四年,增至 283 部,760卷。虽然宋代佛经译本的质量大多赶不上唐代的水平,但是,从种类数量上看,与唐朝基本持平。印经业也因印刷术和纸张的较广泛应用得到长足发展。

除佛经翻译和印制的繁盛外,由于儒佛交流更加紧密,僧人文人化、儒学化的现象非常突出,这就直接导致很多高僧力图将佛教教义与儒家伦理融合起来。北宋时期的高僧契嵩就将佛之"五戒"与儒之"五常"贯通起来,认为:"五戒,始一曰不杀,次二曰不盗,次三曰不邪淫,次四曰不妄言,次五曰不饮酒。夫不杀,仁也;不盗,义也;不邪淫,礼也;不饮酒,智也;

---

① 苏辙:《和子瞻宿临安净土寺》,《苏辙集》卷四,北京:中华书局,1990 年,第 70 页。

不妄言,信也。"① 他还说:"吾之喜儒也,盖取其与吾道有所合而为之耳,儒所谓仁、义、礼、智、信者,与吾佛曰慈悲、曰施舍、曰恭敬、曰无我慢、曰智慧、曰不妄言绮语,其味目虽不同,而其所以立诚修行,善世教人,岂异乎哉?"② 除此之外,他还力图从义理层面融合儒释道三家,他说:"夫《中庸》者,乃圣人与性命之造端也;《道德》者,是圣人与性命之指深也;吾道者,其圣人与性命尽其圆极也。造端,圣人欲人知性命也;指深,圣人欲人诣性命也;圆极,圣人欲人究其性命,会于天地万物,古今变化,无不妙于性命也。"③ 这里,虽然在儒释道三家中以佛为"性命之圆极",有自高之意,但同时却赋予三家共同的核心话题,即"性命"问题,就此而论,契嵩之论为儒家反躬自身性命资源提供了很好的思路。

僧人的文人化以及儒学化,也直接造就了北宋时期佛教著述的丰富。这其中以赞宁的《大宋高僧传》和道原的《景德传灯录》最为著名。赞宁的《大宋高僧传》上承梁慧皎的《高僧传》和唐道宣的《续高僧传》,记载自唐太宗以来至宋太宗端拱元年的历代名僧,正传531人,附见125人(其序称正传533人,附见130人,实少于此数)。全书分为译经、义解、习禅、明律、护法、感通、遗事、读诵、兴福、杂科共十篇,是一部极具价值的佛教史著作,极大推动了宋代佛教史学著述的发展。《景德传灯录》则叙述禅宗师徒的语录和事迹,上起传说的七佛,下至宋初禅僧,共1701人,附有语录者951人,基本反映了禅学的发展概况。该书还首开北宋编写禅学灯史之先河,对后世影响深远。

当然,总体而言,宋代佛教在义理的创新上,很难和隋唐时期相比,这是因为这一时期中国佛教的发展形态已经基本定型,很难再有大的突破和创获。尽管如此,在方法上却屡有创新。而且,禅净合一、禅教合一与三教合一的思想逐渐盛行,这不仅奠定了宋以后中国佛教的主要走向,而且由于这种逐渐融合的趋势,使得所传习的经论相对集中,如《华严经》《楞严经》《圆觉经》《大乘起信论》等,这为佛教的更广泛传播提供了便利。在宗派

---

① 契嵩:《孝论·戒孝章第七》,《镡津文集》卷三,《大正藏》第五十二册,第86页上。
② 契嵩:《寂子解》,《镡津文集》卷八,《藏》卷第五十二册,第686页上。
③ 契嵩:《上富相公书》,《镡津文集》卷十,《大正藏》第五十二册,第694页上。

佛教中，禅宗在当时势力最盛，而净土宗则传播最速。除此之外，天台、华严、律宗等虽不及唐时兴盛，但也有一定程度的发展。它们在士大夫阶层吸纳信徒，当时很多儒者与佛教高僧交游甚密，如王禹偁与赞宁便是好友，并且为赞宁文集撰序；欧阳修、苏轼等与契嵩交游甚密，苏轼和欧阳修还分别自号东坡居士和六一居士；周敦颐则与鹤林寺僧寿涯、黄龙慧南、黄龙祖心以及东林常总（聪）有很深的佛教因缘①。同时，北宋佛教也加强在普通民众中的影响力，从而使整个社会，上至王公巨卿，下至贩夫走卒无不竞相谈佛论禅，可谓"人人谈之，弥漫滔天"，"其终无有不入禅学者"②，对于这一盛况，李觏在《太平院浴室记》中说："释氏东行，乘风御霆，山闻海惊。"③ 对宋代佛教的如此兴盛局面，尤其是官僚士大夫的参禅礼佛之盛，于下可见一斑：

  本朝富郑公弼问道于投子颙禅师，书尺偈颂凡一十四纸，碑于台之

---

① 对周敦颐师事鹤林寺僧寿涯之事，《宋元学案》载："先生（胡宿）尝至润州，与濂溪游，或谓濂溪与先生同师润州鹤林寺僧寿涯，或谓邵康节之父邂逅先生于庐山，从隐者老浮图游，遂受《易》书。"（《黄宗羲全集》第三册，《宋元学案》卷十二，《濂溪学案下》，第641页）"晁氏（晁景迂）谓：'元公师事鹤林寺僧寿涯而得"有物先天地，无形本寂寥，能为万象主，不逐四时雕"之偈。'"（《黄宗羲全集》第三册，《宋元学案》卷十二，《濂溪学案下》，第637页）黄龙慧南和黄龙祖心为宋代临济宗黄龙派高僧。据载，周敦颐与黄龙慧南禅师的俗家法嗣潘兴嗣，以及黄龙祖心禅师的俗家法嗣黄庭坚、吴恂、王韶等友善。不仅如此，他还曾向黄龙慧南禅师扣问佛家精义，向黄龙祖心禅师问教外别传之旨。祖心对他说："只消向你自家屋里打点。孔子谓'朝闻道，夕死可矣。'毕竟以何为道，夕死可耶？颜子不改其乐，所乐何事？但于此究竟，久久自然有个契合处。"（《居士分灯录》卷下，《卍续藏经》第一四七册。转引自宋道发：《周敦颐的佛教因缘》，载《法音》第187期，2000年第三期）东林常总（聪）也是宋代临济宗黄龙派僧，据说周敦颐随东林常总游，受益匪浅。"《性学指要》谓：'元公初与东林聪游，久之无所入。聪教之静坐，月余忽有得，以诗呈曰："书堂兀坐万机休，日暖风和草自幽。谁道二千年远事，而今只在眼睛头。"聪肯之，即与结青松社。'"（《黄宗羲全集》第三册，《宋元学案》卷十二，《濂溪学案下》，第637页、638页）当然，需要说明的是，这里所谓的周敦颐佛教因缘只是其生平交游与兴趣所在，并不等同其理论的最终立场。黄百家在《濂溪学案》中，即评述周敦颐的思想风格曰："周子之学，在于志伊尹之志，学颜子之学，已自明言之矣。"（黄宗羲、黄百家、全祖望：《濂学案下》，《宋元学案》卷十二，《黄宗羲全集》第三册，第637页）

② 程颢、程颐：《河南程氏遗书》卷十五，《二程集》，第171页。

③ 李觏：《太平院浴室记》，《李觏集》卷二十四，王国轩点校，北京：中华书局，2011年，第272页。

鸿福两廊壁间，灼见前辈主法之严，王公贵人信道之笃也。郑国公社稷重臣，晚岁知向之如此，而颙必有大过人者，自谓与颙有所警发。士大夫中谛信此道，能忘齿屈势，奋发猛利，期于彻证而后已。如杨大年侍郎、李和文都尉见广慧琏、石门聪并慈明诸大老，激扬唱酬，般般见诸禅书。杨无为之于白云端，张无尽之于兜率悦，皆扣关击节，彻证源底，非苟然者也。近世张无垢侍郎、李汉老参政、吕居仁学士，皆见妙喜老人，登堂入室，谓之方外道友。爱憎逆顺，雷挥电扫，脱略世俗拘忌，观者敛衽辟易，罔窥涯涘。然士君子相求于空闲寂寞之滨，拟栖心禅寂，发挥本有而已①。

（二）天下遍有道像矣

作为先秦诸子百家中除儒家以外最显赫的学派之一，道家思想的创始者老子在面对"礼崩乐坏"的现实时，提出了不同于儒家孔子以重建道德秩序为诉求的另一种方案，那就是通过对以仁礼为核心的社会价值体系的解构，建立起以"道"为核心的"道法自然""无为而无不为"的思想体系，这是老子学说的最大创见，从一定意义上突破了"帝"、天有神论传统。老子的思路是从天道落实到现实人生与社会政治的层面。当然，就道家之名而言，最早见于司马谈的《论六家之要旨》中的"道德家"，之后的《汉书·艺文志》延续之，并将其列为"九流"之一。

老子以后，道家经历了战国初期的杨朱、列子、关尹之学。杨朱"拔一毛而利天下，不为也"，其思想主旨是"贵生"，也就是"贵身"，是"全生保真"。在他看来，一毛虽小，但是我身体和生命的一部分，天下之利虽大，可它是外在的事物，故不能用损害身体的方法去交换。在另外的文献记载中也说杨朱的思想是"不以天下大利易其胫之一毛"，也就是说，不会用天下的大利去交换小腿上的一根汗毛，其重生可见一斑。这一思想与儒家"达则兼济天下，穷则独善其身"，以及墨家的"兼爱"思想形成了鲜明的对比。庄子则弱化了老子生成论角度的道，以对"逍遥游"境界的追求深化了道对个体精神自由的价值和意义。

---

① 《禅林宝训》卷二，《大正藏》第四十八册，第1027页下。

至秦汉时，由老子之学衍化出的黄老道家大兴①，"黄者，黄帝也；老者，老子也。"② 司马谈在《论六家要旨》中所谓的道家，其实就是黄老之学；在他对道家的高度褒扬中，可见黄老之学在汉初的地位。而其所谓的"道家使人精神专一，动合无形，赡足万物。其为术也，因阴阳之大顺，采儒、墨之善，撮名、法之要，与时迁移，应物变化，立俗施事，无所不宜，指约而易操，事少而功多"③，则是黄老道家的重要特征。

至魏晋时期，伴随着中央集权制基础上的大一统相对稳定局面的被打破，道家思想为士人所崇尚。一般认为，魏晋玄学乃道家在当时发展的新形态。魏晋玄学最大的特点是以名教与自然问题为核心展开对理想社会的追寻，并将这一追寻抽象化为对本末有无问题的探讨，从而在中国哲学史上以其独特的思辨方式，推进了宇宙发生论向本体论的转变。当然在老子的思想中，这两种解释纬度并存，而在庄子思想中更多的是将道解释为万物得以如此的依据。另一方面，由于其核心问题乃名教与自然之辨，故其对儒家思想也不是完全否弃，并表现出儒道兼宗的特征。

魏晋玄学以后，从道家学派发展史的角度看，作为学派的道家已经不复存在，但其思想理论在与儒家和佛家的相互借鉴、融合与渗透中，主要通过道教学者对道家著作的注疏和对道教思想的发挥，继续不断得到新的发展，并始终在中国思想文化中占有重要的地位。

道教的创立，始于东汉末年，以张角创立的"太平道"，以及张道陵创立的"五斗米道"（也称"天师道"）为代表。他们奉《老子》为教经，主要以福箓为人祛灾请福，冀求长生久视。张道陵还自撰《老子想尔注》，阐释发挥

---

① 但也有学者认为黄学和老学都是在古代"道论"的基础上发展起来的，其理论和学术渊源是同一的，很难说谁发展了谁。（余明光：《黄帝四经与黄老思想》，黑龙江：黑龙江人民出版社，1989年，第143页）郭沫若则认为黄老之学是老学与齐文化相结合的产物，"黄老之术，值得我们注意的，事实上是培植于齐，发育于齐，而昌盛于齐的"。（《十批判书·稷下黄老学派的批判》，北京：东方出版社，1996年，第157页）也有学者认为，黄老之学应该分成以楚国为中心的南方黄老学和以齐国为中心北方黄老学。南方黄老学从《黄老帛书》，经《庄子》后学中的黄老思想，到《鹖冠子》，形成一个较完整的发展系统。北方黄老学则包括田骈、接子的道术派，慎到的道法结合派，以及《管子》书中以《法经》、《任法》、《明法》、《心术》诸篇为代表的道法思想。

② 王充：《论衡·自然》。

③ 司马谈：《论六家要旨》。

老子的思想。因此，其思想不仅来自道家，而且可追溯到先秦民间流行的术数和汉代流播的图谶。就道教的主要经典而言，基本都是由道家经典改换而来，比如《道德经》变成了《道德真经》，《庄子》变成了《南华真经》，《列子》变成了《冲虚真经》。

两晋之后，道教经葛洪、陶弘景、寇谦之等道教首领的改革，转以炼金丹、求仙术为主，发展为金丹道教。金丹道教的理论基础为两汉流行的宇宙论，认为宇宙万物由一气化生，而气本身不生不灭。道教徒坚信，人通过服食金丹，就可以使自己禀得的精气不会耗散，或损耗后得以补入，从而达到与气同体或与气同化的神仙境界。经过葛洪等人的创新后，道教很快在社会上层流行开来，并得到统治者的支持，南朝梁武帝待陶弘景极笃，寇谦之则得到了北魏太武帝的支持。

虽然自魏晋后，道家思想主要通过道教学者对道家著作的注疏而不断得到新的发展，但对于道家与道教之异，很早就有进行辨析，北周僧人释道安即言："老氏之旨，盖虚无为本，柔弱为用，浑思无元恬高人世，浩气养和得失无变，穷不谋通，达不谋己，此学者之所以询仰余流，其道若存也。若乃练服金丹，餐霞饵玉，灵升羽蜕，尸解形化，斯皆尤乖老庄立言之本。"① 当然，释道安之所以要区隔道家与道教之异，是为了在佛道教的斗争中，贬低道教所具有的思想价值，故他还说："今之道士，始在张凌，乃是鬼道，不关老子。"② 但他所指出的道家与道教之异还是基本把握了二者的差异。现代学者许地山也从道教起源的角度，揭示了二者之异同，相对比较客观："道教思想远源于术数和巫觋底宗教，到后来才采用了道德家的玄学。道教的渊源非常复杂，可以说是混合汉族各种原始的思想所成的宗教。但从玄想这方面看来，道教除了后来参合了些佛教思想与仪式以外，几乎全是出于道家的理论。"③

及至唐代，由于李氏王朝认老子为祖先，道教更受尊崇。贞观十一年（637），敕道教名位排于佛教之前，后又追尊老子为太上玄元皇帝，道教由此大盛，人才辈出，如成玄英、李荣、司马承祯等。汉魏时期的五斗米道、太

---

① 释道安：《二教论》，《广弘明集》卷八，《大正藏》第五十二册，第139页上。
② 同上书，第140页上。
③ 许地山：《道教史》附录《道家思想与道教》，上海：华东师范大学出版社，1996年。

平道虽然奉《老子》为教典,但并没有以《老子》思想为依据而建构精细的道教思想体系,就此而论,在魏晋时期,被后世一些学者均看做属于道家与道教系统的玄学与五斗米道之间,并没有太多的理论交集,当时虽有玄学家们服食丹药,并信奉五斗米道,但当时诸道士多从事的是符箓科教及炼养之术,对发挥老庄之义理兴趣阙如,甚至如葛洪者也认为老庄之书为空泛之谈。但随着南北朝以来佛教的兴盛,道教之危机感陡然上升,故在多次的佛道论争,以及佛学的刺激下,一则追老溯庄,二则承玄摄佛,道士们开始了道教哲学的建构,这一建构理论的成果以重玄学典型代表,它"以采用佛教的思辨方法和词旨发挥老庄哲学为特质,可称老庄哲学在佛学影响下的新发展"①。

就道教的丹道学而言,葛洪、寇谦之、陶弘景所习,侧重于服食丹药以求成仙,被称为外丹术。但外丹术导致唐朝六帝及不少文人道士中毒夭亡的事实,使内丹术在唐末兴起,内丹术的兴起与重玄学看重人本有之性命,认为通过本有的性命双修可以成就仙境有很大的关系。于是,道教之丹道学在唐末逐渐由外丹术转向内丹术。

如前所述,黄老思想在宋初三朝颇为盛行。宋太祖在立国之初即以惧慎之心,生俭慈和文之举,简政缓事。宋太宗即位后,萧规曹随,并没有对太祖之政做太多改变,一任清静无为之政。他说:"清静致治,黄老之深旨也。夫万务自有为以至于无为。无为之道,朕当力行之。"②宋真宗对道教的兴趣则更甚于其父祖辈,故落实于政治方略中,即在谨遵圣训,诏继前列的基础上,务求静安。当时士人也认为:"自三五以还,文质迭变,百王之法,六籍涣然。……盖百家之说,虽其道不同,奉而行之,皆足以致理。"③对于道家与道教在治道层面的清静简默之法,田赐曰:"化民导俗,本贵儒玄。尚玄以清静为宗,尊儒以礼乐为本。"④将儒道并举。故南宋彭耜说:"宋兴,专守一道曰仁,其治以慈俭不争为本,几若萎靡不振,而实参用《老子》家法,故

---

① 任继愈主编:《中国道教史》(下卷),北京:中国社会科学出版社,2001年,第263页。
② 李焘:《续资治通鉴长编》卷三十四,第758页。
③ 徐铉:《册秀才文》一,《全宋文》第一册,第391页。
④ 田赐:《试进士策第一道》,《全宋文》第三册,第155页。

当时君臣于此书颇尽心焉。"①

就宋初统治者与道士的具体交往以及对道教的重视而言，据载，赵匡胤在后周时就与道士交游甚密。陈桥兵变，军中为其制造舆论的就是"号知天文"的方术之士苗训："军校河中苗训者号知天文，见日下复有一日，黑光久相磨荡，指谓太祖亲吏宋城楚昭辅曰：'此天命也。'"② 宋立国之后，太祖更屡下诏召见道士、搜寻道经、敕建道观，大搞崇奉圣真和斋醮祭祀活动等③。开宝二年（969），建建隆观以赐真定道士苏澄④。同时，还广泛搜集道书。北宋初期道教的著名人物，如陈抟、种放、丁少微、张守真、王怀隐、陈利用、赵自然等也均与太宗有交往。据《混元圣纪》卷九记载，宋太宗命散骑常侍徐铉、知制诰王禹，将访得道经7000余卷，重新订正，最后得3337卷，这就是北宋最早的《道藏》。真宗还为《道德经集注》撰序，认为"《道》、《德》二经，治世之要道"⑤。天禧三年（1019）编成的《大宋天宫宝藏》七藏，就是在他的支持下完成的，后又编成《云笈七鉴》一书，对道藏进行了彻底整理。在宰相王旦、参知政事王钦若的劝诱下，真宗更是大肆开展以神道设教，驯天下强梗为目的的崇道活动⑥。真宗的崇道活动虽然有强烈的政治目的，但客观上推动了道教的发展，"道教之行，时罕习尚，惟江西、剑南人素崇重。及是，天下始遍有道像矣"⑦。而且，相较于李唐王朝时期释道两家参与宫廷争斗，互不相容的状况，至宋，两家颇能相安。当然，若要将佛道两家的官方地位做一比较，佛似高于道。如宋太祖诏令僧道朝集时，通常是僧先道后，并立殿廷；如遇郊天，则道士居左，僧侣居右，僧位在道位之上。另外，从僧道人数上来看，也是僧远高于道。

---

① 《道德真经集注·序》，《道藏》第13册，北京：文物出版社，上海：上海书店出版社；天津：天津古籍出版社，1988年，第106页。
② 李焘：《续资治通鉴长编》卷一，第1页。
③ 详见卿希泰主编《中国道教史》，成都：四川人民出版社，1992年，第2卷，第548—550页。
④ 见李焘：《续资治通鉴长编》卷十，第226页。王称《东都事略》卷一一八《隐逸传》，及贾善翔《高道传》做"苏澄隐"。
⑤ 《老子集注》序。
⑥ 详见任继愈主编《中国道教史》（下卷），北京：中国社会科学出版社，2001年，第545页、546页。
⑦ 李焘：《续资治通鉴长编》卷七十二，第1637页。

关于宋代道教的兴盛状况，任继愈先生主编的《中国道教史》认为主要表现为四个方面：一为理论研究的深化，《道德经》的研究，收入《道藏》者现存达九十多种；《庄子》《列子》也形成体系；内丹理论大为发展。二为新神被大量引入。三是新教派林立，北宋时，内丹南派兴起，神霄派、天心派形成。四是道书编撰蔚然成风，这些道书种类繁多，作者上至帝王将相，下至文人道士；尤其是在太宗初编《道藏》的基础上，两宋曾六次编修《道藏》，奠定了明《道藏》的基础①。

与佛教一样，宋初的道教也非常强调三教合一，且在"合一"的平等性上甚于佛教。陈抟即提出道教当融合儒释二教，在王钦若的《翊圣保德真君传》中道士张守真借翊圣保德真君之言曰："太上《道德经》大无不包，细无不纳，修身炼行，治家治国。世人若悟其指归，达其妙用，造次于是，信奉而行，岂惟增福，谅无所不至矣。释氏之《四十二章经》，制心治性，去贪远祸，垂慈训诫，证以善恶，亦一贯于道矣！奉之求福，固亦无涯。至于周公、孔子，皆列仙品，而五经六籍，治世之法，治民之术，尽在此矣。"②张伯端也说："教虽三分，道乃归一。奈何后世黄缁之流，各自专门，互相非是，致使三家宗要迷没邪歧，不能混一而同归矣。"③

（三）吾理自立，则彼不必与争

对于当时佛老如此兴盛的局面，很多儒士深感忧虑，以佛教为例，二程即认为问题的严重性不在于平民的崇教立像，而是士大夫学者溺迷佛教义理④。对此，程颢曾感叹：

> 昨日大会，大率谈禅，使人情思不乐，归而怅恨者久之。此说天下已成风，其何能救！古亦有释氏，盛时尚只是设像崇教，其害至小。今

---

① 参见任继愈主编：《中国道教史》（下卷），北京：中国社会科学出版社，2001年，第540页、541页。

② 王钦若：《翊圣保德真君传》卷中，《云笈七签》，张君房编、李永晟点校，北京：中华书局，2003年，第2229页。

③ 张伯端：《悟真篇浅解》（外三种），王沐浅解，北京：中华书局，1990年，第2页。

④ 余英时先生即认为："道学家'辟佛'的直接对象是当时士大夫中的禅风。"见余英时：《朱熹的历史世界》，第74页。具体论证，见本书第67—74页。

日之风，便先言性命道德，先驱了知者，才愈高明，则陷溺愈深。在某，则才卑德薄，无可奈何佗……今日所患者，患在引取了中人以上者，其力有以自立，故不可回。若只中人以下，自不至此，亦有甚执持？①

昨日之会，谈空寂者纷纷，吾有所不能。噫！此风既成，其何能救也！古者释氏盛时，尚只是崇像设教，其害小尔。今之言者，乃及乎性命道德，谓佛为不可不学，使明智之士先受其惑②。

而儒者士大夫沉溺佛教义理是儒学衰微的原因之一。《大慧普觉禅师宗门武库》载：

王荆公一日问张文定公，曰："孔子去世百年，生孟子，后绝无人，何也？"文定公曰："岂无人？亦有过孔孟者。"公曰："谁？"文定公曰："江西马大师、坦然禅师、汾阳无业禅师、雪峰、岩头、丹霞、云门。"荆公闻举，意不甚解，乃问曰："何谓也。"文定曰："儒门淡薄，收拾不住，皆归释氏焉。"公欣然叹服③。

王夫之也在《张子正蒙注·序论》中谈及汉魏以来的儒学危机时说："特在孟子之世，杨、墨虽盈天下，而儒者犹不屑曲吾道以证其邪，故可引而不发以需其自得。而自汉、魏以降，儒者无所不淫，苟不抉其跃如之藏，则志之摇摇者，差之黍米而已背之霄壤矣。"④ 佛学之所以能对士大夫阶层产生如此大的影响力，当然和其自传入后不断的本土化，强调三教合一，以消弭中土士人对它的隔膜有很大的关系，但最主要的原因还在于佛教理论精深的思辨结构，以及异于中国传统思想的内容，对在中国传统思想文化土壤中熏染的士大夫阶层有新奇的吸引力。其次，佛教理论对人生苦难处境的深切体验和对人生归宿的强烈关怀，与在此基础上形成的为摆脱这种苦难的宗教目标、宗教实践，不仅对下层民众有很强的吸引力，就是对士大夫阶层也无疑提供了一个心灵归属之所，这也就是所谓"浮屠之术，最善化诱．故人多向之"⑤。至于道家与道教思想在当时的流行状况，在前所引《论风俗札子》中，司马光即认为当时畅谈性命义理之风的大盛就是老庄影响的结果，由此可见老庄

---

① 程颢、程颐：《河南程氏遗书》卷二上，《二程集》，第23页、24页。
② 程颢、程颐：《河南程氏粹言》卷一，《二程集》，第1196页。
③ 《大慧普觉禅师宗门武库》，《大正藏》第四十七册，第954页下。
④ 王夫之：《张子正蒙注·序论》，北京：中华书局，2009年，第2页。
⑤ 程颢、程颐：《河南程氏遗书》卷二下，《二程集》，第50页。

之学在当时广泛的影响力:"窃间近岁公卿大夫好为高奇之论,喜颂老庄之言,流及科场,亦相习尚……今之举人,发言秉笔,先论性命,乃至流荡忘返,遂入老庄。"①

作为这种忧患意识的第一反应是对佛老进行批判,就此而论,攘斥佛老是儒家强化自身文化主体意识的重要体现。当然此处佛老连用,其重在佛。其实,佛教自传入始,即因其文化上的异质特征一直遭到一些持儒家立场的学者激烈的批评、攻击。从《理惑论》的四十问、《弘明集·后序》的"六疑"、《颜氏家训归心》的"五谤",到南北朝时郭祖深、荀济及唐代傅奕的简括沙门、废弃佛法的疏谏,都认为沙门不臣不子,败坏人伦风俗,悖于周孔之教。承续以上观点,将儒家立场彰显得淋漓尽致并决绝辟佛的当属韩愈,韩愈认为:"夫佛本夷狄之人,与中国语言不通,衣服殊制,口不言先王之法言,身不服先王之法服,不知君臣之义、父子之情。"②陈寅恪在总结韩愈的历史贡献时,其中一点就是"呵诋释迦,申明夷夏之大防"③。

作为韩愈的好友和学生④,在《去佛斋论》一文中,李翱也表示出了几乎和韩愈一样的辟佛立场,认为"佛法之流染于中国也,六百余年矣。始于汉,浸淫于魏、晋、宋之间,而澜漫于梁萧氏,尊奉之以及于兹,盖后汉氏无辨而排之者,遂使夷狄之术行于中华。故吉凶之礼谬乱,其不尽为戎礼也无几矣。"⑤"溺于其教者,以夷狄之风而变乎诸夏,祸之大也"⑥。从文化上的差异性以及夷夏之大防的角度,力斥佛教对传统礼法的破坏。在李翱看来,由儒家所建立起来的纲常制度"可使天下举而行之而无弊"⑦,是"虽百世不能

---

① 司马光:《论风俗札子》,《司马光集》卷四十五,第974页。
② 韩愈:《论佛骨表》,《韩愈全集校注》,成都:四川大学出版社,屈守元、常思春主编,1996年,第2289页。
③ 陈寅恪:《论韩愈》,《中国现代学术经典·陈寅恪卷》,第703—714页。
④ 关于李翱与韩愈的关系,韩愈曾谓:"近李翱从仆学文"之语,故自宋祁、欧阳修等将李翱列入韩愈弟子列。但李翱本人在多篇文章中对韩愈均以"兄"相称,且有多韩愈思想观点的批评。故韩李关系,姑称之为师友之间。
⑤ 李翱:《去佛斋》,《李文公集》卷四,《四部丛刊》集部,上海涵芬楼借江南图书馆盛朋成化乙未刊本景印。
⑥ 同上。
⑦ 同上。

革也"①。同样,他也看到了由于佛教徒不事生产而对社会经济造成的破坏,"故其徒也,不蚕而衣裳具,弗耨而饮食充,安居不作,役物以养己者至于几千百万人,推是而冻馁者,几何人可知矣"②。他还指出,佛教虽讲慈悲为怀,但其作为实与其所倡背道而驰,他以儿歌的形式将这种虚伪的仁慈揭示的淋漓尽致:"七岁童子,二十受戒。君王不朝,父母不拜,口称贫道,有钱放债。"

至宋初,这种以辟佛攘老来挺立儒家立场的做法,在宋儒那里得到了充分彰显。柳开说:"王者不出,政刑弛焉,则戎狄夷盛,而交侵于中国矣。圣人既没,礼乐弊焉,则杨、墨、老、佛盛,而交乱于中国矣。"③孙复亦谓:"噫!儒者之辱,始于战国,杨、墨乱之于前,申、韩杂之于后,汉魏而下,则又甚焉。佛、老之徒,横乎中国,彼以死生祸福虚无报应为事,千万其端,绐我生民,绝灭仁义,屏弃礼乐,以途塞天下之耳目。"④他以三教鼎立为"儒者之辱",号召儒者起来"鸣鼓而攻之",重振韩愈攘斥佛老的事业,以复兴儒家文化。石介更为激进,他以《怪说》《中国论》《辨惑》等文,抨击佛老以"妖妄怪说坏乱""圣贤之道"。其实,此时诸儒之尊韩,除其挺立儒家道统之外,最重要的就是他对佛老的攘斥。故陈舜俞《镡津明教大师行业记》即言:"当是时,天下之士学为古文,慕韩退之排佛而尊孔子。"⑤从一定意义而言,这些批判更多的只是表明儒家在儒门淡泊的情况下奋而起之的自觉,就改变儒学衰微现状而言,建树不大。

具体到对道家、道教的态度,由于相比于佛教其乃本土思想,甚至佛门若契嵩者,认为:"夫析老氏之为道家者,其始起于司马氏之书,而班固重之,若老子者,其实古之儒人也。"⑥故当时儒者对它的批判,相对于佛教要和缓些。以宋初三先生为例,"胡瑗对老学较少排斥,孙复、石介则是辟老的

---

① 李翱:《去佛斋》,《李文公集》卷四。
② 同上。
③ 柳开:《送陈昭华序》,《河东先生集》卷十一。
④ 黄宗羲、黄百家、全祖望等:《泰山学案》,《宋元学案》卷二,《黄宗羲全集》第三册,第140页。
⑤ 陈舜俞:《镡津明教大师行业记》,《镡津文集》卷一,《大正藏》第五十二册,第648中。
⑥ 契嵩:《非韩子第一》,《镡津文集》卷十七,《大正藏》第五十二册,第723中。

活跃人物"①,故在庆历时期及之前,很多儒者出于夷夏之大防,对佛书采取一概拒绝的态度,而对道家及道教经典,出于文化的同质性,倒不太拒斥,即便是看到佛学在性命之趣上有独到价值的李觏,也曾一再说:"苟不得已,犹有老子、庄周书在,何遽冕弁匍匐于戎人前邪?"②"盖以释之言虽有可爱者,亦吾圣人先已言之矣,何必去吾儒而师事戎狄哉?苟不得已,尚不如学老庄,其意亦昭昭矣。彼释之书,数千百卷而不出吾数句间,其轻重如何哉?"③此处所谓的"不得已"即是从了解性命之趣的角度而言的;学老庄而不学释氏,则是立足于华夷之大防。正是这种对佛、老亲疏不同的判定,当时儒者在吸收佛老思想时,一是先由道始而及于佛,二是在开始吸收佛学时,多打着老氏之学的旗号④,如朱熹之言邵雍之学:"直卿问:'康节诗,尝有庄老之说,如何?'曰:'便是他有些子这个。'"⑤"近似释氏,但却又挨傍消息盈虚者言之。"⑥

从文化的同根性上宽容老氏是一方面,批判则是另一方面,尤其是对道教。对于道教的神仙之术,石介即言:"吾谓天地间必然无者有三,无神仙,无黄金术,无佛。"⑦ 欧阳修也说:"世说有仙草,得之能隐身。仙书已怪妄,此事况无文。"⑧他批评武宗灭佛而好道只是好恶不同,本质无别。"余修唐《本纪》至武宗,以谓奋然除去浮图锐矣。而躬受道家之籙,服药以求长年,以此知其非明智之不惑者,特其好恶有所不同尔。及得《会昌投龙文》,见其自称'承道继玄昭明三光弟子、南岳炎上真人',则又益以前言为不谬矣。盖其所自称号者,与夫所谓菩萨戒弟子者,亦合以异?"⑨对长生不死之论,石

---

① 孙以楷主编,李仁群、程梅花、夏当英著:《道家与中国哲学》(宋代卷),北京:人民出版社,2005年,第121页。
② 李觏:《邵武军学置庄田记》,《李觏集》卷二十三,第264页。
③ 李觏:《答黄著作书》,《李觏集》卷二十八,第339页。
④ 参见陈植锷:《北宋文化史述论》,北京:中国社会科学出版社,1992年,第386页、387页。
⑤ 黎靖德编:《朱子语类》卷第一百,第2543页。
⑥ 同上书,第2544页。
⑦ 石介:《辨惑》,《徂徕石先生文集》卷八,第93页。
⑧ 欧阳修:《仙草》,《欧阳修全集》卷一,第4页。
⑨ 欧阳修:《唐会昌投龙文》,《欧阳修全集》卷一百四十二,第2295页。

介言:"自古皆有死……夫生于天地之间无不死"①。当然,在这里,石介在否定人长生不死的同时,认为"唯元气不死"②,则深受道家元气自然论的影响。

此时,也有一些儒者在批判佛老、高扬儒学的同时,对后者多了些了解的眼光,故他们在表达自己的忧患意识时,多了些自我剖析,不再单纯将儒学衰微的责任完全推到佛老身上,而是认为儒学自身有不足之处,也肯定佛老本身的独特价值,这在庆历之后尤其突出。欧阳修即认为,佛教之所以大盛,一个重要的原因就是中国"王政阙,礼义废",而佛教又有一套精致的为善之说:"彼为佛者,弃其父子,绝其夫妇,于人之性甚戾,又有蚕食虫蠹之弊,然而民皆相率而归焉者,以佛有为善之说故也。"③ 因此,要想战胜佛教就必须"修本",这个"本"就是儒家的"礼义","礼义者,胜佛之本也"。由此,他不同意韩愈"人其人,火其书,庐其居"的方法,而是主张"补其阙,修其废,使王政明而礼义充,则虽有佛,无所施于吾民矣",即"莫若修其本以胜之"④。这一观点在当时产生了很大影响。陈善在《扪虱新话》中提到:"此论一出,而《原道》之语几废。"⑤ 当然,欧阳修所谓的儒家足以抗衡佛家的还是儒家的王政、礼义,而对后来儒者所热衷的性理,如前所论,他则曰:"修患世之学者多言性,故常为说曰:夫性,非学者之所急,而圣人之所罕言也。……六经之所载,皆人事之切于世者,是以言之甚详。至于性也,百不一二言之,或因言而及焉,非为性而言也,故虽言而不究……今之学者于古圣贤所皇皇汲汲者,学之行之,或未至其一二,而好为性说,以穷圣贤之所罕言而不究者,执后儒之偏说,事无用之空言,此予之所不暇也。"⑥ 认为性理之论乃无用之空言。李觏也认为佛道之盛是因为儒家失其守,使教化坠于地,故为释老所夺。"礼职于儒,儒微而礼不宗,故释老夺之。孝子念亲必归于寺观,而宗庙不迹矣。……呜呼!释老不存,则寺观不屋,非宗庙何

---

① 石介:《可嗟贻赵夋守》,《徂徕石先生文集》卷七,第75页、76页。
② 同上书,第76页。
③ 欧阳修:《本论(下)》,《欧阳修全集》卷十七,第291页。
④ 黄宗羲、黄百家、全祖望等:《庐陵学案》,《宋元学案》卷四,《黄宗羲全集》第三册,第256页、258页。
⑤ 陈善:《扪虱新话下编》卷四,北京:商务印书馆,丛书集成初编本,1939年,第51页。
⑥ 欧阳修:《答李诩第二书》,《欧阳修全集》卷四十七,第669页、670页。

适？儒之强则礼可复，虽释老其若我何？"①

对佛老独特价值的相对认可则体现为，当时的儒者虽然仍站在儒家的立场上大力批佛老，但却能或主动或被动地对佛道思想进行一定的了解，甚至浸淫于其中。于是，儒者阅读佛老经典在当时成为热潮。正是在这种竞读佛典的热潮下，很多儒者都有出入佛老的经历，王安石喜读佛典，以"苟合于理，虽鬼神异趣，要无以易"②的精神，对宋神宗讲"臣观佛书，乃与经合，盖理如此，则虽相去远，其合犹符节也"③。王安石对佛老经典的态度虽不能代表当时儒者的主流，但有一点是相同的，那就是他们中的一些人基本都是从满足儒学自身理论建设需要的角度来阅读佛老经典。他的这一段话将这一诉求，即"明吾道"，表达得淋漓尽致："故某自百家诸子之书，至于《难经》《素问》《本草》诸小说，无所不读。农夫女工，无所不问。然后于经为能知其大体而无疑。盖后世学者，与先王之时异矣，不如是，不足以尽圣人故也。扬雄虽为不好非圣人之书，然于墨、晏、邹、庄、申、韩亦何所不读。彼致其知而后读，以有所去取，故异学不能乱也。惟其不能乱，故能有所去取者，所以明吾道而已。"④张载门人吕大临即记载了张载由读《中庸》不得要领，转向佛老，但无所获，最终又回归六经的过程："虽爱之（指《中庸》——作者注），犹未以为足也，于是又访诸释老之书，累年尽究其说，知无所得，反而求之《六经》。"⑤程颐谓其兄程颢，自小"泛滥于诸家，出入于老、释者几十年，返求诸《六经》而后得之"⑥。程颐从小也喜欢与禅客交谈："先生少时，多与禅客语，欲观其所学浅深，后来更不问。"⑦对于这一点，陈植锷先生在《北宋文化史述论》中指出："从《六经》开始，将阅读的范围推广到老、释，在大量阅读佛书的基础上再回到儒家经典中来，乃是宋学繁荣期各

---

① 李觏：《孝原》，《李觏集》卷二十二，第256页。
② 同上书，第5660页。
③ 同上。
④ 王安石：《答曾子固书》，《临川先生文集》卷七十三，北京：中华书局，1959年，第779页。
⑤ 张载：《吕大临横渠先生行状》，《张载集》附录，章锡琛点校，北京：中华书局，1978年，第381页。
⑥ 程颢、程颐：《河南程氏文集》卷十一，《二程集》，第638页。
⑦ 程颢、程颐：《河南程氏遗书》卷三，《二程集》，第63页。

家知识结构之所同"①,正因为如此,他们由此而构筑的理论体系,也能达到一个特定的理论高度,超迈于前人,同时也能从义理层面击中佛学之要害。

可以这样说,整个北宋,儒家面对自魏晋以来逐渐兴盛的佛老,一方面一直以强烈的忧患意识,挺立儒学,另一方面以"方其(佛教)盛时,天下之士往往自从其学,自难与之力争。惟当自明吾理,吾理自立,则彼不必与争"②的觉醒意识与自信精神,以为往圣继绝学的责任感和忧患意识,借鉴佛老,积极寻求自身思想的创新,以与佛老相抗衡,并最终战胜佛老。

二、由治世到治世与治心的贯通

佛教初传中国时,它的思想倾向是否定社会伦理价值和社会存在,提倡一种超越现实的、具有彼岸性的宗教精神境界,这就与在中国占主流的儒学的价值观念、思维方式相对立冲突。儒学以人为中心,关怀现世,近人事而远鬼神,体现出重现世而轻来世、重此岸而轻彼岸的现实的人文精神。儒家心性论即是建立在这一基本认知基础上的。因此,佛教要在中国发展,必须将成佛由外在的追求逐步转向内在的人心,使外在超越的印度佛性论变成内在超越的中国佛学心性论;其形成受儒学影响最大,反过来又给予后来儒家思想很大的影响,促使儒家学者回归这一论题,并从自身的思想资源中挖掘本有的心性资源,这是佛老对儒学新诠的重要价值之一。

佛教的心性论是一个多层次的本体论体系,但以儒家为主体的学者们最初看到的是它相比于汉唐以来的儒家对政治伦理的关注,更看重人本身的心灵安顿等问题,即儒学治世、佛学治心。很多佛教高僧也持此论。同时,他们开始反躬自身治心的资源,并进而探讨儒佛治心之不同,认为儒学不仅有丰富的治心资源,而且还能将治心与治世贯通起来,这是佛学所不能及。

(一) 佛者治心、儒者治世之论

南朝何尚之曾曰:"范泰、谢灵运每云:'六经典文,本在济俗为治耳。

---

① 陈植锷:《北宋文化史论》,第346页。
② 程颢、程颐:《河南程氏遗书》卷二上,《二程集》,第38页。

必求性灵真奥,岂得不以佛经为指南邪?"① 此处所谓"性灵真奥"即指佛学在关注人本身心灵安顿等方面的独到价值。中唐时期,当韩愈以决绝的辟佛立场,指斥佛家无论在社会经济功用,还是在文化上的夷夏之辨,以及伦理道德方面都严重破坏了当时的社会政治文化,并批评作为朋友的柳宗元对佛学的亲善态度时,柳宗元在《送僧浩初序》中一文中予以回应:

> 浮图诚有不可斥者,往往与《易》《论语》合,诚乐之。其于性情奭然,不与孔子异道……吾之所取者与《易》《论语》合,虽圣人复生不可得而斥也。退之所罪者其迹也,曰:"髡而缁,无夫妇父子,不为耕农蚕桑而活乎人。"若是,虽吾亦不乐也。退之忿其外而遗其中,是知石而不知韫玉也。吾之所以嗜浮屠之言以此②。

这里,柳宗元承认佛教在毁弃人伦、破坏社会经济即治世等方面确实不可取,但同时指出,其重要价值却不在"迹",即和人的现实生活紧密相连的人伦日用,而在与《易》《论语》之合处。此处他以石之韫玉设喻,说明佛教在人伦日用方面的欠缺不足以掩盖其在治心上的光华。因此,对待佛教应该"穷其书,得其言,论其意"③。这里,柳宗元已以儒为主体,敏锐地指出在性情问题上佛与儒有相合之处,即以儒为本讲儒佛异同。他还始终坚守儒家修齐治平的抱负,他说自己:"唯以中正信义为志,以兴尧、舜、孔子之道,利安元元为务。"④ 就在去世前不久,他还重新修葺了柳州的孔庙,并为之作庙碑,以明道为己任:"今夫子去代千有余载,其教始行,至于是邦。人去其陋,而本于儒。孝父忠君,言及礼义。"⑤ 据此可见,柳宗元和韩愈虽然对佛教的看法不同,但出发点和立场却基本一致,但其人生的目的都在于彰显儒家之人伦道德,实现儒家修齐治平之理想。同时,柳宗元对佛教虽多有褒扬,但也有清醒的认知和判定。对禅宗在发展过程中的以呵骂佛祖、乱施棒喝来彰显佛性的方法,他指出:"而今之言禅者,有流荡舛误,迭相师用,妄取空

---

① 《何令尚之答宋文皇帝赞扬佛教事》,《弘明集》卷第十一,《大正藏》第五十二册,第69页中。
② 柳宗元:《送僧浩初序》,《柳宗元集》卷二十五,北京:中华书局,1979年,第673页、674页。
③ 柳宗元:《送巽上人赴中丞叔父召序》,《柳宗元集》卷二十五,第671页。
④ 柳宗元:《寄许京兆孟容书》,《柳宗元集》卷三十,第780页。
⑤ 柳宗元:《道州文宣王庙碑》,《柳宗元集》卷五,第125页。

语,而脱略方便,颠倒真实,以陷乎己,而又陷乎人。又有能言体而不及用者,不知二者之不可斯须离也。离之外矣,是世之所大患也。"① 作为一个儒家士大夫,能在当时的历史情境下对佛教既不盲从,也不一概排斥,难能可贵。

刘禹锡在阐发"乾坤定位,而圣人之道参行乎其中,亦犹水火异气,成味也同德;轩辕异象,致远也同功"② 的思想时,也提出了"然则儒以中道御群生,罕言性命,故世衰而浸息。佛以大悲救诸苦,故劫浊而益尊。自白马东来而人知像教,佛衣始传而人知心法"③ 的观点。但不同于柳宗元,他将使中土"始知心法""言性命"之功,尽归之于佛。一定程度上,刘禹锡的看法代表了当时儒者对儒佛关系的基本看法。故有学者认为,在中古时代,儒家主要提供的是人类生活的外在行为和群体秩序的规范,而佛、道两家则主要在心灵的安顿和宇宙终极问题之探索上为当时的知识分子提供依据,因此,当时知识分子的心灵状态一般为"外儒内佛"或"外儒内道"④。这也就造成了虽然当时儒者也探讨人道与天道的关系,但他们的立足点主要是从政治思想的角度解释人间治道与天道之间的复杂关系,而非从人性的角度探讨心性修养和天道法则之间的关系⑤。

至北宋,认为佛学之所以能化诱如此多的文人,就在于它关注的是人本身的心性问题的观点,得到很多士大夫的认同。北宋的张商英,曾官至宰相,以儒家思想行世,后来却皈依佛门,号无尽居士,他所著的当时影响很大的捍卫佛教的名篇《护法论》,即是立足于此来肯定佛教的价值,儒释道三家之高下于此也判然有别。

> 余谓群生失真迷性,弃本逐末者,病也。三教之语,以驱其惑者,药也。儒者使之求为君子者,治皮肤之疾也;道书使之日损损之又损者,

---

① 柳宗元:《送琛上人南游序》,《柳宗元集》卷二十五,第 680 页。
② 刘禹锡:《袁州萍乡县杨歧山故广禅师碑》,《刘禹锡全集编年校注》卷十四,陶敏、陶红雨校注,长沙:岳麓书社,2003 年,第 903 页。
③ 同上。
④ 参见陈弱水:《柳宗元与唐代儒家复兴》,《唐代文士与中国思想的转型》,桂林:广西师范大学出版社,2009 年,第 246—289 页。
⑤ 参见李长远在《北宋理学"性与天道"思想的渊源初探》台北:文史哲出版社,2012 年。在该书第二章中,作者以韩愈、柳宗元与刘禹锡在"天人之际"问题上的探讨为依据得出如上结论,并肯定他们在思想史上的意义。

以治血脉之疾也；释氏直指本根，不存枝叶者，治骨髓之疾也。其无信根者，膏肓之疾不可救者也。儒者言性、而佛见性；儒者劳心，而佛者安心；儒者贪著，向佛者解脱；儒者喧哗，而佛者纯净；儒名尚势，而佛者忘怀；儒者夺权，而佛者随缘；儒者有为，而佛者无为；儒者分别，而佛者平等；儒者好恶，而佛者圆融；儒者望重，而佛者念经；儒者求名，而佛者求道；儒者散乱，而佛者关照；儒者治外，而佛者治内；儒者赅博，而佛者简易；儒者进求，而佛者修歇。不言儒者之无功也，亦静躁之不同也①。

在《富国策》之五中李觏也以设问的语气曰："或曰：释老之弊，酷排者多矣。然以修心养真，化人以善，或有益于世，故圣贤相因，重其改作。今欲驱缁黄而归之，无乃已甚乎？"② 可见，以治心来肯定佛老的价值，在当时代表了相当一部分人的观点。契嵩也说："儒、佛者，圣人之教也。其所出虽不同，而同归于治。儒者，圣人之大有为者也；佛者，圣人之大无为者也。有为者以治世，无为者以治心。……故治世者，非儒不可也；治出世，非儒亦不可也。"③ "儒者圣人之治世者也，佛者圣人之治出世者也。"④ 明确提出儒者治世，佛者治心之论。前所谓的佛教对个体人生苦难的深切关怀，对人生归宿的强烈关怀，以及在此基础上形成的为摆脱这种苦难的宗教目标、宗教实践，可以说是治心论之其一意涵。

（二）儒学治心与治世的贯通

其实儒家本身自先秦以来就有充分的"治心"的资源。以孟子为例，他说："人之异于禽兽者几希，君子存之，庶民去之。"⑤ 认为人之所以为人者的根本所在，是人先天地具有恻隐、羞恶、辞让、是非之心，这正是人与禽兽的本质区别。"无恻隐之心，非人也；无羞恶之心，非人也；无辞让之心，非人也；无是非之心，非人也。"⑥ 在孟子看来，这种以恻隐等形式表现出来的

---

① 《护法论》，《大正藏》第五十二册，第643页上—643页中。
② 李觏：《富国策第五》，《李觏集》卷十六，第145页。
③ 契嵩：《寂子解》《镡津文集》卷八，《大正藏》第五十二册，第686中。
④ 契嵩：《原教》，《镡津文集》卷一，《大正藏》第五十二册，第651下。
⑤ 《孟子·离娄下》。
⑥ 《孟子·公孙丑上》。

人心，是人内在的自然倾向，其形成往往不假思为，也并非出自有意的矫饰："今人乍见孺子入于井，皆有怵惕恻隐之心，非所以内交于孺子之父母也，非所以要誉于乡党朋友也，非恶其声而然也。"① 而这一本原的、先天性的善，正是仁义礼智等道德原则的发端，即恻隐乃仁之端，羞恶乃义之端，辞让乃礼之端，是非乃智之端。这样，儒家所肯定的仁义礼智，并不是外在于或强加于人的，而是根源于人心、人性，并且是由其发育出来的，是人心、人性本有的，"仁义礼智，非由外铄我也，我固有之也"②。这种"我固有之"的道德观念，又叫做"良知""良能"："人之所不学而能者，其良能也；所不虑而知者，其良知也。"③ 这也正是所谓的人性。从人之所以为人的角度，从不学而能、不虑而知的角度看，是人性；从其居于人的内心，支配人的思想行为的角度看，则是人心。因此，人的本心、本性就其本原意义而言，原本就是善的，这在他与告子的辩论中有所阐述：

告子曰：性犹湍水也，决诸东方则东流，决诸西方则西流。人性之无分于善与不善也，犹水之无分于东西也。孟子曰：水信无分于东西，无分于上下乎？人性之善也。犹水之就下也。人无有不善，水无有不下。今夫水，搏而跃之，可使过颡；激而行之，可使过山。是岂水之性哉？其势则然也。人之可使为不善，其性亦犹是也④。

郭店简里也讲"未教而民恒，性善者也"⑤。孟子认为，心所蕴含的这种恻隐、羞恶等道德潜能，不过为仁义等道德意识的形成提供了潜在可能，即所谓的"端"，唯有充分发挥"良知""良能"的作用，扩充"善端"，方能达到自觉形态的道德意识，具体来讲，就是要"尽心"：

尽其心者，知其性也；知其性，则知天矣。存其心，养其性，所以事天也。夭寿不贰。修身以俟之，所以立命也⑥。

"尽心"就是尽力发扬自身本有的善心，保持心的完善无缺。也就是说，"尽心"完全是内省的，这种"尽心"的方法，具体来说，一是"寡欲"，即

---

① 《孟子·公孙丑上》。
② 《孟子·告子上》。
③ 《孟子·尽心上》。
④ 《孟子·告子上》。
⑤ 见《性自命出》，荆门市博物馆编：《郭店楚墓竹简》，第181页。
⑥ 《孟子·尽心上》。

克除不正当的欲念,"养心莫善于寡欲。其为人也寡欲,虽有不存焉,寡矣;其为人也多欲,虽有存焉,寡矣"①。即欲的多少和善心的存有成反比关系。二是思诚,"物皆备于我矣,反身而诚,乐莫大焉;强恕而行,求仁莫近焉"②。这可以说是儒家对后世儒者影响最深的"治心"论。

不同于佛教的"治心",先秦儒家的"治心"是和"治世"紧密结合在一起,孟子"治心"所造就的"大丈夫"人格可以舍生取义,要承担解民于倒悬的重任。在《大学》中,这种由"治心"到"治世"的脉络通过格物、致知、诚意、正心、修身、齐家、治国、平天下而得以顺畅贯通,"治心"是"治世"的基础和必要前提,"治世"是"治心"的必然结果和内在要求。但自两汉以来,由于儒学以官学的身份参与到政治制度的建构,成为"霸王道杂之"的政治资源之后,其主要的功能确实在"治世"方面。而先秦儒家的"治心"的资源以及将"治心"与"治世"贯通起来的进路则相对彰显不足。

对于佛教自谓的在"治心"方面的优长之处,宋儒也承认,这也是二程认为佛教"最善诱化"的原因。但另一方面,宋儒也已认识到所谓"治心",儒家自身就有很好的资源,就此而论,佛老之学,尤其是佛学对"治心"的看重,促使儒家反身自求于本家经典,重视自身自先秦以来的相关资源,并由此而开出新天地。因此,儒家在佛老心性话题启发下所接续的心性论,是儒家的心性论,而非佛教的。这从后来的理学家批判佛教之"心性"为"空"的论断中即可见。朱熹即谓"吾儒心虽虚而理则实。若释氏则一向归空寂去了。"③ 此处所谓的"心虚"是表明心量之广大,而其"实"则是儒家的伦理道德,它是人心所具有的内容,而佛家看重的是心性的清净,以及人世本身的虚妄不实。故"问佛氏所以差。曰:'从劈头初便错了',如'天命之谓性',他却做空虚说了……"④ 当然,朱熹基于其心统性情、心主性情,性为心之体,情为心之用的观点对佛教心性论的批判是非常细密的,此不赘述。

---

① 《孟子·尽心下》。
② 《孟子·尽心上》。
③ 黎靖德编:《朱子语类》卷第一百二十六,第3015页。
④ 同上书,第3017页。

三、性理论题的相互开示

就性理问题为佛家所重视而言，一定程度上得自于本土化过程中对儒家心性论的借鉴。但佛学的不同在于，它的心性论是以佛学所擅长的精微思辨的形式，将心性问题本体化。这是佛老心性论另一层面的意涵。宋儒通过对心性论这一层面的意涵的肯定，挖掘本有的《中庸》《孟子》以及《周易》的性理本体论资源，最终从传统的经学解释框架中脱离出来而成自得之学，开创出理学这一独特的思想形态。

（一）欲闻性命之趣，吾儒自有至要

佛教以永平七年（64）汉明帝夜梦金人，并遣使西行求法为标志传入中国后①，就力图使自己与中国传统儒道思想结合，为民众世俗生活所接受，并在此基础上进一步发展。其最初是与黄老道家思想和神仙方术相结合。接着，在魏晋时期，又与当时流行的玄学思想融合，以"格义"的方法解释佛经，推动了佛学玄学化的深入。到隋唐时期，佛教进一步与儒道融合，特别重视对传统儒家性命等问题的探讨，并以佛学的思辨赋予它们以本体论的意义，由此出现各家师说，进而形成诸如三论、天台、法相、华严、净土、律宗、密宗、禅宗等各个宗派，这是佛教本土化的重要成果，标志着中国佛教的形成。之后佛教的发展，很大程度上只是这些中国化的宗派佛教的继续和深入。

具体而言，为了使自己为民众世俗生活所接受，佛教"觑破时节因缘，因机调伏众生"②，对其教义的解释、弘法布道的内容，宗教团体的组织章程、教规戒律等都作了适应性的修改和增补，以使其在新的母体中有足够的生存

---

① 关于佛教最初传入中国的具体时间和年代，学界有多种说法，一说为秦始皇时，有沙门室利房等人携经书来到咸阳，秦始皇抓捕并逐放了他们。一说为汉武帝时，霍去病攻伐西域，获金人，武帝祭之于甘泉宫，以为金人即佛像。一说以汉哀帝永平七年（公元前2年），博士弟子秦景宪受大月氏国使伊存口授《浮屠经》为标志。正文所引为学界通认观点。

② 沈去疾：《印光法师对中国近代佛教的贡献》，《宗教问题探索》1992年文集，上海社会科学院宗教所、上海市宗教学会编，第156页。

空间。比如，佛教在初传之时，中国人对它的认识是混沌模糊的，在他们看来，佛教和中国固有的黄老思想以及神仙方术是一样的。对于这种混同，佛教不仅并不在意，在一定意义上，反倒还加以默认，以拓展其影响力。他们还把佛教的因果报应说和中国固有的祸福报应观念以及儒家的道德修养说相结合，形成具有中国特色的轮回报应说。这一切都加速了佛教在社会中下层的广泛传播。

同时，为了使佛教为社会上层所接受，当佛教教义和中国传统的政治理念发生冲突时，前者适时地做出了调整。如在沙门拜俗之争中，一改印度佛教认为出世的僧人高于在世的俗人，僧人见了王者不拜的做法，从东晋开始，便提出调和主张，"法果每言，太祖明睿好道，即当今如来，沙门宜应尽礼"[1]，"能弘道者人主也，我非拜天子，乃是礼佛耳。"[2] 在抬高统治者的同时，巧妙地解决了矛盾，也为获得统治者的大力支持开辟了道路；并认为佛教"居家可以事亲，宰国可以治民，独立可以治身，履而行之充乎天下"[3]，极力与占主流的儒家政治伦理相调和，强调佛儒不异、佛儒合明等。正因为如此，许多统治者礼佛、崇佛。当然，这其中也不乏统治者灭佛事件，但作为总体的，还是统治者的大力支持，以及在其传播过程中自上而下的推动。

除在伦理政治领域的调和外，在教义教理上，佛教也不断吸纳儒道思想，魏晋时期"格义佛教"的出现即是儒佛道三家思想融合的产物。所谓"格义"就是量度经义，正明义理，也就是用中国固有的名言范畴系统去解释、比附印度佛教中的名词及思想。对此，方立天先生谓："事实上，当时的译经者为了使中国人能够看懂佛典，译经时不得不采用中国固有的，尤其是道家、儒家和阴阳家的名词、概念、术语、作出相应的翻译，从而导致原义的某些变异。"[4] 但总体而言，这种翻译还是不失大本的。正是在这种与儒道的不断融合中，佛学由比附义理转入自由发挥思想的阶段，并通过判教、创宗、定祖等形式直接促成了隋唐时期中国宗派佛教的形成，迎来中国佛教史上的全盛时期。基于佛学融合儒道过程中的本土化历程，对中国佛学，吕澂先生说：

---

[1]《魏书·志·释老志》，北京：中华书局，1974年，第3031页。
[2] 同上。
[3]《牟子理惑论》第四章，《弘明集》卷一，《大正藏》第五十二册，第2页上。
[4] 方立天：《中国佛教要义》，北京：中国人民大学出版社，2002年，第11页、12页。

"我们不能把中国佛学看成是印度佛学的单纯'移植',恰当地说,乃是'嫁接'。两者是有一定的距离的。这就是说,中国佛学的根子在中国而不在印度。"①

佛教本土化典型例子之一就是受儒学影响,以中国传统的"人性""心性"谈佛性。但是,佛教谈论"人性""心性"时,并没有放弃其原有的思维模式,即其固有的本体论方法,而是用本体论的方法来谈"人性"、"心性",即本体化了的"人性"和"心性"。如同道安所言:"何者推色尽于极微,老氏之所未辩,究心穷于生灭,宣尼又所未言,可谓瞻之似尽,察之未极者也。"②宗密也谓"推万法,穷理尽性,至于本原,则佛教方为决了。"③道安同样也以内外来区分儒佛,"佛教为内儒教为外"④。这种观点影响了直至北宋初年很多儒者关于儒佛特点的基本认知。智圆也说,虽然一方面儒道两家"于治天下,安国家,不可一日而无矣",但"矧兹两者,谈性命焉,则未及于唯心乎;言报应焉,则未臻于三世乎"⑤。对于这一点,李觏即言,"佛以大智慧独见情性之本,将驱群迷纳之正觉,其道深至,固非悠悠者可了。若夫有为之法,曰因与果,谓可变苦而乐,自人而天,诚孝子慈孙所不能免也。"⑥这也是儒者虽批驳释氏,但往往不能击中其要害的重要原因。同样,从一些理学家对道家道教的轻视中,也可见佛教在心性本体论上的高妙。"今异教之害,道家之说则更没可辟,唯释氏之说衍蔓迷溺至深。今日是释氏盛而道家萧索。"⑦又"问庄周与佛如何?伊川曰:'周安得比他佛?佛说直有高妙处,庄周气象大,故浅近。如人睡初觉时,乍见上下东西,指天说地,怎消得恁地?只是家常茶饭,夸逞个甚底?'"⑧

当然,针对佛教的心性本体论,李觏接着指出,所谓"见性"之种种"性命之趣",儒家经典,如《易·系辞》《乐记》《中庸》等中早已讲过,"释

---

① 吕澂:《吕澂佛学论著选集》,济南:齐鲁书社,1991年,第2440页。
② 《二教论》,《光弘明集》卷八,《大正藏》第五十二册,第137页中。
③ 《原人论序》,《大正藏》第四十五册,第708页上。
④ 《二教论》,《光弘明集》卷八,《大正藏》第五十二册,第136页下。
⑤ 《释门正统》第五,《卍新纂续藏经》第七十五册,第317上。
⑥ 李觏:《修梓山寺殿记》,《李觏集》卷二十四,第280页。
⑦ 程颢、程颐:《河南程氏遗书》卷二上,《二程集》,第38页。
⑧ 程颢、程颐:《河南程氏外书》卷十二,《二程集》,第425页。

之行固久，始吾闻之疑，及味其言，有可爱者，盖不出吾《易系辞》《乐记》《中庸》数句间"①，但很多人却"欲闻性命之趣，不知吾儒自有至要，反从释氏而求之"②。苏辙也说："东汉以来，佛法始入中国，其道与《老子》相出入，皆《易》所谓形而上者，而汉世士大夫不能明也。"③ 他还将《中庸》中的"未发已发"与佛学的"不思善不思恶"对举来说明这一点："有道全者……尝与予谈道。余告之曰：予所谈者，予于儒书已得之矣。……《中庸》之言曰：'喜怒哀乐之未发谓之中，发而皆中节谓之和。中也者，天下之大本也；和也者，天下之达道也。致中和，天地位焉，万物育焉。'此非佛法而何？……六祖有言，不思善不思恶，方是时也，孰是汝本来面目？自六祖以来，人以此言悟入者太半矣，所谓不思善，不思恶，则喜怒哀乐之未发也。盖中者，佛性之异名；而和者，六度万行之总名也。致中极和而天地万物生于其间，此非佛法，何以当之？"④ 这都是说儒家原本有丰富的从本体角度谈性命义理的资源。

　　宋儒所言极是。列为"六经之首"而最具形而上学性质的《周易》的道器观、孔子的"仁"学、《孟子》与《中庸》对于性与天的探讨等等，都表现出一定的超越层面的理性思辨和注重形而上下不离的哲学传统。在孟子那里，"尽心"即可"知性"，"知性"即知其心性之善。而性一方面具有主观自我的因素，它是人之为人的根本所在，另一方面又具有外在客观的因素，它得自于天，而天的本质则具有仁、义、礼、智道德属性，是德性之天。由此，性便成了连接心（主观自我）与天（外在客观）之间的桥梁。"知性"则可"知天"，即知天之善。这样，孟子通过性，将宇宙人生打成一片，实现了物与我、天与人的贯通。由"尽心""知性""知天"所架构起来的天人合一的系统中，义理化的天即为人心、人性之依据。而在《中庸》"天命之谓性"以及"穷理尽性以至于命"中，人性之善得之于道德性天命的赋予，由此本善之性就是人所秉承的天命，也是人之为人的依据，人性之善由此获得其形上的依据。这也是很多佛徒也非常喜欢《中庸》，并以《中庸》作为沟通儒佛思想桥

---

① 李觏：《邵武军学置庄田记》，《李觏集》卷第二十三，第263页、264页。
② 同上书，第263页。
③ 苏辙：《历代论四》，《栾城后集》卷十，《苏辙集》，第995页。
④ 苏辙：《道德真经注·后序》，《道藏》第12册，第321页。

梁的主要原因，梁武帝萧衍在著《涅盘》诸经义记的同时就曾撰《中庸》讲疏，如前所述，契嵩即以《中庸》来说明儒佛道两家具有共同的话题，即"性命义理"。对于这一点，后文亦有述。当然，从本体角度谈心性虽非佛家所独有，但当时儒者谈论这一话题是受到佛老的启发也是事实，这从上文所引述的李觏等以佛老性命之论反观儒学的论证方式中可显见。

佛氏之所以认为自己"方为决了"，也有一定的道理，儒学创立之时，虽然在孔子的思想中"性与天道"的内容隐含其中，但由于他本人确实罕言"性与天道"，所以如何从本体论角度论证儒家思想的正当性与必然性成为儒学的一个重要课题。荀子从人之性伪出发提出性恶论，强调了儒家伦理教化的必要性。汉代的董仲舒则把儒家道德嫁接在讲究阴阳灾异的世界观上，对儒学作了谶纬神学式的论证，虽然其通过"天人感应"论，"屈民而伸君，屈君而升天"，既为王权的合法性寻找到终极依据，又在这一过程中高扬了儒家之道，但这些思想若放在"天命之谓性"的前提下，则存在很大的理论问题，这也正是宗密所指出的："又言，贫富贵贱，贤愚善恶，吉凶祸福，皆由天命者，则天之赋命，奚有贫多富少，贱多贵少，乃至祸多福少？苟多少之分在天，天何不平乎？况有无行而贵、守行而贱，无德而富、有德而贫，逆吉义凶、仁夭暴寿，乃至有道者丧、无道者兴？既皆由天，天乃兴不道而丧道？何有福善益谦之赏，祸淫害盈之罚焉？又既祸乱反逆皆由天命，则圣人舍教，贵人不贵天，罪物不罪命，是不当也。"① 这也是自魏晋以来即有学者从这一纬度探寻儒佛之异的原因。

具体到本体这一范畴及本体论思想本身，"在中国哲学的论域中，'本体''本体论'的使用都相当广泛。'本体'概念和本体论作为中国哲学原创性的思维成果，是在中国哲学发展的历史过程中逐步形成的。"② 向世陵先生对本体论思想作为中国哲学原创性思维成果在中国哲学发展的历史过程中的逐步形成过程有精辟的剖析，详见《宋代哲学基本问题》，在此兹不赘述。这里需要特地点出的是，在宋代，正是在与佛教本体论的论辩中，儒家本体概念得以明晰，本体论思想得以根本性地改观。但学界一般说到本体概念的时候总以为它是近代中西文化交流后的舶来品，故下意识地以为必须用所谓西学的

---

① 宗密：《原人论》卷一，《大正藏》第四十五册，第708页中—708页下。
② 参见向世陵：《整体、本体、境界与世界》，《新华文摘》，2008年第10期。

"口径"去裁减,对于这一点,向世陵先生以为这是双重的谬误:一是所谓"西方哲学"的本体范畴本身就是十分笼统的说法,不同西方哲学家对本体有不同的规定,根本就没有所谓的统一的"西方哲学"的本体范畴。另一则是对中国哲学自身的本体范畴缺乏明确的意识,弄不清本体作为中国语言中原有的词汇,早在汉代就已经出现并具有哲学的意义,并随着当时的中西交流——本土哲学与外来佛教哲学的交流,而进一步广泛使用①。

(二)儒道两家道、理、气论的相互启发

虽然如二程般,一些儒者对道家与道教颇为轻视,但儒道两家在道、理、气论中相互启发和深入思考的成果也给寻求儒家性命义理本体化再建的宋儒以深刻启示。在前所引述的司马光的《论风俗札子》中,就将当时畅谈性命义理的风气与老庄思想勾连了起来。苏辙即认为道家、道教在心性本体论上与佛家是会通的,他说:"《老子》书与佛法大类,而世不知"②。还说:"老子曰:'视之不见,名曰夷;听之不闻,名曰希;搏之不得,名曰微。是三者不可致诘,故复混而为一。'一则性也,凡老子之言欲佛同者,类如此。"③

当然,道家与道教思想中,影响最大的当为道论。老子的道虽因天地万物都是由道而生,"道生一,一生二,二生三,三生万物,万物负阴而抱阳,冲气以为和"④,而具有生成论的意味,但同时,作为天地万物之源的道是独立的、恒常的存在,"独立而不改,周行而不殆"⑤,因而"天下莫能臣"或"天地弗敢臣"。它不依赖任何外在因素,是万物赖以存在的总依据,是天地万物的本根。庄子则进一步深化了道所具有的本根性,他说:"夫道,有情有信,无为无形,可传而不可受,可得而不可见,自本自根,未有天地,自古以固存。神鬼神帝,生天生地;在太极之先而不为高,在六极之下而不为深,先天地生而不为久,长于上古而不为老。"⑥ 王弼则承继老子的思想,认为天地万物有一个统一的根本,这个根本就是无;无本身无形无象、不可名状,

---

① 参见向世陵:《整体、本体、境界与世界》,《新华文摘》,2008年第10期。
② 苏辙:《颖滨遗老传上》,《栾城后集》卷十二,《苏辙集》,第1017页。
③ 苏辙:《书传灯录后》,《栾城三集》卷九,第1233页。
④ 《老子·四十二章》。
⑤ 《老子·二十五章》。
⑥ 《庄子·大宗师》。

没有任何具体的规定性，但是一切有形有象、可以名状的具体事物都依据它才能成立，所以无是终极根本，他也把这个根本称为"道"："道者，无之称也，无不通也，无不由也。况之曰道，寂然无体，不可为象"①。他还从本末体用的角度说明有和无的关系。"观其所由，寻其所归"，凡事都应"举本统末"，这样才能把握事物的根本或宗主。但王弼只停留在一句"以无为本"上，并没有将其贯穿在其整个体系中。因此，道家以道为本的本体论思维范式，在嘉祐以来的性理热潮中成为当时思想家既坚持文化的本根性，又能够开掘性理资源的重要凭借，这也正是很多儒者认为与其学佛不如学道的重要原因。

如前所述，就道而言，实乃中国古代思想家，包括儒家所共同的核心范畴，如果说由于"子罕言性与天道"，作为至圣先师的孔子对弟子讲"道"时多从日用常行出发状"道"，揭示道所具有的"人道"层面的意义的话，那么《易传》之"道"，无论是"形而上者谓之道"，还是"一阴一阳之谓道"，则具有丰富的形上层面的作为世界本质和规律的意涵。当然，就《易传》的作者而言，由于孔子做十翼的观点已被学界否定，而且《易传》与孔孟有明显不同的关注点，如孔孟不言阴阳，但是《易传》却正是以"一阴一阳之谓道"而形成其形上之论，就此而言，可以看到儒道之间的交涉与互发。而且在魏晋玄学那里，《周易》即为"三玄"之一，由此也可见一般被作为道家形态的魏晋玄学与儒学之间的相互启发。陈抟曾言："学《易》者，当于羲皇心地中驰骋，无于周孔言语下拘挛。"② 当然，在《易传》与道教思想的关系上，必须把握一点，那就是其核心价值依然是儒家仁义。关于这一点后文将有详细阐述。但就上述而言，无论从哪个层面讲，道家之道论对儒家思考形上本体问题当有启发。

但是，在宋明理学家那里，道不再是一个最高本体范畴，就此而论，道论给予儒家的影响主要是本体论的思维方式。而作为程朱一派最高本体的理和天理，则无论范畴的择取还是其本体地位的确立都与道家与道教的有一定的关系。关于这一点，在文后论及二程天理论的建立时会详述，这里兹做简

---

① 王弼：《论语释疑》辑佚，《王弼集校释》，楼宇烈校释，北京：中华书局，1980年，第624页。
② 《麻衣道者正易心法》，转引自陈植锷：《北宋文化史述论》，第391页。

单介绍。天理一词最早见于《庄子·养生主》："依乎天理，批大郤，导大窾，因其固然"①，即"天然之腠理"。也就是说，这一范畴最早由道家基于天然之肌理的角度加以使用。之后，儒道两家对这一范畴均有发明，如认为天理还是一种禀于天赋，自然而然的规则："此天理自然，人之所宜，三王所不易也"②，它客观而长存，"自古及今，未尝变易，谓之天理"③，既是人之本性，"不逆天理，不伤情性"④，"悖情失性，而不本天理"⑤，又是德行的根据和源头，"人之德行，化天理而义"⑥，故与人欲相对待："人化物也者，灭天理而穷人欲者也。"⑦ 但总体而言，道家及道教对这一范畴的使用更多。而理这一范畴，最早则见于《诗三百》，此后一直被各家各派广泛的使用，因此它的内涵也处于不断丰富的过程中，对理的规定也就更加多面；但总体而言，其主要使用者不是儒家，尤其是孔孟言理的时候更少，相比而言，道家对于理范畴的使用和对其意义的拓展都更着力。这不仅包含对理本身特点的探讨，而且就它与各种实体之间的关系都进行了剖析。最终实现了从"万物之理"、"天下之理"这种数量集合的概念，到"一理""通理""贯理"的抽象，并在魏晋时期，实现了其本体地位，究其原因，当与魏晋玄学深受道家"道"之本体思想的影响有关。相应的，这时具有本体地位的理，其内容一般指的是"无"或者"独化之理"。

在道家、道教思想中还有一个非常重要的范畴就是"气"，老子在描述其由道所化生的世界时，气是一个很重要的范畴。很多学者认为，所谓"道生一，一生二，二生三"指的就是道化生出原始混沦之气，到阴阳二气，再到阴阳二气和合而成的冲气。由此气构成了本体世界与现实世界的桥梁，这种道气论的构架，对二程、朱熹应该多有影响。至于张载的太虚本体论，其以"太虚之气"命名其最高本体，其背后的理论预设更是清晰可见。向世陵先生

---

① 《庄子·养生主》。
② 嵇康：《黄门郎向子期难养生论一首（附）》，《嵇康集校注》卷四，戴明扬校注，北京：人民文学出版社，1962年，第167页。
③ 《自然》，《文子疏义》卷八，王利器撰，北京：中华书局，2000年，第345页。
④ 《韩非子·大体》。
⑤ 嵇康：《嵇康集校注》卷四《黄门郎向子期难养生论一首（附）》，第167页。
⑥ 董仲舒：《春秋繁露·为人者天》，叶平注译，郑州：中州古籍出版社，2010年，第131页。
⑦ 《礼记·乐记》。

就曾言:"'太虚'作为张载哲学的本体范畴,按其词义本是最虚之义。以最虚的东西为本,在中国的历史上有悠久的传统,尤其是它本为道家、道教固有主张"①。同样,这部分内容在文后论及张载太虚思想时将会做详细阐述,这里只是指出无论是气还是太虚,其起源和流传,都主要是在道家和道教内部实现的。

(三) 返本复性论中的交融互摄②

在儒家哲学中,对心性善的确立即是为了给修养之所以可能寻找依据,就此而论,心性论的建立与发明本心、回复本心本性是一而二、二而一的,返本复性既是本体论的要求,也是道德论的需要,而由心性本善所确定的修养路径必然是向内的、以返归本根为宗旨和目的的,这样一种思维方式既可以说是儒家本有的,也可以说是在儒道佛的交融互摄中得以完善,并集中体现在理学中。

但是,如果要对这种返本归根的思想做一历史性的梳理,那最早可追溯到道家的《老子》。由《老子》开始,这种返归本根的追溯即承担起了对宇宙和人生意义的价值追寻的使命,并由此使中国哲学具有了合天道与人道为一体的独特意涵。

在《老子》那里,作为世界本原和本根的道,其最主要的运动方式或运转规律便是"反"。这里所谓的"反",兼有相反之反和归返之返两种意思。在他那里,只有返本复始或"归根"的追求,才能把握道。而老子的道不仅是万事万物之本根,而且还是人性命之依据、治世之根本和行事之法则,因此,复归道的过程也是对人本身的性命的葆真。

> 致虚极,守静笃,万物并作,吾以观复。夫物芸芸,各复归其根。归根曰静,静曰复命。复命曰常。知常曰明;不知常,妄作,凶。③

至庄子,则进一步突显了这种复归的过程是出自人的自然天性的本能,故他将有意识地修养心性以求回复到本初的做法贬称为"俗学",以为"缮性

---

① 向世陵:《张载气学的"实学精神"》,《河北学刊》,2000年第2期,第37页。
② 此部分主要观点及部分文字参考了向世陵先生《宋代哲学基本理论》第二章,该书乃《宋代经学哲学研究》之上册。
③ 《老子·十六章》。

于俗学，以求复其初"者，不过是"蔽蒙之民"①。而且，由于儒道两家对"本"的不同理解，在道家看来，离性拂情而行礼义，以礼义约束人心的方法，只能治末而不能返本。

就"反其初"的方法而论，从老、庄到《淮南子》是一致的，但老、庄那里尚未将此"本初"状态与性善相连。战国时期的道家，对儒家的性善说往往采取了抵制的态度。汉初以后，随着儒家思想的复兴，性善之说逐步传播开来，道家的返本复初也开始具有了复性在复善的新的内涵；而主张性善在根本上是有利于返本复性导向的普遍推广的。"夫仁者，所以救争也；义者，所以救失也；礼也，所以救淫也；乐者，所以救忧也。神明定于天下而心反其初，心反其初而民性善，民性善而天地阴阳从而包之，则财足而人澹矣，贪鄙忿争不得生焉。由此观之，则仁义不用矣。"②苏辙对"性"以及"复性"之所以可能的解释，从一定意义而言就是这一思想的承续："性之为体，充满宇宙，无远近古今之异。古之圣人，其所以不出户牖而无所不知者，特其性全故耳。世之人为物所蔽，性分于耳目，内为身心之所纷乱，外为山河之多障塞，见不出视，闻不出听，户牖之微能蔽而言之，不知圣人复性而足，乃欲出而求之，是以弥远而弥少也。"③

相较于道家，儒家对于返本问题的思考大致开始于战国初中期。《郭店楚墓竹简》提出了"穷源返本"的命题：

> 是故君子之求诸己也深，不求诸其本而攻诸其末，弗得矣。是（故）君子之于言也，非从末流者之贵，穷源返本者之贵。苟不从其由，不反其本，未有可得也者④。

在这里，君子引导民众、教化使民，靠的是内在的德行。所以问题的关键在于求诸己，而不是逐末弃本，倒行逆施。郭店简"穷源返本"的本源或根由是指天性或善道⑤，事实上，郭店简提出了中国最早的"性善"的观念，

---

① 《庄子·缮性》。又，"缮性于俗学，以求复其初"句断句及文字，采曹础基据刘文典《庄子补正》所定。
② 《淮南子·本经训》。
③ 苏辙：《道德真经注·不出户章第四十七》，《道藏》第12册，第310页。
④ 见《成之闻之》，荆门市博物馆编：《郭店楚墓竹简》，北京：文物出版社，1998年，第167页。
⑤ 见《成之闻之》，荆门市博物馆编：《郭店楚墓竹简》，第168页。

并以为"未教而民恒,性善者也"①。如此在善德的意义上穷源返本,为后来儒家整个的返本复性道路奠定了最根本的基石。可以说,儒家虽不是返本复性道路的开创者,但却将使这一道路真正落实到实践层面,而这一落实之所以可能,就在于对善的先天定位。孟子明确提出性善论的价值即在于此。

"发明本心"作为孟子提出的"学问之道",意在通过向内反求的方法,使人能够扩充先天的良心善性,亦即所谓"反身而诚"。这意味着儒家主动积极的返本复性论的发端。所谓"万物皆备于我矣,反身而诚,乐莫大焉"②。如此"反身而诚"的"求放心"工夫,在目标指向上与道家是有区别的,即它不是反其初,而是求其内。但是,对宇宙生成而言的"初",对本性良心的形成却是当然和唯一的源头,所以仍可以追溯到"内"。

孟子讲性善、言心性目的在于由此引出社会政治理论,即先王有不忍人之心,斯有不忍人之政矣。以不忍人之心,行不忍人之政,治天下可运之掌上。"③ 仁政的实行就是天子、诸侯将仁心仁德推行于天下的结果,即推恩。"老吾老,以及人之老;幼吾幼,以及人之幼。天下可运于掌。诗云:'刑于寡妻,至于兄弟,以御于家邦。'言举斯心加诸彼而已。故推恩足以保四海,不推恩无以保妻子。"④ 天子推恩于天下,天下之人就会效仿之,"君仁,莫不仁;君义,莫不义;君正,莫不正。"⑤ "上有好者,下必有甚焉者也。君子之德,风也;小人之德,草也。草上之风,必偃。"⑥ 相反,"天子不仁,不保四海;诸侯不仁,不保社稷;卿大夫不仁,不保宗庙;士庶人不仁,不保四体"⑦。这样,孟子就将伦理道德与为政融于一体,将外在的社会制约机制内化为人的道德自觉,构成道德政治一体化的为政体系。基于此,"惟仁者宜在高位,不仁而在高位,是播其恶于众也"⑧。这种以施行"仁政"为特色的治国之策上的返本要求,是支撑儒家心性论层面返本导向的社会政治基础,也

---

① 见《性自命出》,荆门市博物馆编:《郭店楚墓竹简》,第181页。
② 《孟子·尽心上》。
③ 《孟子·公孙丑上》。
④ 《孟子·梁惠王上》。
⑤ 《孟子·离娄上》。
⑥ 《孟子·滕文公上》。
⑦ 《孟子·离娄上》。
⑧ 《孟子·离娄上》。

明显区别于道家返本说的社会政治意图。孟子所开创的这一返本路径对后世产生了深远的影响,这种影响体现在两个方面,一是确立人之为人的向本善的返本,二是确立了以返归本善来求王道的诉求。就后者而言,董仲舒以正君王之心来"探本反始"而求王道的理路即是体现:"《春秋》深探其本,而反自贵者始。故为人君者,正心以正朝廷,正朝廷以正百官,正百官以正万民,正万民以正四方。四方正,远近莫敢不壹于正,而亡有邪气奸其间者。是以阴阳调而风雨时,群生和而万民殖,五谷熟而草木茂,天地之间被润泽而大丰美,四海之内闻盛德而皆徕臣,诸福之物,可致之祥,莫不毕至,而王道终矣。"①

由上述亦可见,儒道两家虽然对本的理解有异,但并不妨碍双方都以"返本"作为根本的进德之路,且都将上古作为理想社会的典范,只是儒家言必称尧舜,仰慕三代的理想仁德;道家则远推到人之"类"刚成立,道德"未失"而"无所用"智慧和仁义的时代②。但从目的一方说,老子的"复归于婴儿"与孟子要求的"不失赤子之心",实际上认同和归依的都是人心的原初状态。而个体人心的原初状态,在社会国家层面就是上古的理想境界。

在魏晋玄学那里,返本就是回归到无,王弼将《周易》与《老子》结合起来,将复卦《象辞》的"复其见天地之心"之"复"解读为"返本",而"本"则是无,是静。"复者,返本之谓也。天地以本为心者也。凡动息则静,静非对动者也。语息则默,默非对语者也。然则天地虽大,富有万物,雷动风行,运行万变,寂然至无,是其本矣。故动息地中,乃天地之心见也。若其以有为心,则异类未获具存矣。"③这种回到物之极笃,返归到其始端的虚静至无本性,就是性命之常。这里,无论是天地之心,还是性命之常,都必须通过返本才能获得,返本就是复性:"以虚静观其反复。凡有起于虚,动起于静,故万物虽并动作,卒复归于虚静,是物之极笃也。各反其所始也。归根则静,故曰'静'。静则复命,故曰'复命'也。复命则得性命之常,故曰'常'也。"④

---

① 董仲舒:《天人三策》,《董仲舒集》,北京:学苑出版社,2003年,第9页。
② 参见《老子》十八、三十八章等。
③ 王弼:《周易注·复》,见楼宇烈:《王弼集校释》,北京:中华书局,1980年,第336页、337页。
④ 王弼:《老子道德经注·十六章》,见楼宇烈:《王弼集校释》,第36页。

随着魏晋以后佛教典籍的大量译介以及佛教思想为当时学者的接受，玄学逐步与佛学相附会而形成玄佛合流的态势，佛学家们积极参与到名士们的玄谈之中。返本复性便是其中的一个代表性观点。道生便提出了明确的"返本为性"的主张，所谓"善性者，理妙为善，返本为性也"①。

　　道生将众生成佛的根据植根于人的内心，认为佛性是众生的本性，"一切众生皆有佛性"，一阐提也有佛性，众生的佛性由于妄相所蔽而不得彰显，如果去除迷妄，返本得性，体悟实相，即是解脱成佛。于是，众生与佛便等同起来了，并把成佛从对外在的宇宙实相的体认转化为内在（自心）的证悟。对于竺道生在佛学中国化过程中的作用和地位，钱穆先生说："依照生公此理，人人尽得成佛，而成佛端赖内心自悟。如是则所重在己不在人，在内不在外。此后中国佛学，逐渐脱却迷信，转入内心修养，不得不谓是生公此番现身说法，作大狮子吼，有以促起。"② 这一"返本为性"的成佛之路与儒家思孟学派复性之路具有明显的一致性，如前所述，佛教这种对心性问题的关注，以及返本复性路向，给了当时及理学产生前在心性论方面长期处于低迷状态的儒学以深刻的影响，促使儒者返归儒家本有的心性哲学资源，返归复性的主题。这其中以李翱为典型代表。前已述，李翱对佛教之破坏人伦政治深以为恨，但同时，他以儒家《中庸》《乐记》与《易传》为本，融合佛老，在心性儒学衰微的唐代，开始了儒家返本复性之路的探索。

　　李翱关于"性"的理解得自《中庸》的天命之性和尽性之说，这也为他返本复性预设了前提。但《中庸》言性却不及情，也不从动与静的角度去观察和认识人性，于此可以看出《乐记》等其他文本对他的影响。《乐记》讲"人生而静，天之性也。感于物而动，性之欲也"，李翱将动静问题联系到了《中庸》的天命之性（天性）上；情欲则是动而后的产物，而一旦动作则离开了天性。所以李翱一方面讲：

　　　　性与情不相无也。虽然，无性则情无所生矣。是情由性而生。情不自情，因性而情，性不自性，由情以明③。

---

① 道生：《德王品》，《大般涅盘经集解》卷五十一，《大正藏》第三十七册，第531页下。

② 钱穆：《中国思想史》，《钱宾四先生全集》第二十四册，台北：台湾联经出版事业公司，1998年，第146页。

③ 李翱：《复性书》，《李文公集》卷二。

即性与情是一种相互依赖关系，性是情的基础，有性则必然生情；性也不能自己彰显于外，它借助情才能显现自己的灵性与光辉。另一方面：

> 人之所以为圣人者，性也；人之所以惑其性者，情也。喜、怒、哀、惧、爱、恶、欲七者，皆情之所为也。情既昏，性斯匿矣。非性之过也，七者循环而交来，故性不能充也①。

他还举了水与泥沙之喻以作说明："水之性清澈，其浑者泥沙也。方其浑也，性岂遂无有耶？久而不动，泥沙自沉，清明之性鉴于天地，非自外来也。故其浑也，性本弗失；及其复也，性亦不生，人之性犹水也。"②即水之本性是明净清澈的，它之所以混浊是因为泥沙所致。从而引出如何由动的现实情欲复归到静的先天本性的问题。而且，人性之善和水性之清一样，只是被情和泥沙遮蔽了，其本有之性并没有丧失，去掉这些遮蔽，水性之清和人性之善自然得以重现。因此，李翱展开了他的复性之路：

> 或问曰：人之昏也久矣，将复其性者，必有渐也。问其方？曰：弗虑弗思，情则不生。情既不生，乃为正思。正者，无虑无思也③。

这与《乐记》的理路基本一致，描述了消极形态的人性由静到动的过程。但正常状态下由不动到动怎样展开的呢？对这一问题，李翱借助《易传》，通过对圣人的解读得以作出有益的尝试。《易传·系辞上》云："易无思也，无为也，寂然不动，感而遂通天下之故。非天下之至神，其孰能与于此。"李翱的圣人则是不动而动、无情而情的。

在李翱，妄情灭息是由动返静的工夫，若昏聩动乱便不可能走向本性的清静。这一点也可以说是主张吸收佛学资源的儒家学者的共性。从人性论的角度说，李翱将历来从内外、善恶、动静去解释的性与情之别，按照佛教的思辨理路，统一为明与不明（昏）的差别。

至宋代，在哲学思辨上的返本复性是从王安石开始的。王安石提出了"善复常"的思想，认为人备五行之秀，如果不思、不行则会丢失荒废，但若能改前之非并沛然思行，性所本有便能失而"复得"④。如此的复性应当说是

---

① 李翱：《复性书》，《李文公集》卷二。
② 同上。
③ 同上。
④ 王安石：《原过》，《王文公文集》卷三十二，第370页。

有特色的，但王安石在此问题上并未有更多的推进，他并未深究人之行为有过而"非常"的原因，这使其"性失复得"的观点缺乏说服力和针对性①。王安石性论的重点仍在性情关系上，并对开创儒家"原性""复性"之路两位主要代表韩愈和李翱的性情学说提出了尖锐的批评。王安石以未发之心为性，已发之心为情，从人的内心本然和见诸形色的特定情感去划分性情，故"性情一也"②在他是必然的结论。

可以说，王安石就本（体）与用之分合言性情的统一，"确有承先启后的思想，在宋明哲学史上实有特殊的意义。可惜他只明白'性''情'之不二，却未了然'性''情'之非一，因此难免成就一种'无定性论'"③。如王安石所说：

> 盖君子养性之善，故情亦善；小人养性之恶，故情亦恶。故君子之所以为君子，莫非情也；小人之所以为小人，莫非情也④。

按石峻先生的推论，王安石的"伦理行为既无内在的根据，势必流于一种'情的一元论'"；"自然不能不另求善恶的标准于外，这样，何能'返本'或'复性'，叫他在理学史上不能居正统的地位，我想也不是偶然的了"⑤。

就是说，让情来对人的行为负责，后天成为决定的因素，最终会消解绝对和至善的理论价值，不但道德理想无从谈起，就是人为何要向善也成了问题。当然，他之所以突出情的地位，本意还是在强调道德主体的价值选择和后天道德教化的作用，以服从他"一道德"而整肃社会风气的改革大局。但理论的价值总是有它相对的独立性，其在思想史上的定位，并不能都从政治需要层面去解释。

当然，所谓"情的一元论"也只是一种形象的说法，因为说到底，"情"并不具有"元"的意义，它主要是作为一种后天道德统一性而起作用。从此统一性看，性作为"本"的意义便被模糊，返本复性的导向也就从根本上被

---

① 土田健次郎先生认为："他（王安石）也相信人类有能力复归到性本身所包含着的善（自注：他有时也根据佛教来谈性的不生不灭）。大概在他的思想中，善的实现必须具备环境和素质两方面的条件。"（见：《道学之形成》，第349页）
② 王安石：《性情》，《王文公文集》卷六十七，第315页。
③ 石峻：《略论中国人性学说之演变》，《石峻文存》，第374页。
④ 王安石：《性情》，〈王文公文集〉，第315页。
⑤ 石峻：《略论中国人性学说之演变》，《石峻文存》，第374页。

消解了。换句话说，返本复性所需要的，重点不在统一性而在根源性或绝对性，王安石的性本情用说却刚好忽略了这一点，其本用相须、"性情一也"的良好愿望，导致的是他的性本情用说得不到彰显，从而也不能成为宋代性论的主流。他所成立的"新学"，也就不得不让位于其后兴起的理学。

随着北宋理学的形成，人性的概念已是天地之性与气质之性"二性"的组合。理学家承担的返本复性的使命，除了继续强调复返原初本根以实现哲学目的的基本要求外，还进一步深入到变化气质和完善天地之性的过程之中。返本复性已不仅仅是方法、道路，也成为理学形成和发展的内在动力。而就天地之性与气质之性的区分，东汉末年的太平经即云："夫天地之性，半阴半阳，阳为善，主赏赐，阴为恶，恶者为刑罚，主奸伪。……天地之性，半善半恶，故君子上善以闭奸。兴善者得善，兴恶者得恶。"[①] 当然，此处所谓的天地之性完全不同张载之说，但就此范畴本身提出而言，似由道教。这一情况略不同于儒释道三家很多共享的范畴。三家很多范畴实难分出谁先使用，谁后使用，对于这种情况，只能从学术思想史的角度把这一范畴放在以其为核心或与其相关的问题域中来进行考查，通过对这一问题流变的梳理来看他们之间可能存在的相互影响。但天地之性这一范畴，不仅其名由道教最早提出，其实也能从道教思想中寻绎，比张载稍早的道教大师张伯端即言："形而后有气质之性，善反之，则天地之性存矣。自为气质之性所蔽之后，如云掩月，气质之性虽定，先天之性则无有。然元性微而质性彰，如君臣之不明而小人用事以蠹国也。"[②] 这里，"形而后有气质之性，善反之则天地之性存焉"，则与张载之说相同。

---

① 王明：《太平经钞壬部》，《太平经合校》，北京：中华书局，1960年，第702页。
② 张伯端：《悟真篇浅解》（外三种），王沐浅解，第231页。

第四章 核心话语转换下经典文本的拣选与扩展

宋代经学的新诠即是以经典文本意涵的重新挖掘、文本本身的转型与核心话语的转换互为表里而展开的新儒学运动。在与佛老的交涉，以及对儒学本来的解释系统的反思中，当时儒者反躬自身经典，开掘出自身经典中的性命义理资源，加以整合与利用，这也包括依据儒家的主要观念改造其他的资源，为我所用，最终完成了自身理论的突破，从而也使北宋儒者的经典系统在承继前贤的基础上，具有了不同的特征，这集中表现在：首先，伴随着义理之学向性命义理问题的关注，对以往五经系统做出了新的拣选，《周易》《尚书》《礼记》《春秋》等经典中的与性命义理关连较多的话语被重新挖掘出来，由此对五经的解释围绕性命义理这一主题有了新的内容；其次，随着性命义理讨论的深入，五经资源的不充足性日益突显，此时，《大学》《中庸》《孟子》承续隋唐以来的升格运动，逐渐与经学互动，成为当时儒者诠释自己思想的重要文本。对于这一过程，唐君毅先生谓："宋学之初起，乃是以经学开其先。在经学之中，则先是《春秋》与《易》之见重，然后及于《诗》《书》之经学；再及于《易传》《中庸》《大学》，及《孟子》《论语》等汉唐人所谓五经之传记；终乃归于重此传记之书，过于重《五经》。"① 这里需要说明的是，虽然经典文本意涵的再挖掘、文本本身的转型与核心话语的转向是互为表里的，但这其中，核心话语的转换相对处于主导地位，这是其一，其二是，对新的经典文本的重视并不意味着《五经》资源的否弃，二者共同构成了宋代儒学的经典文本。因此，宋代经典文本与其说是发生了转换，不如说是扩大，这一扩大即是以核心话语的转换为中枢的。总体而言，经学之影响

---

① 唐君毅：《中国哲学原论·原教篇》，台北：学生书局，1986年，第14页。

理学，首先表现为：对于传统经典资源的新挖掘和新阐发促进了理学的产生；其次，虽然在一个相同的时代语境之下，同样一批经典的重要性几乎同时被各家关注到和予以利用，但是期间毕竟有个体之差异，因此形成不同的理论分殊。对于第二点，我们将通过以后几章的理学家思想的个案分析而详细揭示。

一、《五经》资源的再挖掘

承续庆历以来向《五经》回归以探寻圣人之道的理路，宋儒以继绝学、开新统的自觉意识、自信精神，开始了对《五经》资源的再挖掘，这一努力又是与对佛老思想的抗辩交通紧密结合在一起的，故随着这一思潮的逐渐深入，以性理话语为核心的对《五经》资源的拣选就成为嘉祐以来学界的基本共识，并由此直接推动了理学的产生。

（一）《春秋》

《春秋》学在宋代，尤其是北宋是一门显学。据统计，四库《春秋》类，共著录114部，1838卷，而宋人之作，即占38部，689卷，以部数论，恰为三分之一，以卷数论，则为三分之一以上。由此足见其在宋代经学研究中所处的重要地位。石介就曾引述孙复之言曰："先生尝以谓尽孔子之心者大《易》；尽孔子之用者《春秋》，是二大经，圣人之极笔也，治世之大法也。"①

与整个北宋前期经学发展基本承续唐代经学之余绪，重在守成一致，《春秋》学的研究建树不多。但宋初几位皇帝非常喜好《春秋》，如真宗即先让邢昺，继用王旦讲读《春秋》的大义微旨。真宗还特别诏命太子，即后来的宋仁宗赵祯读《春秋》。他们尊《春秋》的原因即是着眼于纲纪而"奖王室，尊君道"。在庆历时期研读经典的热潮的推动下，《春秋》学开始大兴。与当时经学发展的基本精神相一致，当时《春秋》学重在从"通经致用"的角度，在内振王权，外攘夷狄的同时，进而以王道正君道。在这一过程中庆历以来的疑经惑传的精神也得以集中呈现。如以成书最早的孙复的《春秋尊王发微》

---

① 石介：《泰山书院记》，《徂徕石先生文集》卷十九，第223页。

为例，如前所论，它最大的特点就是将传统的"三传"置之不顾，而以己意来讲"圣人"的"微言大义"。对孙复解经的这一特征，如前所引，欧阳修曰："先生治《春秋》，不惑传注，不为曲说以乱《经》。其言简易，明于诸侯大夫功罪，以考时之盛衰，而推见王道之治乱，得于《经》之本义为多。"①当然，正如《钦定四库全书荟要》提要中所言，"复之说经不依传注，好为独辟之学，故当时毁誉相半"，叶梦得即"讥其废传从经又不尽达经例，每自抵牾。"②

这种以己意说经、通经致用的特征在对桓公十五年，"春二月，天王使家父来求车"的解读中得以充分体现，对于这一事件，《春秋》各传都认为这是讥天子非礼，如《公羊传》即谓"王者无求"，胡安国也说："王畿千里，租税所入，足以克费，不至于求；四方诸侯各有职贡，不至于来求。"③但孙复却单责诸侯，认为："天王使家父来求车者，诸侯贡赋不入，周室材用不足也。"④。而且，在他看来，君有天大罪恶也不能杀。比如，文公十八年，"莒弑其君庶其"。孙复云："称国以弑，众也。谓肆祸者非一，故众弑君，则称国以诛之，言举国之人可诛也。"⑤于君民关系的看法与先秦儒家完全颠倒。在先秦儒家那里，不仅"君君、臣臣"⑥，而且"闻诛一夫纣也，未闻弑君也"⑦，即君臣之间是一种双向互动关系，臣之于君，根据其相待之厚薄而定其相报之重轻，恩怨分明，进退裕如，各有尊贵。故《钦定四库全书荟要》提要中谓常秩讥其"如商鞅之法，失于过刻"⑧。当然，这一观点实际是暗合于当时重建政治秩序，尤其是重振君权的诉求的。

---

① 黄宗羲、黄百家、全祖望等：《泰山学案》，《宋元学案》卷二，《黄宗羲全集》第3册，第142页。
② 孙复：《春秋尊王发微》，《钦定四库全书荟要·春秋左氏传、春秋尊王发微》，吉林出版集团有限责任公司2005年，第2页。
③ 胡安国：《胡氏春秋传》，文渊阁四库全书第151册，上海古籍出版社1987年影印，第54页。
④ 孙复：《春秋尊王发微》，文渊阁四库全书第147册，第22页。
⑤ 同上书，第69页。
⑥ 《论语·颜渊》。
⑦ 《孟子·梁惠王下》。
⑧ 孙复：《春秋尊王发微》，《钦定四库全书荟要·春秋左氏传、春秋尊王发微》，第2页。

孙觉也力图在对《春秋》的解读中以通经致用倡尊王。如在君臣关系中，他一方面多次强调"君虽不君，臣不可以不臣"，认为"天王之尊，天下莫之有敌"①，主张相对单向的君臣关系，另一方面又强调以王道规制王权，他认为"孔子之作《春秋》也，以天下无王而作也，非为隐公而作也。"② 这里所谓的无王，同孙复一样，指的不是现实的以位而言的王失去形式上的权威性，而是王之为王的内在标准的缺失。基于此，孙觉在说明王的内涵时说："天王者，天下之至尊，而道德之所从出。"③ 在这里，"尊"以位言，"道德"则指王之所以为王的内在标准，即王道。"盖圣人之意，以为天下之大，元元之众，而天王一人者治之。则其道德仁义有以先天下而帅元元也。一言之非，一动之失则不足以为天下王矣。"④ 同时，在孙觉对王道来源的剖析中，可见庆历以来经学义理之学兴起的影响，如在解释"春王正月"的书法说"欲示人君体元居正之法也"时，他以《易》理与《春秋》义例相发明，以天道推明王道，认为"生成之德"、"生成万物之心"乃宇宙之"元"、"气"的本性，"天道"乃"仁"体，而"王道"即是"体天地生成之德"，"生成天下之民物"，⑤ 乃天道之下贯，从而试图为王道寻找形上、超越的依据。

至程颐，则认为经是载道的工具，是求道的文本基础，"道之在经"⑥，"经所以载道也，器所以适用也。学经而不知道，治器而不适用，奚益哉?"⑦ 道乃经存在的意义所在。与经相比，道更重要；治经的目标就是"知道"，故而他说："经所以载道也，诵其言辞，解其训诂，而不及道，乃无用之糟粕耳"⑧。这一观点不仅是对汉代经学的批评，更是对北宋初年尊经、疑经的突破，因为尊经、疑经毕竟还是局限在经传等文本范围内。所以，"古之学者，先由经以识理。盖始学时，尽是传授。后之学者，却先须识义理，方始看

---

① 孙觉：《宣公》，《春秋经解》卷八，《四库全书（文渊阁本）》，上海：上海古籍出版社，1987年影印，第147册，第729页。
② 孙觉：《隐公》，《春秋经解》卷一，第557页。
③ 孙觉：《庄公》，《春秋经解》卷三，第597页。
④ 孙觉：《僖公》，《春秋经解》卷六，第678页。
⑤ 参见江湄：《北宋诸家〈春秋〉学的"王道"论述及其论辩关系》，《哲学研究》，2007年第7期，第29页。
⑥ 程颢、程颐：《河南程氏遗书》卷一，《二程集》，第2页。
⑦ 程颢、程颐：《河南程氏遗书》卷六，《二程集》，第95页。
⑧ 程颢、程颐：《河南程氏文集·遗文》，《二程集》，第671页。

得经"①。而道就是他所谓的天理。

程颐认为《春秋》作为经，其所明之道，即王道，是天理的体现，并通过具体的制度、规范，即"法"的书写而得以展现。"如忠质文之所尚，子丑寅之所建，岁三月为一时之理……孔子知是理，故其志不欲为一王之法，欲为百王之通法，如语颜渊为邦是也，其法度又一寓之《春秋》。"② 因此，在程颐这里，《春秋》所明的王道，可以说既是三代之制，又不是三代之制，说它是，是因为三代乃王道流行的时代；说它不是，是因为三代之所以为王道流行的时代，在于它体现了天理，而不是它本身就是王道。这也是他和前代学者不同的地方，在他看来，王道之所以为王道，不再只是先王政治经验的提升，而在于它是符合理的政治。王道的内涵就是合于理。"'万物皆备于我'，不独人尔，物皆然。都自这里出去，只是物不能推，人则能推之。虽能推之，几时添得一分？不能推之，几时减得一分？百理俱在，平铺放着。几时道尧尽君道，添得些君道多；舜尽子道，添得些子道多？元来依旧。"③

也正基于此，程颐认为孔子作《春秋》的原因是："上古之时，自伏羲、尧、舜，历夏、商以至于周，或文或质，因袭损益，其变既极，其法既详，于是孔子参酌其宜，以为百王法度之中制。此其所以《春秋》作也。……则是大抵圣人以道不得用，故考古验今，参取百王之中制，断之以义也。"④ 孔子作《春秋》就是为了"明百王法度之中制"，即寻求具体制度规范的依据之所在，也就是理。后人应"得其意而法其用"。就此而论，三代之制在程颐那里也不过是天理的体现，乃"法"的层面。这也正是他批评孙复"述法而不通意"，"不见圣人所寓微意"⑤的原因。这样，他就将对《春秋》的解读建立在他的理本论的基础之上。

在胡安国的《春秋传》中，以天理明王道的特点更得以充分体现，这说明理学之构架已确立。胡安国认为春秋霸道横行，王道衰微的现实是由于天理灭而人欲肆，孔子力图"遏人欲于横流，存天理于既灭，见诸行事"，因

---

① 程颢、程颐：《河南程氏遗书》卷十五，《二程集》，第164页。
② 程颢、程颐：《河南程氏遗书》卷三，《二程集》，第62页。
③ 程颢、程颐：《河南程氏遗书》卷二上，《二程集》，第34页。
④ 程颢、程颐：《河南程氏遗书》卷十八，《二程集》，第245页。
⑤ 程颢、程颐：《河南程氏外书》卷九，《二程集》，第402页。

此,"有国者所以必循天理,而不可以私欲灭之也"①,将王道内涵明确概括为天理,以天理明王道,"《春秋》,天子之事,述天理而时措之也,既讥天王以端本矣"②。并基于此对现实之王加以规范和制约。"《春秋》以天自处,创制立名,系王于天,为万世法,其义备矣。"③ 又曰:"《春秋》系王于天,以定其名号者,所履则天位也,所治则天职也,所敕而惇之者,则天之所叙也,所自而庸之者,则天之所秩也,所赏、所刑者,则天之所命,而天之所讨也。"④

同时,北宋诸儒在解读《春秋》时,非常看重夷夏问题,这也是和整个宋代攘除夷狄的需要密切联系在一起的。

(二)《周易》

与《春秋》学一样,《周易》也很受北宋儒者的重视。但北宋初年的易学研究与道家、道教关联甚密,陈钟凡曾说:"五代之乱,天下扰攘者四五十年,贤人君子黄冠弃世,遁迹山林,尤难指数。如陈抟之栖华山,种放之隐终南……或著述自娱,或勤学修炼,并为当代王者所尊仰。而图书之学类之以传,学者乃据之以言性道。"⑤ 这里,以图书学作为性理学兴起的一个重要依据。同时,在作为道家思想发展阶段的魏晋玄学中,《周易》被认为是"三玄"之一,《周易》思想通过魏晋玄学与道家与道教思想结合起来。这不仅使很多后来的学者在总结北宋《周易》研究的源头时,多与道教中人联系起来,并在解读《周易》时也多受道家思想的影响,如田赐,他"研《系辞》之大旨"⑥,但同时又说"道者任运用而自然者也"⑦。

大致以庆历开始,出现了一批易学专著,如:胡瑗的《周易口义》、刘牧的《易数钩隐图》、周敦颐的《太极图说》《易通》、司马光的《温公易说》、张载的《横渠易说》、程颐的《程氏易传》、苏轼的《东坡易传》等。这些易

---

① 胡安国:《桓公下》,《胡氏春秋传》卷六,第51页。
② 胡安国:《桓公中》,《胡氏春秋传》卷五,第46页。
③ 胡安国:《隐公上》,《胡氏春秋传》卷一,第23页。
④ 胡安国:《文公上》,《胡氏春秋传》卷十四,第122页。
⑤ 陈钟凡:《两宋思想述评》,台北:台湾世界书局,1977年,第9页。
⑥ 田赐:《贻宋小著书》,参见《全宋文》第3册,第122页。
⑦ 同上。

学专著有将《周易》从六经、五经中特出出来的趋势①,并开始强调《周易》中所蕴涵的性命之理,西昆体代表人物的杨亿就曾言:"盖夫《易》者,世历三古,人更三圣。达性命之际,通神明之德,探赜索隐,钩深致远。故曰:《易》不可见,即乾坤之道几乎息矣。若乃《春秋》《诗》《书》《礼》《乐》,犹五行之更用事,而《易》为之原。"② 这种对《周易》义理的兴趣也是与反对将《周易》看做卜筮之书,且批判象数易联系在一起的。基于此,他们多推崇破象数、重义理的王弼《易》学,反对两汉施、孟、梁丘、京氏、费、高诸家之学,以及同时代刘牧的图书、象数之学③。当然,虽然当时诸儒对《周易》的研究多归本义理,但多力图通过对《易》理的挖掘,"盖急乎天下国家之用"④,这也契合于当时"明体达用"的思路。当时很多儒者也多从救世的角度肯定《周易》的价值,"夫《易》之作,就乱而作也,圣人不得已也。"⑤ "作《易》者既有忧患矣,读《易》者其无忧患乎?苟安而不忘危,存而不忘亡,治而不忘乱,以忧患之心,思忧患之故,通其变,使民不倦,神而化之,使民宜之,则自天佑之,吉无不利矣。"⑥ 而且在当时,多将《周易》与《春秋》并提,如前所引,孙复即认为:"尝以谓尽孔子之心者大《易》,尽孔子之用者《春秋》,是二大经,圣人之极笔也,治世之大法也。"⑦ 将《周易》作为治世之大法。也有将《周易》与《周礼》相配,冯友兰先生在谈及李觏的思想就说:"在儒家经典中,他所依据的是《周礼》和《周易》。他以《周礼》为依据,讲他的社会政治思想,以《周易》为依据,讲他的哲学。"⑧ 明确肯定《周易》在李觏哲学思想建构中的重要地位,同时也可见《周易》由治世大法之资源向形上思辨之依据的转变。

欧阳修对《周易》的怀疑考辨则是庆历惑传疑经思潮的典型体现,他的核心观点即是:《彖传》、《象传》乃孔子作品,但《系辞》《文言》《说卦》均

---

① 参见李祥俊:《道通于一——北宋哲学思潮研究》,北京:北京师范大学出版社,2006年,第261页。
② 杨亿:《送进士陈在中序》,参见《全宋文》第7册,第705页。
③ 参见李祥俊:《道通于一——北宋哲学思潮研究》,第267页、268页。
④ 李觏:《删定易图序论》,《李觏集》卷第四,第54页。
⑤ 石介:《辨易》,《徂徕石先生文集》卷七,第78页。
⑥ 李觏:《易论第十三》,《李觏集》卷第三,第53页。
⑦ 石介:《泰山书院记》,《徂徕石先生文集》卷十九,第223页。
⑧ 冯友兰:《中国哲学史新编》(下),北京:中华书局,1981年,第41页。

非孔子所为。他说:"何独《系辞》焉,《文言》《说卦》而下,皆非圣人之作,而众说淆乱,亦非一人之言也。昔之学《易》者,杂取以资其讲说,而说非一家,是以或同或异,或是或非,其择而不精,至使害经而惑世也。"①

嘉祐以来,在核心话语向道德性命之理的转向中,《周易》是重要的载体,集中体现了儒家对性命义理的追求,以及在本体论上的深入思考。如在对"易"义的理解中,即体现了从一般易义的讨论到易道本体层面讨论的上升。欧阳修:"易者,文王之作也,其书则六经也,其文则圣人之言也,其事则天地万物、君臣父子夫妇人伦之大端也。"② 还是从体用的角度强调《易》乃圣人之道的总名。但当二程说"易是个甚?易又不只是这一部书,是易之道也。不要将易又是一个事,即事尽天理,便是易也。"③ 以及"圣人作《易》,以准则天地之道。《易》之义,天地之道也,'故能弥纶天地之道'"④时,易道本身乃天地之道了,《易》于此已学成为程颐理学体系的有机组成部分。同时,他认为《易》之道是在日用庸常之中见天道之必然,道不离日用常行,也就是他说的"圣人于《易》备言之",相反,佛教虽"于'敬以直内'则有之矣,'义以方外'则未之有也"⑤,也就是说佛学专务上达,对人生作形上追问,而对下学,即对俗世人生缺乏积极的解决方法,因此,佛徒要么滞固枯槁如朽木,要么疏通放肆如浪人。基于同样的理由,程颐虽然在象数与义理的对峙中,看重王弼的《易》解,反对象数《易》,但就义理本身而言,他认为:"王弼注《易》,元不见道,但却以老、庄之意解说而已。"⑥

总体而言,理学的基本命题,如理、性、道等,都与《周易》有密切的关系。北宋儒者之言性命义理,很多都是以《周易》为文本依据的,如二程所谓:"理也,性也,命也,三者未尝有异。穷理则尽性,尽性则知天命矣。天命犹天道也,以其用而言之则谓之命,命者造化之谓也。"⑦ 就是以《说卦》中的"穷理尽性以至于命"为文本依据而阐述的。这里,以理为核心,将性、

---

① 欧阳修:《易童子问》卷三,《欧阳修全集》卷七十八,第1119页。
② 欧阳修:《易或问三首》,《欧阳修全集》卷十八,第301页。
③ 程颢、程颐:《河南程氏遗书》卷二上,《二程集》,第31页。
④ 程颢、程颐:《河南程氏经说》卷一,《二程集》,第1028页。
⑤ 程颢、程颐:《河南程氏遗书》卷四,《二程集》,第74页。
⑥ 程颢、程颐:《河南程氏遗书》卷一,《二程集》,第8页。
⑦ 程颢、程颐:《河南程氏遗书》卷二十一下,《二程集》,第274页。

命勾连了起来。甚至，后者可能直接启示了二程对理以及穷理的关注，并将其置于本体地位。就此而论，佛老虽然也有关于理的资源，但"从二程的角度来说，要发现理的重要性，只有佛老的资源一定不够，即使从他们自己内心的感受讲，也需要一个能在儒家本身的资源中找到依据的概念，这个资源就是《周易》的'穷理尽上来性至命'和'性命之理'"①。不仅于此，在《周易》借助"形而上下""立象尽意"的论述中，二程还进一步确立了理的本体地位。

在周敦颐的体系当中，《太极图说》明显是对《周易》资源的创造性应用，至于《通书》，实际上是以《周易》来通贯《中庸》等经典。"太极"这一范畴也是来自《周易》，潘兴嗣在给周敦颐的墓志铭中说他"尤善谈名理，深于《易》学，作《太极图》《易说》《易通》数十篇"②。吕陶亦言："（周敦颐）志清而才醇，行敏而学博，读《易》《春秋》，探其原文，简洁有制。"③同时，他还在《易》学的框架之下，尝试贯通儒家之各部经典，对于这一点，后文将详述。

在张载思想的构筑中，《周易》也是一个非常重要的文本，《宋史》称其"以《易》为宗，以《中庸》为体，以孔、孟为法"④。王夫之也说："张子之学，无非《易》也，即无非《诗》之志，《书》之事，《礼》之节，《乐》之和，《春秋》之大法也，《论》《孟》之要归也。"⑤事实也是如此，他认为："性与天道云者，易而已矣。""易乃性与天道，其字日月为易，易之义包括天道变化。"这一定位，使《周易》完全成为理学核心话语的经典文本。具体而

---

① 见后文。
② 潘兴嗣：《先生墓志铭》，《元公周先生濂溪集》卷之八，第136页。周敦颐之《易说》在南宋朱熹时即已亡佚，故朱熹看到的是《太极图说》与《通书》。所以有学者推论，现存的《通书》各章体例不同，有些是专讲易卦的，有些是通论《周易》的，大概这两部著作后来都残缺了，有人便把剩余的部分混为一书，总名之曰《通书》。所以潘兴嗣不提《通书》，是因为本来没有《通书》。而朱熹编周敦颐的著作时，有《通书》而无《易说》、《易通》，因为当时二书已混为一书，成为《通书》。
③ 吕陶：《净德集》卷二十九，《送周茂叔殿丞并序》，文渊阁《四库全书》本，转引自吴国武：《从经传文本的选择看北宋时期的经学新变》，《宋代文化研究》（第十五辑），四川：四川大学出版社，2008年，第71页。
④ 脱脱等：《道学一》，《宋史》卷二百四十七，第12724页。
⑤ 王夫之：《张子正蒙注》，第4页。

言，在其"太虚"气本状态的描述中可见《易》之"形象""幽明"分殊的影响；"太和"世界的氤氲中可见《易》之"神""参两"与"感通"；《易》之"继善成性""知崇礼卑"则直接影响了他的心性修养观。关于这些，后文有详述。

(三)《三礼》《尚书》与《诗经》

直到郑玄为《周官》《仪礼》《礼记》三书作注之后，始有"三礼"之名称。《周礼》在北宋一直具有持久的影响力，在北宋儒者看来，《周礼》与《春秋》一样都是上古三代之治的总结。所谓："《周礼》明王制，《春秋》明王道，可谓尽矣。执二大典以兴尧、舜、三代之治，如运诸掌。"① 因此，对《周礼》的重视体现的是北宋儒者锐意进取，力图以儒家理想政治范型构筑现实政治的诉求。如前所引，在李觏思想的建构中，《周礼》有着非常重要的地位。他说："觏窃观《六典》之文，其用心至悉，如天焉有象者在，如地焉有形者载。非古聪明睿智，谁能及此？其曰周公致太平者，信矣。"② 他在表明自己写《周礼致太平论》的意图时即曰："噫！岂图解经而已哉！唯圣人君子知其有为言之也。"③ 王安石之推崇《周礼》也在于此，他撰《周礼义》，认为："惟道之在政事，其贵贱有位，其先后有序，其多寡有数，其迟数有时。制而用之存乎法，推而行之在乎人。其人足以任官，其官足以行法，莫盛乎成周之时；其法可施于后世，其文有见于载籍，莫具乎《周官》之书。盖其因习以崇之，赓续以终之，至于后世，无以复加。"④ 并以此来指导自己的政治实践。与疑古立场一贯，欧阳修则对《周礼》持怀疑态度，在《问进士策》中他认为《周礼》制度设计繁琐，"体大而难行"⑤，"夫立法垂制，将以遗后也。使难行而莫能行，与不可行等尔"⑥。苏辙同样也否定《周礼》，反对王安石的《周礼义》，他认为《周礼》所载不可信且与事实以及其他典籍所记不

---

① 石介：《二大典》，《徂徕石先生文集》卷七，第77页。
② 李觏：《周礼致太平论》，《李觏集》卷五，第70页。
③ 同上书，第71页。
④ 王安石：《周礼义序》，《王文公文集》，第426页。
⑤ 欧阳修：《问进士策三首》，《欧阳修全集》卷四十八，第674页。
⑥ 同上。

符①。除此之外，当时很多儒者否定《周礼》，很大程度上在于反对推崇《周礼》且以此作为变法依据的王安石。张载、二程虽然对王安石以《周礼》为依据进行变法不予认同，也对《周礼》中部分内容的真实性表示怀疑，但总体上还是维护其作为儒家经典的重要地位，"问：'《周礼》之书有讹缺否？'曰：'甚多。周公致治之大法，亦在其中，须知道者观之，可决是非也'"②。当然，在所谓的"须知道者观之"中，可见对王安石本人及《周礼义》的否定。北宋诸儒之解《周礼》，除将其与《春秋》相配外，还往往将其与《周易》相配，如前所述的李觏。

《礼记》也是在郑玄作注之后才由此而独立成书，但仍然是礼经的"传"或"记"。在魏晋南北朝，《礼记》与《周礼》《仪礼》并列于学官。《晋书·荀崧传》曰："元帝践阼（太兴初）……修学校，简省博士，置《周易》王氏，《尚书》郑氏，《古文尚书》孔氏，《毛诗》郑氏，《周官》《礼记》郑氏，《春秋左传》杜氏、服氏，《论语》《孝经》郑氏博士各一人。"③《五经正义》的撰成标志着《礼记》由传升经，正式成为儒家经典文本。在北宋，《礼记》乃科举考试的科目，其地位虽不及《周礼》，但强于《仪礼》。王安石变法，以《周礼》代替《仪礼》，但《礼记》得以保留。北宋初对《礼记》的重视，与当时对儒学的基本期许一致，那就是在平治天下的外王事业中发挥作用，如当时对《礼记·儒行》的重视④。在庆历的疑经惑传思潮中，《礼记》也遭到怀疑，欧阳修即谓："《礼记》杂乱之书，能如此指摘其缪，其功施后世无穷，非止效俗儒著述，求一时之名也。然其中好语，合于圣人者多，但当去其泰甚者尔，更宜慎重。"⑤但同时从"合于圣人者多"的角度，肯定其价值。

张载、二程对《礼记》的态度鲜明地体现了理学家在构筑自己思想体系时，对核心经典的拣选。如张载就说："《礼》虽杂出诸儒，亦若无害义处，如《中庸》《大学》出于圣门，无可疑者。《礼记》则是诸儒杂记，至如礼文不可不信，己之言礼未必胜如诸儒，如有前后所出不同且阙之，《记》有疑议

---

① 见苏辙：《历代论·周公》，《栾城后集》卷七，《苏辙集》，第960—962页。
② 程颢、程颐：《河南程氏遗书》卷十八，《二程集》，第230页。
③ 《晋书》卷七十五，北京：中华书局，1974年，第1976页。
④ 宋太宗曾"诏刻《礼记·儒行篇》，赐近臣及京官受任于外者"。见李焘：《续资治通鉴长编》，第282页。
⑤ 欧阳修：《与姚编礼书》，《欧阳修全集》，第2482页、2483页。

亦且阙之，就有道而正焉。"① 程颐则认为《礼记》，"盖其中有圣人格言，亦有俗儒乖谬之说。乖谬之说，本不能混格言，只为学者不能辨别，如珠玉之在泥沙。泥沙岂能混珠？只为无人识，则不知孰为泥沙，孰为珠玉也"②。那其中哪些是圣人之言、珠玉，哪些又是俗儒乖谬之说、泥沙呢？他说："《礼记》除《中庸》《大学》，唯《乐记》为最近道，学者深思自求之。《礼记》之《表记》，其亦近道矣乎！其言正。"③ 至于《大学》与《中庸》如何逐步见重，在下文会详述。

一方面是以性命义理为核心的对《礼记》篇章的拣选，另一方面则是以理学思想对《礼记》中相关内容的解读，这都说明在理学家那里，经典之所以为经典，乃在于其为载道的工具，这也是理学与经学的不同之所在。如张载对"礼"的起源的解释："礼所以持性，盖本出于性，持性，返本也。凡未成性，须礼以持之，能守礼已不畔道矣。"④ 以性释礼，同时以理释礼："盖礼者理也，须是学穷理，礼则所以行其义，知理则能制礼，然则礼出于理之后。"⑤ 将礼放在了性命义理这一话语下解读。二程也一样，明确提出"礼即是理也"⑥。同时，《礼记·乐记》中对对天理与人欲的对举，一定程度也启发了二程，使他们将其分别与《尚书·大禹谟》中的"道心""人心"对应，虽然，《乐记》中的天理非二程本体意义上的天理。

同样，北宋《尚书》的研究相比于《周易》与《春秋》较为薄弱。即便如此，《尚书》在北宋的研究状况以核心话语的变化为表里，呈现出研究侧重点的不同，由此，《尚书》中的某些篇章也在这一变化中被拣选出来，成为载道的经典文本⑦。《尚书》本身乃上古政事史料汇编，在儒家看来，这一经典集中体现了儒家的政治主张，也是后世君王治世的重要典范之一，这也就是所谓的"《书》记先王之事，故长于政"⑧。与整个北宋初期看重经学的治道功

---

① 张载：《经学理窟·义理》，《张载集》，第 277 页、278 页。
② 程颢、程颐：《河南程氏遗书》卷十八，《二程集》，第 240 页。
③ 程颢、程颐：《河南程氏遗书》卷二十五，《二程集》，第 323 页。
④ 张载：《经学理窟·礼乐》，《张载集》，第 264 页。
⑤ 张载：《张子语录·语录下》，《张载集》，第 326 页、327 页。
⑥ 程颢、程颐：《河南程氏遗书》卷十五，《二程集》，第 144 页。
⑦ 如果承认《尚书》乃经孔子删定，从一定意义上而言，这一过程也体现了以核心话语为旨归对经典文本的拣选。
⑧ 司马迁：《史记》卷一百三十，《太史公自序》，第 3297 页。

能一样，《尚书》的政治借鉴功能在此时得到普遍重视，宋太宗即"幸国子监，令奭讲《尚书·说命》三篇，至'事不师古，以克永世，匪说攸闻'，上曰：'诚哉斯言也。'上意欲切励辅臣，因叹曰：'天以良弼赍商，朕独不得耶！'遂饮从官酒，别赐奭束帛"①。《尚书》也是当时经筵讲读的重要经典，仁宗就曾"置迩英、延义二阁，写《尚书·无逸》篇于屏"。而《尚书·无逸》讲的即是"君子所其无逸，知稼穑之艰难"，集中表达了禁止荒淫无度的思想。《洪范》篇中的天人感应思想在此时也经常被引来作为规制君主进德修业、厉行德政的有效手段。"时河北降赤雪，河东地震五六年不止，甫推《洪范五行传》及前代变验，上疏曰……"②

在对《尚书》所蕴含的性理资源的挖掘中，王安石是一个重要人物，他说："先王之道德，出于性命之理，而性命之理，出于人心。《诗》《书》能循而达之。"③通过《洪范传》，王安石还阐发其中的"穷理尽性"的思想，认为"性命之理""道德之意"皆蕴含于其中："通天下之志，在穷理；同天下之德，在尽性。穷理矣，故知所谓咎而弗受，知所谓德而锡之福；尽性矣，故能不虐茕独以为仁，不畏高明以为义。"④"这些阐释，已经具有以心性解经的特点。"⑤

程颐认为"《尚书》文颠倒处多，如《金縢》尤不可信"，并承续孟子，对《尚书·周书·成武》中牧野之战致使血之流杵的记载表示怀疑，认为："知德斯知言，故言使不动。孟子知武王，故不信漂杵之说。"⑥这是因为与孟子一样，"仁人无敌于天下，以至仁伐至不仁，而何其血之流杵也。"⑦因此，相比于天理，经典文字本身乃末事，甚至以天理为依据，可以怀疑经典的真实性，于此可见以核心话语为旨归的对经典的拣选，二者共同促进了经学的新诠，并最终迎来理学这一新的成果。二程对《尚书》的拣选在他们对《大禹谟》人心、道心的发挥中亦可见。在这里，《大禹谟》中的人心、道心之说

---

① 李焘：《续资治通鉴长编》，第 308 页。
② 脱脱等：《孙甫传》，《宋史》卷二百九十五，第 9839 页。
③ 王安石：《虔州学记》，《王文公文集》卷三十四，第 402 页。
④ 王安石：《洪范传》，《王文公文集》卷二十五，第 286 页。
⑤ 朱汉民：《宋代〈四书〉学与理学》，北京：中华书局，2009 年，第 90 页。
⑥ 程颢、程颐：《河南程氏外书》卷十一，《二程集》，第 412 页。
⑦ 《孟子·尽心下》。

与孟子的求放心之说结合了起来，对性命问题的关注于此得以一见："'人心惟危，道心惟微。'心，道之所在；微，道之体也。心与道，浑然一也。对放其良心者言之，则谓之道心；放其良心则危矣。'惟精惟一'，所以行道也。"① 而且，"人心私欲，故危殆。道心天理，故精微。灭私欲则天理明矣"②。将道心与天理结合起来，"存天理去人欲"的修养论在《尚书》中获得文本支持。"人心惟危，道心惟微，惟精惟一，允执厥中"十六字之所以成为道统传承的十六字心诀，二程的解读功不可没。除此之外，在以性命义理为核心话题的经典文本的拣选中，《尚书》还为理学的建立贡献了"皇极"等重要范畴。

孔子说："诗可以兴，可以观，可以群，可以怨。迩之事父，远之事君；多识于鸟兽草木之名。"③ 由此确定了《诗经》研究的两种基本理路，一为名物训诂，即"多识于鸟兽草木之名"，一为微言大义、重义理，即事父事君之理。同时孔子也说："诗三百，一言以蔽之，曰：'思无邪'。"④《诗经》所具有的诗教的作用由此得以彰显。北宋的《诗经》研究基本是以义理为重，也就是"治《诗》者，必论其大体。其章句细碎，不足道也。"⑤ 但在不同时期，又具有不尽相同的特点。庆历时期，强调的是它关乎其他五经，明圣人之道的重要作用，也就是说，在体与用的对举中，《易》《书》《礼》《乐》《春秋》体现的是道，而《诗经》则是道的落实，是造士之基础⑥。"《诗》上通乎道德，下止乎礼义。考其言之文，君子以兴焉。循其道之序，圣人以成焉。"⑦

以性命义理话题为旨归，理学家对《诗经》的挖掘主要体现在：（一）《大雅烝民》："天生烝民，有物有则。民之父母，好是懿德。"（二）《颂维天之命》："维天之命，于穆不已。于乎不显，文王之德之纯。"⑧ 对于第一条引文，二程集中阐述了理与则的关系；至于第二条引文，"明道曰：'维天之命，于穆不已，不其忠乎！天地变化草木蕃，不其恕乎！'伊川曰：'维天之命，

---

① 程颢、程颐：《河南程氏遗书》卷二十一下，《二程集》，第276页。
② 程颢、程颐：《河南程氏遗书》卷二十四，《二程集》，第312页。
③ 《论语·阳货》。
④ 《论语·为政》。
⑤ 黄宗羲、黄百家、全祖望等：《安定学案》，《宋元学案》卷一，《黄宗羲全集》第三册，第71页。
⑥ 参见吴国武：《经术与性理——北宋儒学转型考论》，第172页。
⑦ 王安石：《诗义序》，《王文公文集》卷三十六，第427页。
⑧ 牟宗三：《心体与性体》（上），上海：上海古籍出版社，1999年，第31页。

于穆不已,忠也;乾道变化,各正性命,恕也。'"① 则将《诗经》的天道变化思想与《周易》的天道性命观结合了起来。同时读《诗经》还有助于体悟"孔颜之乐","《诗》可以兴。某自再见茂叔后,吟风弄月以归,有'吾与点也'之意。"② 而孔颜乐处是理学境界论的一个重要命题。

二、经典文本的扩大:《大学》《论语》《孟子》《中庸》

如前所述,以核心话语的转向为旨归,在经典文本的拣选中,《周易》《春秋》以及《三礼》《尚书》《诗经》中有关性与天道的内容被挖掘出来以构建理学思想体系。如果说对《五经》性理资源的挖掘是对既有经典的重新审视的话,那么,在理学的建构中,伴随着对性理核心话语更深入的探究,原有的经典文本似不足以承担诠释的重任,二程曾说:"《六经》浩渺,乍来难尽晓。"③ 这也就是朱熹从另一角度所揭示的:"《语》《孟》工夫少,得效多;《六经》工夫多,得效少。"④ 即《语》《孟》更能解决理学家所面对的时代问题,故而"得效多";同时《六经》内容的庞杂也使"工夫多"是一个实际的困难,朱熹甚至认为:"《易》非学者之急务也。……《易》与《诗》中所得,似鸡肋焉。"⑤ 这就意味着可能需要发现新的经典,由此,《大学》《中庸》《论语》《孟子》受到高度关注。可以这样说,宋明理学发展的过程就是对这些经典深入理解和运用的过程。当然,就这四部经典而言,它们进入人们的视野和受到重视的速度与程度并不是完全一致的:若只从当时对各部经典研究的著作的数量上来看的话,《论语》《孟子》受到的关注已经较多,相比而言,《中庸》《大学》则要少些;但是如果与宋以前相比,《孟子》《中庸》《大学》的研究反而显得突出,因为《论语》可以算作既有的经典,它们之受到重视是一以贯之的,北宋亦继承了这种传统;研究《孟子》的著作,之前比较有

---

① 程颢、程颐:《河南程氏外书》卷七,《二程集》,第392页。
② 程颢、程颐:《河南程氏遗书》卷三,《二程集》,第59页。
③ 程颢、程颐:《河南程氏遗书》卷二十二上,《二程集》,第296页。
④ 黎靖德编:《朱子语类》卷十九,第428页。
⑤ 黎靖德编:《朱子语类》卷一百〇四,第2614页。

影响的只是赵岐的《孟子注》，此时却一下子增加了很多；而《中庸》和《大学》本来都是作为《礼记》中的篇章，很少单册发行或者受到研究，现在却也作为单篇受到关注。当然，《孟子》《大学》《中庸》的见重并不是自北宋始。总之，正是在性命道德之学在当时已经成为共同话题的背景下，由于《孟子》《大学》《中庸》本身富含对于这个问题的解答，故承中唐以来升格的趋势而成为理学家构筑自己思想体系的经典文本。如周敦颐的《太极》《通书》，虽是解《易》著作，但大量汲取了《中庸》《论语》《孟子》的思想，他思想中"诚"、"孔颜乐处"等无一不得自这四部经典。如前所引，张载的思想被认为是"以《中庸》为体"，并且他将《大学》《中庸》《论语》《孟子》相提并论，为后来将这四部经典合称为《四书》奠定了重要的基础。《宋史·程颐传》也载："颐于书无所不读，其学本于诚，以《大学》《论》《孟》《中庸》为标指，而达于《六经》。"① 《宋史·道学传》中也说，二程兄弟"表章《大学》、《中庸》二篇，与《语》《孟》并行"②，并认为只要研读好《论语》《孟子》《大学》《中庸》，《五经》可"不治而明"，俨然使这四部经典高出《五经》之上。这些都可见《大学》《论语》《孟子》《中庸》在理学建构中的重要作用。

（一）《论语》

在汉代，《论语》被认为是解经的传或记，扬雄曾引《论语》原文曰："吾闻诸《传》：老则戒之在得。"③ 《后汉书·赵咨传》引《论语》原文，亦曰："《记》曰：'丧虽有礼，哀为主矣。'又曰：'丧与其易也，宁戚。'"④ 东汉王充《论衡·正说》曰："《论语》者，弟子共纪孔子之言行……宣帝下太常博士，时尚称书难晓，名之曰传。"⑤ 并于《孟子》一起立于学官。"汉兴，除秦虐禁，开延道德。孝文帝欲广游学之路，《论语》《孝经》《孟子》《尔雅》皆置博士，后罢传记博士，独立五经而已。"⑥ 但《论语》的地位并未就此下

---

① 脱脱等：《道学一》，《宋史》卷四百二十七，第12720页。
② 同上书，第12710页。
③ 汪荣宝：《法言义疏》卷十九，北京：中华书局，1997年，第540页。
④ 《后汉书》卷三十九，北京：中华书局，1965年，第1315页。
⑤ 杨忠宝：《论衡校笺》卷二十八，石家庄：河北教育出版社，1999年，第881页。
⑥ 赵岐：《孟子注》，《十三经注疏》，上海：上海古籍出版社，1997年，第2663页。

降。东汉后期,《论语》由传逐步升格到经,赵岐的《孟子题辞》曰:"《论语》者,五经之管辖,六艺之喉衿也。"①《论语》成为了解、把握五经的重要凭借。熹平石刻则把五经与《论语》一起刊刻石碑。而且,对熹平石经向有"五经""六经""七经"之称谓②。由此,《论语》确立为经。《隋书·经籍志》也将《论语》列入经部。唐初,《论语》及孔子的地位曾一度下降,但至玄宗时,《论语》与《孝经》成为明经科必考科目,玄宗天宝十一年(752)敕:"明经所试一大经及《孝经》《论语》《尔雅》帖各有差。"③说明《论语》及孔子地位的上升。但在汉唐间,《论语》多被视为浅显读物。也有儒者以此开显"性与天道"的内容,如韩愈、李翱的《论语笔解》,虽然此书曾被认为是伪书,但学界已经有很多成果,认为现存的二卷本《论语笔解》当属韩、李所为。作伪说的形成,可能主要是因为后世对该书书名以及卷数的记载有异④。在"五十而知天命"句的注解中,韩愈即谓:"天命深微至赜,非原始要终一端而已。仲尼五十学《易》,穷理尽性以至于命,故曰知天命。"李翱则曰:"天命之谓性。《易》者,理性之书也。先儒失其传,惟孟轲得仲尼之蕴。故《尽心》章云:'尽其心所以知其性,修性所以知天'。此天命极至之说,诸子罕造其微。"⑤将对此章的解释与《周易》《孟子》《中庸》结合在一起,"性"与"天命"得以贯通。而在"夫子之文章,可得而闻也。夫子之言性与天道,不可得而闻也"的注解中,韩愈明确说:"吾谓性与天道一义也。若解二义,则人受以生何者,不可得闻乎哉。"李翱则曰:"天命之谓性,是天人相与一

① 赵岐:《孟子注》,《十三经注疏》,上海:上海古籍出版社,1997年,第2662页。
② 熹平石经何以有五经、六经、七经不同的称谓,王国维认为:"以碑数与经文字数互校,汉石经经数当为《易》《书》《诗》《礼》(《仪礼》)《春秋》五经,并《公羊》《论语》二传。故汉时谓之五经,或谓之六经,《隋志》谓之七经。"(见王国维:《观堂集林》卷二十,《王国维遗书》第3册,上海:上海古籍出版社,1983年,第3页。)也就是说,五经、六经是对群经的统称,而七经则是刻石的确数。
③ 徐松:《登科记考》卷九,北京:中华书局,1993年,第326页。转引自束景南、王晓华:《四书升格运动与宋代四书学的兴起——汉学向宋学转型的经典诠释历程》,《历史研究》,2007年第5期,第79页。
④ 参见李长远:《北宋理学"性与天道"思想的渊源初探》,第60页、61页,及注释59。
⑤ 韩愈、李翱:《论语笔解》卷上,《四库全书(文渊阁本)》,上海:上海古籍出版社,1987年影印,第196册,第3页。

也。……盖门人只知仲尼文章,而少克知仲尼之性与天道合也。非子贡之深蕴,其知天人之性乎。"①

但至少在宋初,《论语》之见重,主要还在于其教养教化功能,以及所体现的政治智慧,这从赵普"半部《论语》治天下"中即可见。《宋史》载,赵普为宰相时,"每朝廷遇一大事,定大议,才归第则亟门户,自启一箧,取一书而读之,有终日者,虽其家人莫测也。及翌旦出,则是事必决矣。用是为常,故世议疑有若子房解后黄石公事,必得异书焉。及后王薨,家人始得开其箧而视之,则《论语》二十卷"②。仁宗即位,经筵之首讲,也是《论语》。范祖禹所谓的"《论语》记圣人言行之要,修身治国之道无不在焉"③,可谓集中代表了这种观点。与整个北宋前期的学术风气相一致,对《论语》的注疏主要是在因循汉唐旧注的基础上,对其进行必要的校正,但亦有性理释解之萌发。如前所述的邢昺的《论语集解》,即在汉唐诸注疏的基础上,删除其中的佛老因素,并能从义理层面阐发微旨。

在性命义理这一核心话语下,《论语》之见重主要在于其仁、性与天道等内容。二程对理的解释即是立足于《论语》的,他认为"仁,理也。人,物也。以仁合在人身言之,乃是人之道也"④。理的内容就是"仁",对此,下文将详述。关于"性与天道"的内容,主要围绕"子贡曰:'夫子之文章,可得而闻也;夫子之言性与天道,不可得而闻也'"⑤ 这段话而展开,并着力坐实孔子对性与天道的关注。"子贡曾闻夫子言性与天道,但子贡自不晓,故曰'不可得而闻也'。若夫子之文章则子贡自晓。圣人语动皆示人以道,但人不求耳。"⑥ 这样,通过对孔子讲"性与天道"的确定,这一主题从孔子以及先秦经典那里找到了历史与文本的依据。以核心话语为主旨而拣选经典文本、解释经典文本的特点一再得以体现。二程虽然对子贡是否通达"性与天道",与张载的解释不同,但在孔子知"性与天道"上却是一致,并强调了这一核

---

① 韩愈、李翱:《论语笔解》卷上,第10页、11页。
② 蔡絛:《铁围山丛谈》,北京:中华书局,1983年,第45页、46页。
③ 范祖禹:《上哲宗论学本于正心》,《宋朝诸臣奏议》卷五,赵汝愚编,上海:上海古籍出版社,1999年,第47页。
④ 程颢、程颐:《河南程氏外书》卷六,《二程集》,第391页。
⑤ 《论语·子贡》。
⑥ 张载:《张子语录》上,《张载集》,第307页。

心话题的深奥难知性："性与天道，此子贡初时未达，此后能达之，故发此叹辞，非谓孔子不言。其意义渊奥如此，人岂易到？"① 同时，在以核心话语为主旨对《论语》资源的挖掘中，"性相近，习相远"也是一个一再被讨论的问题。对于这一点，理学家们均从自身体系出发，结合其他经典文本，如《中庸》，作出解释，经典文本作为核心话语的工具意义于此也得以体现。另外，《论语》也是理学境界论中"孔颜乐处"的重要文本。孔子当不论，颜子之安贫乐道，在《论语·雍也》曰："一箪食，一瓢饮，在陋巷，人不堪其忧，回也不改其乐。贤哉回也。"② 周敦颐即言："天地间有至贵至爱可求，而异乎彼者，见其大而忘其小尔。见其大则心泰，心泰则无不足，无不足则富贵贫贱处之一也。处之一则能化而齐，故颜子亚圣。"③ 基于此，黄百家在《濂溪学案》中，认为"周子之学，在于志伊尹之志，学颜子之学，已自明言之矣。"④ 二程兄弟年少时受学于周敦颐时，周氏亦让他俩"每令寻颜子、仲尼乐处，所乐何事"⑤。程颐在太学学习就是以一篇《韩子所好何学论》得到胡瑗的激赏，而升为学官。在程颐看来，"《论语》是孔门高第所撰，观其立言，直是得见圣人处"⑥。

当然，就《论语》的地位而言，在宋初，《论语》仍被看做"传"，对《论语》与孔子之间的关系也论之较少。但至嘉祐以来，就发生了很大的变化，周敦颐对《论语》的利用最直接的体现就是对儒家圣贤人格，即孔颜乐处的推重。程颐、张载也认为《论语》是得圣人之道的重要手段。"要见圣人，无如《论》《孟》为要。《论》《孟》二书于学者大足，只是须涵泳。"⑦ 因此，在儒家经典谱系中，《论语》和《孟子》是治六经的本根："学者当以《论语》《孟子》为本。《论语》《孟子》既治，则《六经》可不治而明矣。"⑧

---

① 程颢、程颐：《河南程氏外书》卷一，《二程集》，第353页。
② 《论语·雍也》。
③ 周敦颐：《通书·颜子第二十三》，《元公周先生濂溪集》卷六，长沙：岳麓书社，2006年，第64页。
④ 黄宗羲、黄百家、全祖望等：《濂溪学案下》，《宋元学案》卷十二，《黄宗羲全集》第三册，第637页。
⑤ 程颢、程颐：《河南程氏遗书》卷二上，《二程集》，第16页。
⑥ 程颢、程颐：《河南程氏遗书》卷二十三，《二程集》，第305页。
⑦ 张载：《经学理窟·义理》，《张载集》，第272页。
⑧ 程颢、程颐：《河南程氏遗书》卷二十五，《二程集》，第322页。

"或问：'穷经旨，当何所先?'子曰：'于《语》《孟》二书知其要约所在，则可以观《五经》矣。读《语》《孟》而不知道，所谓虽多亦奚以为?'"① 从这里也可以看出，《论语》《孟子》等后来的《四书》已有超出《六经》之趋向。另一方面，既然是《论语》《孟子》乃治《六经》之根本，也表明二者是不可分割的整体。《论语》《孟子》作为《六经》之本的地位决定了儒者在学习儒家经典时，应先读它们。"学者先须读《论》《孟》。穷得《论》《孟》，自有个要约处，以此观他经，甚省力。《论》《孟》如丈尺权衡相似，以此去度量事物，自然见得长短轻重。某尝语学者必先看《论语》《孟子》。今人虽善问，未必如当时人。借使问如当时人，圣人所答，不过如此。今人看《论》《孟》之书，亦如见孔、孟何异?"② 当然，对该如何读经时，二程强调"以理义去推索可也"③，这里，理学脱出经学，将理放在最高的地位以此来解读经典的特点得到充分的体现。

（二）《孟子》

《孟子》自成书以来，在先秦时期受到荀子的猛烈抨击，他以孟子与子思合属一派，称他们"略法先王而不知其统，然而犹材剧志大，闻见杂博。案往旧造说，谓之五行，甚僻违而无类，幽隐而无说，闭约而无解，案饰其辞而祗敬之曰：'此真先君子之言也。'"④ 秦朝焚书，《孟子》竟幸免于难，这也从一定程度上说明该书在当时已基本淡出人们的视野，否则以其"民贵君轻""唯仁者居高位"等思想，不可能逃脱这一劫难。如前所述，《孟子》在汉代曾一度立于学官，说明地位有所提升。虽然在《汉书·艺文志》中，《孟子》被列入《诸子略》，但在汉人心目中，其仍乃辅翼经书的传，《汉书·刘向传》《说文解字》《中论》《法言》《后汉书·梁冀传》等称引《孟子》都称其为"传曰"⑤。

最早为《孟子》作注的可能是刘向，但其《孟子注》已失传，现王仁俊的辑本，尚难以考证是否为该书原本。周予同先生认为扬雄乃汉代治《孟子》

---

① 程颢、程颐：《河南程氏粹言》卷一，《二程集》，第1204页。
② 程颢、程颐：《河南程氏遗书》卷十八，《二程集》，第205页。
③ 同上。
④ 《荀子》，《诸子集成》本，上海：上海书店出版社，1986年，第59页。
⑤ 参见焦循：《焦循正义》，北京：中华书局，1987年，第17页。

之首创者，但亦缺乏可信材料的支持。赵岐的《孟子章句》为流传至今的较早的注本，但也不是其书原貌。总体而言，汉唐时期，有关《孟子》的注疏不过十部。就对《孟子》及其本人的尊崇而言，在汉代，经历了"'孟荀齐号'的逐步消解与孔孟模式的渐趋形成"的过程，并成为汉代思想家的重要理论资源，但总体而言，在汉代《孟子》及其本人的地位并没有得到官方的普遍承认。而魏晋至隋，则基本隐微①。这一状况一直持续到唐代前期。自中唐开始，《孟子》及其本人地位开始提升，在这一过程中，韩愈非常重要，他说："始吾读孟轲书，然后知孔子之道尊，圣人之道易行"②，将《孟子》看作了解圣人之道的重要载体。基于此，皮日休认为，在汉代，孟子之学就应该立于学官，设博士，纳入到经学序列之中，"自汉氏得之，当置博士以专其学，故其文继乎六艺，光乎百氏，真圣人之微旨也"③。同时，杨绾、皮日休都曾建议将《孟子》作为科举考试的科目，这一提议虽未被采纳，但在《孟子》的升格运动中具有重要的意义。

至宋，《孟子》及其本人的地位持续上升。就注释《孟子》的著作而言，见于《宋史·艺文志》和《宋史艺文志补》的有二十八部，见于《经义考》的则有百余部。可见两宋《孟子》研究之兴盛。《孟子》在北宋的见重与孟子道统地位的确立是紧密地联系在一起的。宋初推崇孟子最有力的是柳开，"杨、墨交乱，圣人之道复将坠矣……故孟轲氏出而佐之，辞而辟之，圣人之道复存焉"④。在他看来，孟子的贡献在于辟杨、墨，继道统。基于同样的原因，如前所述，柳开也非常推崇韩愈。孙奭、范仲淹、欧阳修、孙复、石介等也都非常推崇孟子，认为"孔子之后，唯孟轲最知道"⑤。孙复、石介基于辟佛的立场，非常看重孟子辟杨墨的贡献。"孔子既没，千古之下，驾邪怪之说，肆奇险之行，侵轶我圣人之道者众矣，而杨、墨为之魁。……孔子既没，千古之下，攘邪怪之说，夷奇险之说，夹辅我圣人之道者多矣，而孟子为之

---

① 参见周淑萍：《两宋孟学研究》，北京：人民出版社，2007年，第23—39页。
② 韩愈：《读荀》，《韩愈全集校注》，第2717页。
③ 《皮子文薮》卷九，《四部丛刊》初刻本。转引自吴国武：《经术与性理——北宋儒学转型考论》，第99页。
④ 柳开：《答臧丙第一书》，《河东先生集》卷六。
⑤ 欧阳修：《与张秀才第二书》，《欧阳修全集》卷六十七，第979页。

首,故其功鉅。"① 当时尊信孟子其人其书的学者也很多,甚至不限于儒者,如种放即言:"余读孟轲书,然后知圣贤之道千古若符契而不违也。盖孔子之道,非轲不明;轲之书,非尊孔子之道不传。"② 将孟子直接看作孔子之道的传承人。

在宋代《孟子》地位的提升中,王安石起了重要的推动作用。如前所引,蔡卞在论及《淮南杂说》的影响时说曰:"初著《杂说》数万言,世谓与孟轲上下。"③ 陆佃亦言其师,"言为《诗》《书》,行则孔孟"④。司马光也认为:"介甫于书无不观,而特好孟子与老子之言。"⑤ 就个人精神气质而言,王安石在变法过程中表现出来的勇往直前、无谓无惧的精神,与孟子颇为契合。当然,王安石之推崇孟子一个重要的原因就是孟子对汤武革命的推崇,这对王安石来说,无疑是变法很好的理论依据。故在熙宁变法的考试制度改革中,兼经由《论语》《孝经》改为《论语》《孟子》,即凡参加科举考试的人,《诗》《书》《易》《周礼》《礼记》五经中可以任选一经修治,但《论语》与《孟子》必须全考。且当时属新学一派的学者多有对《孟子》的疏解,王安石自己就有《孟子解》十四卷,王令有《孟子讲义》五卷,王雱有《孟子注》十四卷。

相比于《大学》《中庸》《论语》,《孟子》以"尽信《书》,则不如无《书》"⑥的理性精神对《六经》进行辨正,这在当时一些力图在佛道大行于天下的历史情势下,高扬儒学价值的儒者看来,不仅无益于儒学的发扬,以及儒家经典独尊地位的确立,而且具有极大的破坏性。故伴随着尊孟思潮,也有对孟子思想及地位的质疑。李觏即言:"虞、夏、商、周之书出于孔子,其谁不知?孟子一言,人皆畔之,畔之不已,故今人至取孟子以断《六经》矣。呜呼!信孟子而不信经,是犹信他人而疑父母也。"⑦ 司马光也作《疑孟》,批评《孟子》,认为其不合孔子之道,违反君臣之义、人伦之理;甚至认为孟子之性善实为兼善恶,对告子的批评也不过是以辩胜人。

---

① 孙复:《孙明复小集》,文渊阁《四库全书》本,第174页。
② 种放:《述孟志二篇》,《全宋文》第五册,第559页。
③ 晁公武:《郡斋读书志校证》,上海:上海古籍出版社,1990年,第525页。
④ 陆佃:《祭丞相荆公文》,《陶山集》卷十三,文渊阁《四库全书》本,第164页。
⑤ 司马光:《与王介甫书》,《司马温公文集》卷十,丛书集成初编本,第244页。
⑥ 《孟子·尽心下》。
⑦ 李觏:《常语》,《李觏集》附录一,第542页。

另外，不同于宋明理学家们认为孟子之后道统无传，当时有的学者认为，在孟子之后的道统传人中，有的甚至略胜孟子一筹，柳开即认为韩愈在"圣人之经籍虽皆残缺，其道犹备"的历史情势下，"作文章，讽颂规戒，论答问说，淳然一归于夫子之旨，而言之过于孟子与扬之云远矣。"① 这种对孟子道统地位的不确定，很大程度上是与当时对孟子的看重还没有深入到其思想本身有很大的关系，这一点从后来对荀、扬、董、韩道统地位的反思中即可见。庆历年间的章望之即"大力排荀卿、杨雄、韩愈、李翱之说"，其主旨就要"宗孟子，言性善"，对孟子思想的重视于此可见。二程即非常注重对《孟子》中性善论的发挥，并将它与《周易》的"继善成性"结合起来，认为："盖'生之谓性'、'人生而静'以上不容说，才说性时，便已不是性也。凡人说性，只是说'继之者善也'，孟子言人性善是也。夫所谓'继之者善'也者，犹水流而就下也。"②

上文已述，二程多将《孟子》与《论语》并列，强调它作为《六经》之本的重要地位。张载也言："要见圣人，无如《论》《孟》为要。《论》《孟》二书于学者大足，只是须涵泳。"③ 在性命义理之核心话语下，孟子思想的性善论首先被开掘，其尽心知性知天的心性论路径也被很多理学家作为重要的思想资源。除此之外，《孟子》中的许多范畴也成为理学术语。董洪利先生以陈淳《北溪性理字义》二十五个范畴为例，指出其中十七个见于《孟子》："理学的大部分内容就是在继承孟子思想的基础上对上述诸范畴的引申发挥。"④

（三）《大学》《中庸》

《大学》与《中庸》乃《礼记》中的两篇。但在汉唐时，《大学》并未受到儒者的重视，《四库全书总目》称"《大学》自唐以前无别行之本"⑤。如前所论，《大学》最早的注释当为郑玄的《礼记注》。较早推崇《大学》的是韩

---

① 柳开：《昌黎集后序》，《河东先生集》卷十一。
② 程颢、程颐：《河南程氏遗书》卷一，《二程集》，第10页。
③ 张载：《经学理窟·义理》，《张载集》，第272页。
④ 董洪利：《孟子研究》，南京：江苏古籍出版社，2000年，第200页。
⑤ 《四库全书总目》卷三十五，《大学章句一卷》，北京：中华书局，1965，第293页。

愈，他引述《大学》中"古之欲明明德于天下"一段，来阐发中国传统的宗法秩序和伦理纲常，强调作为儒者应承担修齐治平的社会义务，从一定意义而言，这是在礼学框架下对《大学》的解读。李翱的《复性书》则发挥了《大学》"致知在格物"的思想，并将其解释为："物者，万物也。格者，来也，至也。物至之时，其心昭昭然明辨焉，而不应于物者，是致知也，是知之至焉。"① 这里对"格"的解释，绍承郑玄关于"格"的解释，直接启发了程颐。同时，他以物来而不著于心释"格物"，可以看出佛教思想的影响。

宋初《大学》即受到一定重视，"时李成之子挺之，东方大儒也，权共城县令，一见康节心相契，授以《大学》"②。"至少从景德四年（1007）开始，《大学》《中庸》已成为经筵进讲的专经。"③ 如前所述，仁宗也多次将《大学》和《中庸》赐予新科进士。就此而论，"显然，《大学》《中庸》是宋初统治者开始把它们从《礼记》中凸现出来，作为有特殊意义的专经，并不是到后来由理学家把它们取出作为儒家的专经"④。朱彝尊认为，《大学》之专门研究始自司马光："取《大学》于《戴记》，讲说而专行之，实在温公始。"⑤ 司马光解《大学》之作《大学广义》今以亡佚，无从知其基本思想。但在其思想中"致知在格物"是一个非常重要的命题。

在周敦颐"志伊尹之志，学颜子之学"⑥ 的理想人格的构架中似亦可见《大学》八德目的脉络。熙宁间"先生（范育——笔者加）请用《大学》诚意、正心以治天下国家，因荐横渠等数人"⑦。张载也非常推崇《大学》，他说："《大学》之道在止于至善，此是有本也。思天下之善无不自此始，然后

---

① 李翱：《复性书》，《李文公文集》卷二。
② 邵伯温：《邵氏闻见录》卷一八，第194页。
③ 束景南、王晓华：《四书升格运动与宋代四书学的兴起——汉学向宋学转型的经典诠释历程》，《历史研究》，2007年第5期，第85页。
④ 同上。
⑤ 朱彝尊：《司马氏大学广义》，《经义考》卷一百五十六，北京：中华书局，1998年，第813页。
⑥ 黄宗羲、黄百家、全祖望等：《濂溪学案下》，《宋元学案》卷十二，《黄宗羲全集》第三册，第637页。
⑦ 黄宗羲、黄百家、全祖望等：《吕范诸儒学案》，《宋元学案》卷三十一，《黄宗羲全集》第四册，第385页。

定止，于此发源立本。"① 二程更为推崇《大学》，认为："《大学》乃孔氏遗书，须从此学则不差。"②"入德之门，无如《大学》。今之学者，赖有此一篇书存，其他莫如《论》、《孟》。"③ 他们立足于"天理论"和"理一分殊"的理论构造之方，将"格物"解为"穷理"，在"涵养须用敬，进学则在致知"的工夫论体系中，"格物"成为道德实践重要的起点。同时，他们对郑玄的《大学》版本做了一些调整④，这直接启发了朱熹对《大学》基于错简和阙文判断基础上的调整和补充。对于二程表彰《大学》之功，朱熹说："河南程氏两夫子出，而有以接乎孟子之传，实始尊信此篇而表章之。既又为之次其简编，发其归趣，然后古者大学教人之法、圣经贤传之指，灿然复明于世。"⑤ 理学家之所以重视《大学》，是因为《大学》确定了儒家思想由内圣到"外王"的规模，并且因为"八德目"之间的前后相递，前者是后者得以实现的条件和依据，使得不仅"内圣"成为"外王"的根据，而且"平天下"的"至善"理想可以具体始于"格物"的落实，于是工夫实践就有了明确的入手点。当然，就对《大学》在理学体系内的集中阐发和推崇而言，朱熹当居首功。

隋唐之际，随着《礼记》上升为儒家经典，《中庸》的地位进一步提高。这段时期虽没有关于《中庸》的著作出现，但是一些学者已关注到其独特的思想价值。如王通《中说》中的思想体系的建立，主要就是根据《中庸》以及《大学》。在《中庸》地位的提升中，李翱非常重要，他表彰子思，将其放在道统的序列中："子思，仲尼之孙，得其祖之道，述《中庸》四十七篇，以传于孟轲。轲曰：'我四十不动心。'轲之门人达者公孙丑、万章之徒盖传之矣。遭秦灭书，《中庸》之不焚者一篇存焉，于是此道废缺，其教授者唯节行、文章、章句、威仪、击剑之术相师焉，性命之源则吾弗能知其所传矣。道之极于剥也必复，吾岂复之时邪？"⑥ 故欧阳修认为其《复性书》乃"《中

---

① 张载：《张子语录·语录下》，《张载集》，第328页、329页。
② 程颢、程颐：《河南程氏遗书》卷二上，《二程集》，第18页。
③ 程颢、程颐：《河南程氏遗书》卷二十二上，《二程集》，第277页。
④ 参考程颢、程颐：《明道先生改正大学》、《伊川先生改正大学》，《河南程氏经说》卷五，《二程集》，第1126—1132页。
⑤ 朱熹：《四书章句集注·大学章句序》，北京：中华书局，1983年，第2页。
⑥ 李翱：《复性书》，《李文公集》卷三。

庸》之义疏耳。"①

北宋初期，《中庸》亦见重。太、真之际，儒臣宋太初谓："礼之《中庸》，伯阳之自然，释氏之无谓，其归一也。"② 大中祥符五年（1012）礼部试赋题为"自诚而明谓之性"，即出自《中庸》。仁宗朝，《中庸》地位基本确立，如前所论，仁宗不仅多次赐《中庸》给新中进士，而且还让人以《中庸》为据讲"修身治人之道"。庆历二年（1042），欧阳修在别头试中策问《中庸》。稍后，胡瑗及门人盛侨在太学讲《中庸》，胡瑗还有《中庸口义》传世。嘉祐八年，制论题也是《中庸》③。

《中庸》通过"天命之谓性"以及"穷理尽性以至于命"，使人性之善得之于道德性天命的赋予，由此本善之性就是人所秉承的天命，也是人之为人的依据，人性之善由此获得其形上的依据。这也是很多佛徒也非常喜欢《中庸》，并以《中庸》作为沟通儒佛思想的桥梁的主要原因，梁武帝萧衍在著《涅盘》诸经义记的同时就曾撰《中庸》讲疏。唐代知识分子对佛经发生兴趣，《中庸》在其间也充当了中介。如刘禹锡谈到自己少读《中庸》、晚习佛书的经历时说："曩予习《礼》之中《中庸》，至'不勉而中，不思而得'，悚然知圣人之德，学以至于无学。然而斯言也，犹示形者以室庐之奥尔，求其径术而布武，未易得也。晚读佛书，见大雄念物之普，级宝山而梯之，高揭慧火，巧镕恶见，广疏便门，旁束邪径，其所证入，如舟沿川，未始念于前而日远矣。夫何勉而思之邪？是余知窔奥于《中庸》，启键关于内典，会而归之，犹初心也。"④ 而李翱之《复性书》就是将《中庸》与佛学融合的产物。朱熹也肯定李翱在发明《中庸》中的贡献，虽然他同时批评了灭情复性之说有太明显的杂糅佛老的特征："汉之诸儒虽或擎诵，然既杂乎传记之间莫之贵，又莫有能明其所传之意者。至唐李翱，始知尊信其书，为之论说。然其所谓灭情以复性者，又杂乎佛老而言之，则亦异于曾子、子思、孟子之所传矣。至于本朝，濂溪周夫子始得其传之要，以著于篇。河南二程夫子又得其

---

① 欧阳修：《读李翱文》，《欧阳修全集》卷七十二，第1049页。
② 宋太初：《简谭序》，《全宋文》第6册，第33页。
③ 参见吴国武：《经术与性理——北宋儒学转型考论》，第104页。这里，吴国武还围绕《中庸》在北宋的见重，究竟谁起了举足轻重的作用，做了辨析。详见该书第102页、103页。
④ 刘禹锡：《赠别君素上人诗》，《刘禹锡全集编年校注》，第191页。

遗旨而发挥之,然后其学布于天下。"① 虽然有学者对宋代《中庸》之见重与佛教的关系存疑,但北宋之佛僧喜好《中庸》确也是事实,提倡《中庸》正是北宋佛教的内部学风。智园就曾自号中庸子,他说:"或曰:《中庸》之义,其出于儒家者流,子浮图子也,安剽窃而称之耶?对曰:夫儒、释者,言异而理贯也;莫不化民,俾迁善远恶也。儒者,饰身之教,故谓之外典也;释者,修心之教,故谓之内典也。惟身与心,则内外别矣。蚩蚩生民,岂越于身心哉!非吾二教,何以化之乎?嘻,儒乎释乎,其共为表里乎。故夷狄之邦,周孔之道不行者,亦不闻行释氏之道也。"② 从儒者治身、释氏治心,人本身心一体的角度来说明他对以《中庸》为代表的儒家经典的喜爱。他明确说儒家的中庸之道与佛家的中道义一致:"儒之明中庸也,吾闻之于《中庸》篇矣;释之明中庸,未之闻也,子姑为我说之。中庸子曰:'居,吾语汝。释之言中庸者,龙树所谓中道义也。'"③ 如前所述,契嵩即以《中庸》来说明儒佛道两家具有共同的话题,即"性命义理"。故也有学者即认为《中庸》在北宋是从释家回流重归儒门的④。

李祥俊认为,司马光在将北宋《中庸》研究推向高潮中发挥了很大作用。他"与范镇、韩维等人由讨论养生问题进而泛论中和之道,从而引发对《中庸》中一些概念、命题的论争,直接促成了北宋《中庸》研究高潮的兴起"⑤。至于司马光对《中庸》的解读,下面这段对话,当看出他与二程之学的区别:"温公作《中庸解》,不晓处阙之,或语明道。明道曰:'阙甚处?'曰:'如强哉矫之类。'明道笑曰:'由自得里,将谓从天命之谓性处便阙却?'"⑥ 欧阳修基于他反佛的立场,以及修本、修王教之本以胜的观点,对当时畅谈性理的风气加以批驳,故对《中庸》持激烈的批判立场,他在一篇策问中

---

① 朱熹:《中庸集解序》,《朱熹集》卷七十六,尹波、郭齐点校,成都:四川教育出版社,1996年,第3956页。

② 释智园:《中庸子传》上,《闲居编》卷十九,《卍续藏经》第101册,第110页、111页。

③ 同上书,第111页。

④ 参见余英时:《朱熹的历史世界》上篇《通论》之《绪说》四《道学家"辟佛"与宋代佛教的新动向》,第64—108页。

⑤ 李祥俊:《道通于——北宋哲学思潮研究》,北京:北京师范大学出版社,2006年,第340页。

⑥ 程颢、程颐:《河南程氏外书》卷十二,《二程集》,第425页。

说:"而《中庸》曰:'自诚明谓之性,自明诚谓之教。'自诚明,生而知之也;自明诚,学而知之也。若孔子者,可谓学而知之者,孔子必须学,则《中庸》所谓自诚而明、不学而知者,谁可以当之欤?……夫孔子必学而后至,尧之思虑或失,尧、舜必资于人,汤、孔不能无过,此皆勉人力行不息,有益之言也。若《中庸》之诚明不可及,则怠人而中止,无用之空言也。故予疑其传之谬也,吾子以为如何?"① 由此再可见欧阳修思想旨趣与后来理学家之不同。

当然,自李翱在《复性书》中以《中庸》说性、诚等,这一观点即启发着后来学者,古灵先生陈襄即言:"《中庸》者,治性之书,孔子之孙子思是所述也。自孔子没,性命之书无传,虽其说间于六经,然辞约义微,学者难晓。故子思传其学于曾子,其间多引孔子之言,则是书祖述圣人理性之学,最为详备,使学者求之,足以知道道德诚明之本焉。"② 周敦颐也在性命义理这一核心话语下,借助"诚"这一范畴,从本然之全体上构筑他纳性与天道为一体的思想体系。在周敦颐哲学体系中,"诚"不仅与"无极而太极"的本体地位相对应,而且他的心性理论的建立,主要是通过将这一范畴与《周易》之资源的贯通而实现的,故黄宗羲认为:"周子之学以诚为本。"③

在张载思想的形成中,《中庸》具有非常重要的作用,据《宋史》载,张载:"少喜谈兵,至欲结客洮西之地。年二十一,以书谒范仲淹,一见知其远器,乃警之曰:'儒者自有名教可乐,何事于兵。'因劝读《中庸》。"④ 当然,范仲淹之所以劝张载读《中庸》主要还在于《中庸》中有儒家之"名教",或者是"修身治人"之道,这与后来张载读《中庸》所得并非完全一致,张载得自《中庸》的恰恰是在性理话语下的天道与性命的相互贯通。他说:"某观《中庸》义二十年,每观每有义。"⑤ 对于这一点,后文将有详述。而且,由张载开始,四书之雏形渐具,"学者信书,且须信《论语》《孟子》。……《礼》虽杂出诸儒,亦若无害义处。如《中庸》《大学》出于圣门,无可疑者。"⑥ 这

---

① 欧阳修:《问进士策三首》,《欧阳修全集》卷四十八,第 675 页、676 页。
② 陈襄:《礼记讲义·中庸》,《全宋文》第 25 册,第 560 页。
③ 黄宗羲、黄百家、全祖望等:《濂溪学案》下,《宋元学案》卷十二,《黄宗羲全集》第三册,第 636 页。
④ 脱脱等:《道学一》,《宋史》卷二百七十四,第 12723 页。
⑤ 张载:《经学理窟·义理》,《张载集》,第 277 页。
⑥ 同上。

里，张载虽然没有明确提出四书的说法，但这四部经典却在一段文字中同时出现，并指出它们"同出圣门"，这在四书形成的历程中意义非凡。

二程将中与庸解读为："不偏之谓中，不易之谓庸。中者，天下之正道；庸者，天下之正理。"① 认为："此篇乃孔门传授心法，子思恐其久也而差也，故笔之于书，以授孟子。其书始言一理，中散为万事，末复合为一理。放之则弥六合，卷之则退藏于密，其味无穷，皆实学也。"② 故"善读《中庸》者，只得此一卷书，终身用不尽也"③。"《中庸》之书，学者之至也"④。他们对《中庸》传布的贡献在朱熹《中庸集解序》中有言："至于本朝，濂溪周夫子始得其所传之要，以著于篇；河南二程夫子又得其遗旨而发挥之，然后其学布于天下。"⑤ 具体而言，借助《中庸》，二程阐发了其"理一分殊"的思想，回答了天理与忠孝、仁义的关系，并以"喜怒哀乐之未发谓之中，发而皆中节谓之和"，作为其心性论的重要依据之一，等等。对于这些，下文有详述。由上还可见，在二程那里，《大学》《论语》《孟子》与《中庸》是一个有次第轻重的有机系统，这不仅进一步推进了四书的确定，而且说明了在理学家那里，圣人之道相对于经典的主导性。故他们能基于对圣人之道的自得来拣选、贯通经典，使经典在他们那里成为一个服务于核心论题的有机系统，或者说，在利用经典的过程中，对于经典的选择、不同经典的地位以及对经典的具体解释都被置于理学的思想体系之下而有了崭新的面貌，关于这一点，将在本文结语处详细展开，这里则以土田健次郎先生的一段话作为反证："在新的经典系统形成之前，宋初为止的经典系统主要是五经正义的系统，但是这个系统的特点是以每部经典为单位，选用不同注家的解释，看重每部经典内部注疏的统一性，但是不同经典之间可能出现的龃龉却并不予以考虑。"⑥

---

① 朱熹：《四书章句集注·大学章句序》，中华书局，1983年，第2页。
② 同上。
③ 程颢、程颐：《河南程氏遗书》卷十七，《二程集》，第174页。
④ 程颢、程颐：《河南程氏遗书》卷二十五，《二程集》，第325页。
⑤ 朱熹：《中庸集解序》，《朱熹集》卷七十五，第3956页。
⑥ 参看土田健次郎：《道学之形成》，第231页。

第五章　从《周易》《中庸》到《太极图说》与《通书》

　　如前章所论，与理学之创生并展开同时而相应，儒家思想体系中另一个同样引人瞩目的事件是经学经典体系的转变：四书从子学中被挖掘和升格，逐渐整合为统一之整体，即四书，并最终将五经融摄于前者所奠定的格局之下；同时在理解和注解经典的方法上，也突破了传统的注疏之学，而直探圣人本义。以陈淳《北溪字义》为例，其中列举了理学 25 个重要的基本范畴，它们的来源和解释皆可还原到儒家的传统资源五经尤其是四书当中①，这几乎可以直接暗示这样一个结论，即传统经典资源就足以支持理学话语系统之转化与开展，换言之，理学正是在宋代经学中萌生和发展的。一般而言，理学之建立是以二程天理论为标志，因此本章将时间段集中在北宋，通过探讨周敦颐、二程和张载三家之说，具体回应理学是怎样在与经典的互动中得以创生的。

　　同时另外一个需要说明的问题是，就北宋理学之创生期来看，与其说是理论与学派的分化，不如说虽然这时已经蕴藏后来理学不同学派分殊之萌芽，但更加突出的是整体理学之创生，是相对于佛老，相对于王学、蜀学、涑水学派，在共同的道统意识之下，周、张、二程共同推动的理学共同理念之胜利与理学共同特点之彰著。考虑到如上之两面性，因此以下各章在节目之架构上，依然以周、张、二程的学术为独立之单元，但是并不涉及理学分派问题，只是具体展示各家对于经典之不同运用与其理学理论之间的具体关系。而通过这种追溯，亦可发现，对于理学创生期中的各家，四书的资源逐渐受

---

① 相关分析可以具体参看《宋明理学史》上册，侯外庐、邱汉生、张岂之主编，北京：人民出版社，1984 年，第 10 页。

到关注并发挥出重要的作用,但是《周易》依然是各家的核心经典,以《易》融汇四书而实现理论的创新是整个北宋理学的基本面貌。

具体到周敦颐来看,宋初三先生作为宋学之先行者已是共识①,但是理学宗主一般性的做法还是从周子算起。从具体的理论本身出发而推重濂溪的创生之功,如前所论,影响较大的,首而胡宏,其后经过其弟子张栻尤其是朱熹的大力推阐,濂溪理学宗主的地位始成共识而影响深远。胡宏哲学体系的基本特征是以"性"为本,比如他说"形而在上者谓之性,形而在下者谓之物"②,张栻秉承师说而论"太极性也"③,朱子则明确太极为"理":"太极之义,正谓理之极致耳"④;但是作为洛学之传,他们都同样认可"理即性"或者"性即理"的性、理相通模式,换言之,他们三者之推重濂溪有一个共同的理论前提,即以"理"或"性"来理解"太极";而今天之学界一方面普遍不能认可尤其是朱子对"太极"之注解和判断⑤,而更倾向于将"太极"理解为原始未分的统一体,另一方面却同时又继承朱子对于濂溪理学宗主地位的肯认,那么二者是否存在矛盾呢?其实未必,濂溪之理学宗主地位的确认,实是从两个角度而言已可定论:其一,濂溪本身实没有就"太极"之内容给出明确的说明,但是可以肯定的是,这里的"太极"是作为宇宙和心性共同的本体而存在的,实际上这才是周敦颐关注的重点所在,濂溪在《太极图说》与《通书》中所构造的天人合一模式,实与此密切相关,正是在此基础上,他确认了人先天之性与现实之性的区分,一方面为成圣工夫的展开提供了人性论的前提,另一方面亦为现实人性的存在状态提供说明,并进一步在此基础上为工夫的展开提供了多角度的发明,换言之,周敦颐重要的理论贡献正

---

① 全祖望:"宋世学术之盛,安定、泰山为之先河,程、朱二先生皆以为然。"(黄宗羲、黄百家、全祖望等:《宋元学案》卷首,陈金生、梁运华点校,北京:中华书局,1986年,第1页)
② 胡宏:《释疑孟》,《胡宏集》,第319页。
③ 张栻:《答周允生》,《南轩集》卷三十一,《张栻全集》,第976页。
④ 朱熹:《答程可久》,《晦庵先生朱文公文集》卷三十七,《朱子全书》第21册,朱杰人、严佐之、刘永翔主编,上海:上海古籍出版社,合肥:安徽教育出版社,2010年,第1642页。
⑤ 相关论述可参看劳思光:《新编中国哲学史》三卷上,南宁:广西师范大学出版社,2005年,第67—113页;陈来:《宋明理学》,上海:华东师范大学出版社,2004年,第33—44页等。

在于通过太极本体而贯通心性论，并结合儒家各种传统资源对于成圣的理想和工夫展开探讨。其二，周敦颐理论体系的建构是在选择和利用传统经典资源的基础上实现的：首先，在他的体系中，《周易》具有核心经典的地位，这与宋初普遍看重《周易》的氛围亦是相合的，而濂溪一方面继承并且创新了对于传统"太极"概念的解释，另一方面又结合《周易》中所提供的宇宙演化之序，通过以上二者共同发明自己的本体学说；其次，在《通书》中他进一步引入《中庸》的资源，把"太极"落实到"人"的本然状态以"诚"发明之，并以圣人为代表，以此说明人性的本来，同时他亦对于现实人性的存在状况作出交代；最后，他同时通过利用《论语》《孟子》《大学》等相关经典资源，综合发明希圣成贤的具体工夫论，不过总起来说，后两部经典的运用实际上都是在很浅层次上的初步涉及，并不真正关乎重要的发明。综而言之，在周敦颐的体系中，《周易》乃最为重要的经典依据以服务于本体论的建构，《中庸》则是心性论发明的关键，工夫论的建构实际上主要还是在上两部经典的基础上结合《论语》以完成的。因此，无论是就周敦颐哲学理论本身，还是就其对于经典的运用，实际上都与宋明理学后来的发展体现出相近似的旨趣，正是在这个意义上，理学的宗主当以周子而当之。

一、《周易》与天人合一的本体论构造

《太极图说》是周敦颐的重要代表作，但是古往今来相涉于此的争论尤为纷扰，其中主要的论题包括《太极图说》首句的版本以及理解问题、《太极图说》的来源以及与道教的关系、句读问题[①]等等；而这些问题中难以定论的诸种疑难，往往来自于《太极图说》的语言既简练又有模糊性的一面，因此作品本身就给各种解释都提供了一定的空间。但是无论各种争论的具体过程以及结果如何，就《太极图说》本身而言，可以首先肯定的前提性推论至少有两个：

其一，此篇既定名为"太极图说"，或者亦称为"太极图易说"，并非"无极图说"，那么"太极"即为其中核心的概念；另，《太极图说》结尾所

---

① 朱熹与张栻曾就"无极之真"合属上句与下句的问题展开讨论。

说,"大哉《易》也,斯其至矣"①,点明此篇之主旨实在于对《周易》的发挥,而"太极"即出自《周易·系辞上》:"易有太极,是生两仪,两仪生四象,四象生八卦。""无极"却不见于《周易》;再者,周敦颐之理论旨趣显然是儒家而非道家的。通篇"太极"凡四见,而"无极"则三见,在这种使用频率相差无几的情况下,如果以"无极"为一实体名词之概念置于"太极"之上以作为万物之本源,那么则很难见出"太极"如何能成为一核心范畴,而此篇之主旨仿佛亦应为道家之观念才更为符合。所以结合以上所说而推论,朱熹后来以形容词解释"无极",并以之而为"太极"之状语的做法应当更符合周子的原意。

其二,从《太极图》本身来看,最上层的第一个圆圈没有标示②,但应表示"太极",而第二层与第三层皆有一个完整的小圆圈存于其中,这样一种标示方式已经直接显示出,在周敦颐的理论体系当中,此"太极"绝不仅仅是一宇宙论的开端,更是一宇宙演化过程中的本体。而将此推论对照之于"图"的第四层"乾道成男,坤道成女",这时图像重新变为一个大的圆圈,以此对照《太极图说》,此处所指应为"五行之生也,各一其性。无极之真,二五之精,妙合而凝。'乾道成男,坤道成女'"③,"无极之真"按照上文分析即为"太极",而之所以强调它与"二五之精"相"妙合而凝",正在于这时的"太极"是作为本体而在具体的"男"与"女"之中的,而同时也因为既然已经"妙合而凝",那么则区别于第二与第三层具体之人物尚未形成的阶段,这时则以一个统一的圆圈而表示之。那么,无论"太极"的意涵是按照后人所争论的"统一体""理""气""性"中的哪一种,要之,在周敦颐的理解中可以确认的是,"太极"是一个宇宙本体论的范畴。而这样一种规定将对其心性论的展开提供重要的影响,这将是本章第二节的内容。

"太极"一词在《周易·系辞上》中描述的是八卦的生成过程,也就是说,它是在生成论的意义上作为"易"的开端的。不过从汉代起,对于"太极"一词的意涵已经开始以宇宙本体论的范畴而规定之。《乾凿度》:"有太易,有太初,有太始,有太素也。太易者,未见气也。太初者,气之始也。

---

① 周敦颐:《周敦颐集》,第5页。
② 亦有图在此圈上题为"无极而太极"。
③ 周敦颐:《周敦颐集》,第5页。

太始者，形之始也。太素者，质之始也。气形质具而未离，故曰浑沦。浑沦者，言万物相浑成，而未相离。视之不见，听之不闻，循之不得，故曰易也。易无形畔。"① 这是把宇宙之生成划分为太易、太初、太始、太素四个阶段，而相对于"太易"，后三者则是"易"，是"气"之"混沦"的存在；同时按照《系辞》本来所说"易有太极"，所以，此处的"混沦"就是"太极"；将这种推论验证之于《乾坤凿度》："太易始著，太极成，太极成，乾坤行"②，"太极"正是"太易"之后的存在。这样一种注解的特点在于："太极"为"混沦之气"但并不是宇宙的第一实体，"太易"欲要表达一"未见气"的存在，但是其概念本身毕竟并不见于《周易》的文本，而到魏晋玄学时期，亦不再讲此"太易"，而是直接以"太极"作为宇宙的第一实体。

王弼对于"太极"的理解集中体现在下面一段话之中："演天地之数，所赖者五十也。其用四十有九，则其一不用也。不用而用以之通，非数而数以之成，斯易之太极也。四十有九，数之极也。夫无不可以无明，必因于有，故常于有物之极，而必明其所由之宗也"③，在这个规定当中，"太极"是"无"，并且对应于大衍筮法即是"不用之一"；它的作用在于"不用而用以之通，非数而数以之成"，其实是接近本体论的一种定义；而其与"四十九"的关系还在于"无"必因于"有"，这正是"本体"另外一面的含义。不过在王弼此说当中，"无"的界定究竟如何，还需要借助另外两段材料：其一，"凡有皆始于无，故未形无名之时，则为万物之始"④，"门，玄牝之所由也。本其所由，与太极同体，故谓之天地之根也。欲言存邪，则不见其形；欲言亡邪，万物以之生。故'绵绵若存'也"⑤，从这两段引文来看，王弼明确对于"无"的界定是"未形无名"，这也与第二句引文中的"欲言存邪，则不见其形"而相应，而实际上这正是"太极"与一般之"有"相对比而存在的特点。另一方面，"欲言亡邪，万物以之生"，因此说它是"绵绵若存"，这样一种规定至少明确否认了把"太极"之"无"作为空无一物、完全虚无的理解。而这样

---

① 林忠军：《〈易纬〉导读》，济南：齐鲁书社，2002年，第81页、82页。
② 同上书，第113页。
③ 《十三经注疏》整理委员会整理、李学勤主编：《十三经注疏·周易正义》，北京：北京大学出版社，1999年，第279页。
④ 王弼著、楼宇烈校释：《王弼集校释》上册，北京：中华书局，1980年，第1页。
⑤ 同上书，第17页。

一种对于"太极"的定义,从经学的角度上来看,一方面是根据《易传》"易有太极"而把"太极"理解为第一实体,与经典文本更加相契;另一方面,虽然抛弃了汉易的"太易"之论,但是已经把其内涵一定程度上融汇于对"太极"之"无"的规定当中。

到唐代经学,对于"太极"概念的解释主要继承王弼之解,但是在更加明晰的说明当中也呈现出新的特点。孔颖达在疏解王弼"斯易之太极"时说:"斯,此也。言此其一不用者,是易之太极之虚无也"①,孔疏以"虚无"而言"太极",是对王注的继承;又疏注"是故易有太极,是生两仪"时又说:"太极谓天地未分之前,元气混而为一,即是太初、太一也"②,这里则以未分之"元气"而解"太极",相对应的在对于大衍筮法的规定中,孔疏亦把虚而不用之"一"与"四十九"同以"太极"解之。对于孔疏的这样一种规定,可以从三个方面来理解:其一,以"气"解"太极",显示出对于汉易的继承;其二,王弼虽然不以绝对虚无理解作为"无"的"太极",但是亦没有直接以"气"而言之,因此孔疏在某种意义上亦可看做是对王注的一种创新;其三,就孔疏自身的理解来看,他显然是认为"太极"的真实意涵在于虚无之元气③。

周敦颐讲"无极而太极",按照上文的分析,这里的"无极"是作为"太极"的形容词状语而出现的。"无极"的这种用法先秦时即已有之,以《庄子》一书为例:"吾惊怖其言,犹河汉而无极也。"④"入无穷之门,以游无极之野。"⑤另外《左传》《尔雅》《老子》《管子》《荀子》等书中亦皆可找到意义相似的用例,而其主要的意涵在于表达无穷无限之意。王注与孔疏的"虚无"之说中实际上亦皆能包容此意。但是到周敦颐,当他以"无极"形容"太极"时,显然是把"无极"作为"太极"最重要的特征;但是问题的另一

---

① 《十三经注疏》整理委员会整理、李学勤主编:《十三经注疏·周易正义》,第280页。

② 同上书,第289页。

③ 关于"太极"概念发展历史的追溯,可以参看王汐朋:《"太极"的概念及时间含义》,《中山大学学报》,2012年第2期。

④ 郭庆藩撰、王孝鱼点校:《逍遥游第一》,《庄子集释》卷一上,北京:中华书局,1961年,第26页、27页。

⑤ 郭庆藩撰、王孝鱼点校:《左宥第十一》,《庄子集释》卷四下,第384页。

面在于，如果"无极"已是"太极"的含义之一，又为什么必须要单独列出来呢？按照朱熹后来的理解，"不言无极，则太极同于一物，而不足为万化之根；不言太极，则无极沦于空寂，而不能为万化之根"①。但是从"太极"概念的历史发展来看，一方面，对于"太极"意涵的发挥虽然并不借助"无极"而进行，但是以"无极"而为状语的意涵实是一直内在于"太极"概念之中的。因此，从一定意义而言，没有"无极"也并不完全影响对于"太极"本体地位的理解，就此而论，朱子此说略嫌不稳。在周敦颐这里，可以对这一问题做出解答的线索，或许在他对于成圣工夫的发明上。按《太极图说》后文所说："圣人定之以中正仁义（圣人之道，仁义中正而已矣）而主静（无欲故静），立人极焉。"② 又《通书·圣学》归纳圣学之要："一为要。一者无欲也，无欲则静虚、动直，静虚则明，明则通；动直则公，公则溥，庶矣乎！"③可见成圣工夫的关键是要落实在"无欲"上，不过儒家虽然有义利之辨，孟子甚至直接讲"寡欲"，但是"无欲"并不属于传统儒家的价值系统；相比之下，在道家和道教当中，"无极"与"主静""无欲"之间则都有着较深的渊源，前者的存在正是为后者提供依据。而作为周敦颐来说，他既然要主张"主静"工夫，那么亦需要在本体论上为其寻找根据，在这种情况下引入"无极"概念而与"太极"建立关系就是一种可供选择的方式；但是另一方面，周敦颐既然已经确定了此"图"之主旨在于发明儒家之"太极"范畴，按前文分析，那么此时实不能适合以"无极"再作为一实体概念，因此在这种情况下周敦颐则将"无极"处理为"太极"的摹状语。不过这里需要注意的是，周敦颐这样一种以"无极"发明"太极"的做法与王弼为代表的魏晋玄学的"太极"观之间相对比，按前文已经分析，王弼是以未形无明之"无"而规定"太极"，同时相对应于此，在动静的问题上，他则主张天下之动"贞夫一者"，且最终都要"复归于虚静"，换言之，这时候的"太极"实际上亦可以包容"主静"之论；将此对比于周敦颐的说法，濂溪实际上是把这里"太极"的意涵加以分解，以"无极"代指其本来"无"之的含义，以此方可达到突

---

① 朱熹：《答陆子美》，《晦庵先生朱文公文集》卷三十七，《朱子全书》第21册，第1560页。
② 周敦颐：《周敦颐集》，第6页。
③ 周敦颐：《通书·圣学》，《周敦颐集》，第31页。

出"主静"工夫的效果。另外,如果以上关于"无极而太极"的推论确实成立,那么已经显示出,在周敦颐的体系当中本体论与工夫论之间的密切关系。不过真要证成此意,又需要在具体的宇宙变化过程中见出本体是如何具体存在的。所以周敦颐进步一借助《周易》的资源,并另外引入"五行"的概念而具体发明了宇宙万物的演化之序:太极——阴阳——五行——男女——万物,太极最终通过与"二五之精"妙合而凝而保存于"男女"之中,由此"无极而太极"所昭示的"主静立人极"工夫才真正得以成立。

二、合《中庸》于《周易》而论"性"

除了《太极图说》,周敦颐另一部重要的作品是《通书》,按《通书》又名《易通》,从名称即可看出本书的主要内容是对《周易》的发挥,不过从其具体内容上来看,实际上是以《周易》的天人合一为主要框架对其他儒家经典中各种价值观和方法论的统论,而这里所说的经典最主要的即是《中庸》。周敦颐着重利用了《中庸》中"诚"的思想,并结合《周易》对太极生化万物之过程的理解,最终在人性的问题上显示出二元论性的特点;以此对比于张载、二程等人对于人性问题的分析,后者亦都有二元论性的因素;这样一种言说"性"的方式,在一定的意义上也可以理解为本体宇宙论落实于人性问题的必然特征。

《通书》中对于"诚"的评论主要集中在以下三段话中:

> 诚者,圣人之本。"大哉乾元,万物资始",诚之源也。"乾道变化,各正性命",诚斯立焉。纯粹至善者也。故曰:"一阴一阳之谓道,继之者善也,成之者性也。"元、亨,诚之通;利、贞,诚之复。大哉《易》也,性命之源乎!①

> 圣,诚而已矣。诚,五常之本,百行之源也。静无而动有,至正而明达也。五常百行,非诚,非也,邪暗,塞也。故诚则无事矣。至易而行难。果而确,无难矣。故曰:"一日克己复礼,天下归仁矣。"②

---

① 周敦颐:《通书·诚上》,《周敦颐集》,第14页。
② 周敦颐:《通书·诚下》,《周敦颐集》,第15页、16页。

诚，无为；几，善恶。德：爱曰仁，宜曰义，理曰礼，通曰智，守曰信。性焉、安焉之谓圣。复焉、执焉之谓贤。发微不可见，充周不可闻之谓神。①

周敦颐之"诚"的一个重要特点即以"圣人"而论之，盖后者正是天道在人身的直接显现；《中庸》曰"诚者，天之道也"，因此周敦颐将此进一步引申为"诚者，圣人之本"，"圣，诚而已矣"。而周子对于"诚"的具体解释则是结合《周易》而发挥的，因为依靠后者才能提供对于"由天而人"的逻辑脉络更充分之说明，以此具体看出"圣人"与"诚"的关系。《乾·彖》说："大哉乾元，万物资始……乾道变化，各正性命。"周敦颐认为这描述的正是"诚"由"源"而"立"的过程，由此其实可见，在他的理解中，天道、诚、性之间本是统一的；所以他又继而引用《系辞》所说"一阴一阳之谓道，继之者善也，成之者性也"，重复发挥此意。并且他明确指出"诚"是"纯粹至善"的存在，由此可以推知"性"亦是"纯粹至善"的，当然这里说的"性"是来自于天道而在圣人身上完整体现的先天本性；而这样一种本性的存在也是文章在第一部分中分析的周敦颐宇宙本体论的架构所决定的。而在第二段引文中，他一方面把"诚"规定为五常与百行的源头，这是因为"诚"才是纯粹至善的存在，并且它既与本体而同一，五常百行也都是从本体中生发而出的；另一方面，他对于"诚"的存在和发挥作用方式作了说明，即"静无而动有"、"诚则无事"，这样一种言说其实颇合《中庸》"诚者，不勉而中，不思而得，从容中道，圣人也""自诚明谓之性"之说。第三段引文"诚，无为"，其实是继续申明此意。前文已论"圣，诚而已矣"，而作为"圣"则是"性焉安焉"，于是可以推知"性"与"诚"统一且具至善的特征；"复焉执焉之谓贤"又代表了常人在现实中对于本性的遗失与回归本性的需要。

不过从周敦颐《太极图》和《太极图说》的构造与描述来看，人与万物的生成是作为"太极"的本体与二五之"气"妙合而凝的结果。因此而推，人除了禀有至善的先天本性，还当有具体的气禀所决定的现实之性。在《通书》中周敦颐对此亦多有发挥：

或问曰："曷为天下善?"曰："师。"曰："何谓也?"曰："性者，刚

---

① 周敦颐：《通书·诚几德》，《周敦颐集》，第16页、17页。

柔、善恶，中而已矣。""不达。"曰："刚善，为义，为直，为断，为严毅，为干固；恶，为猛，为隘，为强梁。柔善，为慈，为顺，为巽；恶，为懦弱，为无断，为邪佞。"惟中也者，和也，中节也，天下之达道也，圣人之事也。故圣人立教，俾人自易其恶，自至其中而止矣。故先觉觉后觉，暗者求于明，而师道立矣。师道立，则善人多；善人多，则朝廷正，而天下治矣①。

厥彰厥微，匪灵弗莹。刚善刚恶，柔亦如之，中焉止矣。二气五行，化生万物。五殊二实，二本则一。是万为一，一实万分。万一各正，小大有定②。

以上两段引文，前者出自《通书·师》，后者出自《通书·理性命》，这两段最大的特点是异于上文对于先天至善本性的分析，而直接以刚柔善恶中而言"性"；实际上周敦颐这样一种叙述方式很容易误导人认为这才是他对于"性"真实的看法。不过值得注意的是，在周敦颐这种对于"性"的列举当中，不是直接以"中"而言之，而是曰"中而已矣""中焉止矣"，这说明了"中"既是先天善性在圣人身上的直接体现，同时也是其他各种现实人性要达到的效果；换言之，当周敦颐每次把"刚柔善恶"与"中焉止矣"并列的时候，他其实并不是单纯对于现实人性状态的一种罗列，而是同时含有先天之性的说明并以之作为现实人性"复性"的目标。这样，那些看似完全从现实角度言说的"性"就很好地得以理解了。

综上而言，其实在周敦颐的体系当中，他在《太极图说》里借助《周易》而完成了自己的本体宇宙论建构，对于人而言，则是"太极"本体与"二五之精"的妙合而成，因此"性"的存在亦是两个维度：一是在《通书》中结合《中庸》"诚"的概念，以圣人作为发明的对象，而对于人先天本性的存在状况的解释，二是所谓刚柔善恶等现实人性则是"二五之精"的气作用下的结果。因此周敦颐虽然没有如之后的张载与二程般明确提出二元论性，但其实在其体系中，对于"性"的理解已是异曲同工。

---

① 周敦颐：《通书·师》，《周敦颐集》，第20页、21页。
② 周敦颐：《通书·理性命》，《周敦颐集》，第32页。

三、经典的融汇与希圣工夫

上文已经提到,《通书》原名《易通》,实际上指的是以《易》贯通儒家各部经典,于此可见周子体系中《易》作为核心经典的地位,而其所贯通的经典除了《中庸》,还有《论语》。《论语》作为孔子言行的记录,毋宁看做儒家道统之标的所在,而濂溪对《论语》的利用最直接的体现就是对儒家圣贤人格的推重。《通书》中有两处明确地表明了濂溪的这种立场:

> 圣希天,贤希圣,士希贤。伊尹、颜渊,大贤也。伊尹耻其君不为尧、舜,一夫不得其所,若挞于市。颜渊"不迁怒,不贰过","三月不违仁"。志伊尹之所志,学颜子之所学①。

> 颜子"一箪食,一瓢饮,在陋巷,人不堪其忧,而不改其乐"。夫富贵,人所爱也。颜子不爱不求,而乐乎贫者,独何心哉?天地间有至贵至爱可求,而异乎彼者,见其大、而忘其小焉尔。见其大则心泰,心泰则无不足。无不足则富贵贫贱处之一也。处之一则能化而齐。故颜子亚圣②。

二程早年曾经问学于濂溪,程颢后来回忆周子之教诲时说:"昔受学于周茂叔,每令寻颜子、仲尼乐处,所乐何事。"③ 结合以上两段引文,可以总结出濂溪之人格理想的两个特点:

首先,从其人格期许之范围上看,周子所论主要体现在两个方面:"志伊尹之所志"是"外王"一面,"学颜子之所学"则是"内圣"一面。虽然"内圣外王"是儒家的一贯之教④,也是从《论语》《孟子》等先秦儒家就已经体现出的儒者之关怀,但在当时的社会环境之下提出这一命题,仍然具有深远的意义,因为这足以体现出一种不同于辞章之学、注疏之学、佛老之学的新

---

① 周敦颐:《通书·志》,《周敦颐集》,第 22 页、23 页。
② 周敦颐:《通书·颜子》,《周敦颐集》,第 32 页、33 页。
③ 程颢、程颐:《河南程氏遗书》卷二上,《二程集》,第 16 页。
④ "内圣外王"一词最早出现在《庄子·天下》之中:"是故内圣外王之道,暗而不明,郁而不发,天下之人,各为其所欲焉,以自为方。"后来多被儒家用来表达自己的人生理想。

的时代要求①,即把儒家之意义首先定位于儒家人格的追寻。同时因为这样一种人格格局之表述,与《大学》"八目"之内外双向亦呈现出一种相关,因此濂溪之与《大学》的关系亦成为一需要检索的问题。从《通书》另外一处来看,周敦颐说过:"治天下有本,身之谓也;治天下有则,家之谓也。本必端。端本,诚心而已矣。则必善。善则,和亲而已矣。……是治天下观于家,治家观身而已矣。身端,心诚之谓也。诚心,复其不善之动而已矣。"②这段话是周敦颐对于《周易》"家人"卦的解释,但是体现出与《大学》"八目"之说一定的相似性,或者说这样一种观念本来就是《易》并《大学》甚至儒家的共同之义;其实,《大学》当时虽没有成为经典,但是它作为《礼记》的篇目之一,必然是当时士子求学问道的必读之目,因此熟悉其中所论也是题中之义。不过濂溪虽然可能注意到《大学》的资源,不过他并没有从理论创造上着重发明后来对于宋明理学影响甚深的"格物""致知"之教,因此毋宁说,即使周敦颐受到《大学》之影响,也是更多地停留在一种对于儒家基本精神的强调层面上。除此之外,对这样一种人格期许的追溯,还可能有另外两个源头:其一,《中庸》中同样也有类似的理论资源,例如其中引用孔子的话:"知斯三者(智、仁、勇),则知所以修身,知所以修身则知所以治人,知所以治人则知所以治天下国家矣。""顺乎亲有道,反诸身不诚,不顺乎亲;诚身有道,不明乎善,不诚乎身矣。"其二,周子这种对于内圣外王的双向诉求也可以理解为是与其同时代之胡瑗的教育主张相应的:胡瑗较濂溪为长,濂溪思想的成熟正是以胡瑗教育思想的广泛影响为文化背景的,因而受到他的影响也就是情理之中的:如前所述,胡瑗把讲学分为经义、治事二斋,一方面强调礼仪之本,另一方面又强调经世致用的重要性,在宋朝前期的人才培养和时代精神重塑方面都取得卓著的成绩,而濂溪之内圣外王的格局也正与此相应。

其次,濂溪之人格诉求另一个重要的特点即在于对颜子的推重。虽然颜子在战国、汉代都颇受重视,但韩愈之道统说以孔子而后孟子,并不看重颜子;李翱认为圣人之道传于颜子、曾子、子思而后孟子,即虽然重视颜子,

---

① 二程曾经讲:"今之学者有三弊:一溺于文章,二牵于训诂,三惑于异端。"程颢、程颐:《河南程氏遗书》卷十八,《二程集》,第187页。

② 周敦颐:《通书·家人睽复无妄》,《周敦颐集》,第38—40页。

但是在这个序列中比之他人，颜子亦无突出之位置；再后来，司马光更偏重表彰杨雄，王安石则尤其重视孟子地位之阐扬。宋儒当中虽然胡瑗追问"颜子所好何学"，司马光、苏轼看重他安贫乐道的境界，欧阳修推重他好学的精神，但是只有周敦颐以颜子为学圣之阶而反复申述。濂溪认为"圣希天，贤希圣，士希贤。伊尹、颜渊，大贤也"①，即存在一个"士"——"贤"——"圣"——"天"的人格修养序列，这意味着圣人之化境的实现是不能一步而成的，必要遵循一定之序，那么对于广大士人而言，最切实的就是以颜子大贤为标的而不断修养自身。从《论语》本身对于颜子的各种记述来看，颜子的品质有多面的表现："其心三月不违仁"②，"不迁怒，不贰过"③，"闻一以知十"④，"退而省其私，亦足以发"⑤等等，但是濂溪之看重颜子则在于他"一箪食，一瓢饮，在陋巷。人不堪其忧，回也不改其乐"⑥。濂溪之于《论语》独取此意，其实有他更深入的考虑。他自己在《通书》中对于颜子"大贤"有一种解释："夫富贵，人所爱也。颜子不爱不求，而乐乎贫者，独何心哉？天地间有至贵至爱可求，而异乎彼者，见其大、而忘其小焉尔。见其大则心泰，心泰则无不足。无不足则富贵贫贱处之一也。处之一则能化而齐。故颜子亚圣"⑦，而颜子之不爱富贵，贫贱自甘，正好阐扬濂溪"圣可学"在乎"无欲"之意："'圣可学乎？'曰：'可。'曰：'有要乎？'曰：'有。''请问焉。'曰：'一为要。一者无欲也。'"⑧即成圣工夫的关键就在于"无欲"。而"无欲"通常是佛道的主张，然而周敦颐通过对于颜子之不爱富贵的分析，把"无欲"解释成了儒家的本然之义。这种从儒家内部为"无欲"寻找基础的尝试，并不限于《论语》本身，濂溪亦以《孟子》而论之："孟子曰：'养心莫善于寡欲。其为人也寡欲，虽有不存焉者，寡矣；其为人也多欲，虽有存焉者，寡矣。'予谓养心不止于寡焉而存耳，盖寡焉以至于无。无则诚立、明

---

① 周敦颐：《通书·志》，《周敦颐集》，第22页、23页。
② 《论语·雍也》。
③ 同上。
④ 《论语·公冶长》。
⑤ 《论语·为政》。
⑥ 《论语·雍也》。
⑦ 周敦颐：《通书·颜子》，《周敦颐集》，第32页、33页。
⑧ 周敦颐：《通书·圣学》，《周敦颐集》，第31页。

通。诚立，贤也；明通，圣也"①。这句话表面上是对于《孟子》之说的反驳和修正，但是另一面来看，正足以提示对于欲望的限制之义不仅是佛道之论，在先秦儒家亦有此源，其实不仅是孟子此说，孔子之论义利关系，亦含此意，只是濂溪并未从此入手。要之，通过对《论语》颜子之乐和《孟子》"寡欲"说的发明，濂溪证明了对于欲望的限制以至于无是儒家本来之义，而且学颜子以学圣人，正足以与把"无欲"作为成圣之根本工夫相应。

但是必须补充的另一点在于，濂溪虽然强调"无欲"为学圣之根本工夫，但是对于如何达到"无欲"则有具体解释："天地间有至贵至爱可求，而异乎彼者，见其大、而忘其小焉尔。见其大则心泰，心泰则无不足。无不足则富贵贫贱处之一也。处之一，则能化而齐。故颜子亚圣。"②与此段之发明意义一贯的还有一处："君子以道充为贵，身安为富，故常泰无不足。而铢视轩冕，尘视金玉，其重无加焉尔！"③ 这说明，对于濂溪而言，一方面，仿佛"无欲"是一个工夫的入手处；但是另一方面，也可以把"无欲"看成工夫之结果，只是这种结果本身就足以与圣境相通，而工夫的起点还在于"道充"以"见其大"；但是何以能够达到如此之效果，则需要依靠着师④、思⑤、志⑥、礼乐⑦、爱敬⑧、公明⑨、师友⑩等诸多因素的合力促成，而这些皆可看做《通书》围绕成圣工夫的各种发明，至于所依据之经典则包含《论语》《孟子》《尚书》《礼》等等，并以《周易》文本为基础实现儒家诸经典的贯通。

---

① 周敦颐：《养心亭说》，《周敦颐集》，第52页。
② 周敦颐：《通书·颜子》，《周敦颐集》，第32页、33页。
③ 周敦颐：《通书·富贵》，《周敦颐集》，第40页。
④ 参看周敦颐：《通书·师》，《周敦颐集》，第20页。
⑤ 参看周敦颐：《通书·思》，《周敦颐集》，第21页、22页。
⑥ 参看周敦颐：《通书·志》，《周敦颐集》，第22页、23页。
⑦ 参看周敦颐：《通书·礼乐》，《周敦颐集》，第25页。
⑧ 参看周敦颐：《通书·爱敬》，《周敦颐集》，第26页、27页。
⑨ 参看周敦颐：《通书·公明》，《周敦颐集》，第31页。
⑩ 参看周敦颐：《通书·师友》，《周敦颐集》，第32页、33页。

第六章　程学的经典与天理的体贴（上）

《宋史·道学传》对于年轻的二程短暂问师于周敦颐有明确的记载，但是他们的学说在多大程度上受到周敦颐的影响，却成悬疑，二程对于濂溪的主要著作《太极图说》和《通书》亦无提及。这样一种状况的存在可能有三个原因：其一，二程对于濂溪虽有问师之义，亦有精神上之影响①，但是在更大的层面上，二程对于濂溪之学术或者全然未知②，或者存在不满③；其二，二程理会濂溪之说确有深意而不轻易示人，朱子即持此种观点；其三，二程在其学术思想方面的确继承了濂溪之思路，但是因为亦有对其之不满与顾虑，因此并不采取一种明确推重之态度。笔者倾向于最后一种判断，至少从思想本身入手，可以发现从濂溪到二程确实显现出一种前后推进的脉络，这表现在四个方面：其一，濂溪以宇宙本体而论"太极"，并且已经呈现出一本体论、心性论与工夫论之格局，且做出彼此贯通之努力，但是这种尝试并不充分，二程则进一步扩充和深化；其二，从经典的具体运用来看，濂溪以《易》

---

① 程颐为程颢所作的《行状》中曾经提到："先生为学，自十五六时，闻汝南周茂叔论道，遂厌科举之业，慨然有求道之志。"（《近思录集注》卷十四，江永注，上海：上海书店出版社，1987年，第64页）另外，从程颐早年所作的《颜子所好何学论》来看，虽然其与濂溪从"道充"而"无欲"的角度回答有异，但是以具体之论述来看，却显示出一定的相似性；这种相似性有三种可能：其一，仅是一种巧合；其二，是因为源于共同的时代精神和文化语境；其三，来源于濂溪之影响。虽然无法在这三者之间做出确认，但是毕竟可以肯定，这种一定程度的相似是存在的。

② 这里所说的"未知"是指其学术思想，而非一般精神层面之启发与引导，因此二程是否见过《太极图说》和《通书》，或听周敦颐本人以及他人谈论过，都难以确定。

③ 这种不满比如二程是义理易学之立场，濂溪却是图书易学之一派；濂溪个人之经历与其学说中都可见佛道影响之痕迹，虽然他最终立场是儒家，并且皆为其说寻找到儒家资源的根据；但是二程可能仍然多所顾虑。

为核心贯通儒家诸说，而《中庸》《论语》都是他所取资的重要资源，《孟子》甚至《大学》都开始进入他的视野，而二程之对于经典的利用则在以上五部经典之间实现贯通，对于各部经典理论价值之发掘更加精细；其三，从心性论上来，如前所述，濂溪已经有两元性论之萌芽，二程后来的两性说虽然受到张载之直接启发，但是从其性论的具体内容来看，亦接近濂溪之所论；其四，二程之说体现出一种修正和推进濂溪学说的努力，比如，濂溪讲"静"，而二程代之以"敬"①，而濂溪在《通书》中对于"敬"亦有所发明②；濂溪讲"无欲"，而二程依据《乐记》提出天理以与人欲相对，那么有佛道之嫌的"无欲"就被完全置换为合乎儒家理论的提法"存天理，灭人欲"。以上所说，适足以证明在濂溪与二程学说之间确实显出一定的继承与推进之关系；而当历史史料不足以判断二程与濂溪之学术关系时，或许依照其学说本身的逻辑脉络以求之亦是一种可行的方法；并且根据这种推理的过程，笔者倾向于认为二程之天理论是在濂溪之说的基础上实现的；但是因为毕竟无法完全定论，所以只能在此呈现出这样一种更大的可能性，却在追溯二程天理论来源的时候，不能直接以此为出发点。

从一种学说之所以产生的原因来看，一般离不开三个因素：其一，必然存在一个或者几个主要的问题是这种学说的动机或者说想要的回应的主要目的；其二，当要回应这些问题之时，必须有可供取资的材料；第三，采用一种具体的方式整合这些材料。所以对于二程学术来源的追问，亦首先从还原这些问题开始。

一、时代话题与经典语境

如前所述，二程生活的时代，性命之际已经成为一种普遍的关怀，对此二程已有论及：

---

① 程颐："才说静，便入于释氏之说也。不用静字，只用敬字。才说着静字，便是忘也。"程颢、程颐：《河南程氏遗书》卷第十八《伊川先生语四》，《二程集》，第189页。
② 周敦颐："故君子悉有众善，无弗爱且敬焉。"周敦颐：《通书·爱敬》，《周敦颐集》，第27页。

> 昨日之会，大率谈禅，使人情思不乐，归而怅恨者久之。此说天下已成风，其何能救！古亦有释氏，盛时尚只是崇设像教，其害至小。今日之风，便先言性命道德，先驱了知者，才愈高明，则陷溺愈深。在某，则才卑德薄，无可奈何佗。然据今日次第，便有数孟子，亦无如之何①。

从二程的表达来看，当时性命话题已然广泛，而这个话题得以流行的主要原因还在于释氏之风，天下靡然而向；而释氏对于社会之影响较之前代则更加深入：从其内容上来说，它不同于之前只是表面化"设教崇像"的做法，而是更多地展开对于"性命道德"的理论探讨；从其信徒来说，既然"才愈高明，则陷溺愈深"、"明智之士先受其惑"，那么就意味着佛教徒中知识分子的比例也明显提高。这样一种状况，一方面意味着儒家在道统上要承受更多的压力，另一方面，无论是因为大的社会语境之影响，还是为了回应佛教话题的挑战，儒家可能都无法回避对于性命道德的追问。性命之际成为社会的主要话题域，这一点也正可印证于同时代其他学者的相关评论：

> 且性者，子贡之所不及；命者，孔子之所罕言。今之举人，发口秉笔，先论性命，乃至流荡忘返，遂入老庄。纵虚无之谈，骋荒唐之辞，以此欺惑考官，猎取名第②。

> 今世之言性者多矣③。

> 夫性命之说，自子贡不得闻。而今之学者，耻不言性命④。

"今之学者，耻不言性命"，已经是时人所共同感受到的一种社会风气，对此司马光、欧阳修⑤、苏轼都表示了担忧，因为首先这并非儒家圣人之所论和关注："子贡之所不及""孔子之所罕言"；同时也说明了后来宋明理学畅谈心性，从其话题域上来讲，确实并不是儒家之传统，而是受到了佛教启发。对于这种因为佛教而在全社会包括儒家内部引起对于心性之关注的现象，如前所述，余英时先生亦作了相关分析，认为一方面佛教"今日之风，便先言

---

① 程颢、程颐：《河南程氏遗书》卷二上，《二程集》，第23页。
② 司马光：《论风俗札子》，《司马光集》卷四十五，第974页。
③ 欧阳修：《答李诩第二书》，《欧阳修全集》，第668页。
④ 苏轼：《苏东坡全集·宋史本传》，第2页。
⑤ 欧阳修："夫性，非学者所急，而圣人之所罕言也。""故为君子者，以修身治人为急，而不穷性以为言。"欧阳修：《答李诩书》，《欧阳修全集》，第669页、670页。

性命道德"①，另一方面僧徒与在位士大夫交游密切是宋代政治文化当中一个十分突出的现象，因此作为结果，道学中关于"心""性"的理论正是在士大夫"谈禅"的氛围中逐渐发展完成的，而那些比二程年长十余岁以上的士大夫，无论是"谈禅"还是牵连于心、性讨论，已经展开了一个探索"内圣"的共同风气②。关于这样一种状况，其实正可以以周敦颐为例得到验证。而如果抛开道统的观念，以更广阔的视角来审视当时的学风，活跃在当时的各派主要人物：周敦颐、欧阳修、二程、张载、邵雍、司马光、王安石、三苏等等，他们的学说都皆对性命问题提供了诸多关注；考虑到二程在北宋亦只是一家，其影响力是到南宋才真正发挥出来的，因此以上各家之广论心性就不会只是洛学的影响。要之，性命道德的内圣之学已经在当时广泛展开，也在儒家内部引起了关切和回应。故可以这样说，在佛老道德性命话题的引导下，从宋初开始，性命之论已经成为社会之普遍论题并儒家的课题所在。

  另一方面，从儒家内部来说，为了回应这一话题，能够提供相关信息的传统资源就会更容易引起人们的兴趣，这意味着对于既有经典的重新审视，也意味着发现新的经典资源。从后来宋明理学之发展来看，《易》与四书起到了重要的作用，但是对比之于周敦颐，可以直观地发现，这五部典籍进入理学的过程并不一致：以周敦颐为例，他的哲学体系当中，显然《易学》起到了核心作用，《中庸》《论语》与其心性论、工夫论之建立亦关系密切，相较之下，《孟子》《大学》的利用则显得滞后。因此为了还原二程当时的经典语境，我们可以重新审视宋初到二程关于各部经典的主要著作情况：《周易》学有胡瑗的《周易口义》、刘牧的《易数钩隐图》、周敦颐的《太极图说》以及《易通》、司马光的《温公易说》、张载的《横渠易说》、程颐的《程氏易传》、苏轼的《东坡易传》；《论语》学有邢昺的《论语集解》、胡瑗的《论语说》③、王安石的《论语解》、吕惠卿的《论语义》、苏轼的《论语解》、苏辙的《论语拾遗》、龚原的《论语解》、王雱《论语口义》；《孟子》学有孙奭的《孟子音义》、张载的《孟子解》、王安石的《孟子解》、程颐的《孟子解》、苏辙的

---

① 原文出自程颢、程颐：《河南程氏遗书》卷二上，《二程集》，第23页。
② 可参看余英时：《朱熹的历史世界·通论》。
③ 《宋元学案》中辑有片段。

《孟子解》、龚原的《孟子解》、王雱的《孟子解》；《中庸》学①有胡瑗的《中庸义》、司马光的《中庸广义》；《大学》学有司马光的《大学广义》以及《致知在格物》、程颢的《改正大学》、程颐的《改正大学》②。

　　以上的清单可以作为当时经典之受关注状况的一种参考，如前所论，只从数量上来看的话，《周易》《论语》《孟子》受到的关注已经较多，而《中庸》《大学》相对要少些；但是如果与宋代以前相比，《孟子》《中庸》《大学》的研究反而显得突出，因为《周易》《论语》都可以算作既有的经典，它们之受到重视是一以贯之的，北宋亦继承了这种传统；而研究《孟子》的著作，之前比较有影响的只是赵岐的《孟子注》，现在却增加了很多，而《中庸》和《大学》本来都是作为《礼记》中的篇章，很少单册发行或者受到研究，现在却也作为单篇受到关注。简言之，《孟》《学》《庸》的地位在上升，但是速度与深度并不一致。

　　如同第一点分析过的，性命道德之学在当时已经成为共同话题，其实《孟》《学》《庸》真正被选择的主要原因依然在于它们本身富含对于这个问题的解答。那么综上所述，宋明理学经典语境的形成其可能的理路应当是：从中唐而发起的古文运动中，韩愈、李翱二人已经提示了对于《学》《孟》《庸》的关注；进入宋朝之后，古文运动的影响力不断展开，韩李二人对于经典的态度也得以发挥影响；同时，如果承认佛教中看重《中庸》的风气对儒者的影响，那么，可以这样说，通过佛教徒与士大夫之交流，《中庸》的心性价值进入儒家的视野，在这种"谈辩境域"中，与其说是《中庸》作为一部经典而影响儒家，不如说佛教之心性话题更深入的引起儒家之兴趣，同时也广泛的塑造了当时社会的整个风气，而《易》《论》《学》《孟》《庸》中恰好有很多资源适可于此提供一种理路支持，因此它们的理论价值之被发觉就只是一个时间问题。

---

　　①　对于《学》《庸》的重视，韩愈、李翱的启暗之功仍然是一个不能忽视的前提，由于宋初古文运动的开展和到中期所取得的胜利，韩、李对于当时儒家学者的影响依然是可以预见的。

　　②　关于北宋四书学的形成，可以具体参看：朱汉民、肖永明：《宋代〈四书〉学与理学》中篇第三章《宋代的儒学复兴活动及〈四书〉学的兴起》，北京：中华书局，2009年，尤其是第83—97页，其中有更为详细的梳理。

二、二程之前天理与理的概念

在这样一种时代话题和经典语境之下,二程突出的贡献就在于"天理论"的创建;而天理论之建立正是理学创生真正完成的标志。二程有两句话适可为此作注脚:"呜呼!自予兄弟倡明道学,世方惊疑。"① "吾学虽有所授,天理二字却是自家体贴出来。"② 二程认为他们学术之独创性就在于天理之体贴,所谓"体贴"意味着这个概念虽然已经在传统资源中被使用或者定义,但是其中真正的意涵却是自此才得以准确地理解和说明;这种对于天理的发明,带来的结果则是"世方惊疑",这无疑可以作为二程对于天理意涵独特性解释的一个旁证,发前人之未发,方有惊世之效。但天理与理概念又有相通之处,由此可以归结出二程天理论实际上应该包含两个层次的内容:其一,对于传统天理或者理概念及其相关含义的继承;其二,为天理或者理所增加的新意涵,同时打通天理与理之间的关联。因此下文的分析将遵循这样一个脉络:总结传统资源中天理与理的意涵,并指明其理论来源,只有以此对比二程的天理理论,方可呈现后者之创新究竟何在。同时,以对这种"新"内容之发现为线索,相应的追溯这种创新得以实现的经典依据。反过来说,正是通过这些资源或者经典的重新利用,二程超越了传统天理和理概念的意涵,实现了创新,从而建立起自己的天理理论并完成了理学之确立。

(一)二程之前的天理

天理一词最早见于《庄子·养生主》:"依乎天理,批大郤,导大窾,因其固然。"③ 指的是依据牛身本然的结构脉络运刀行力才可以达到游刃有余的效果。唐成玄英注:"依天然之腠理。"④ 这是天理最初的意义。在此之后,天理一词的运用零星地见于各朝各家的著作当中,但是截止到宋朝之前,这种

---

① 程颢、程颐:《河南程氏文集》卷十一,《二程集》,第643页。
② 程颢、程颐:《河南程氏外书》卷十二,《二程集》,第424页。
③ 《庄子·养生主》。
④ 王先谦、刘武:《庄子集解·庄子集解内篇补正》,沈啸寰点校,北京:中华书局,1987年,第29页。

运用的总数并不多。统计《四库全书》所载典籍，宋朝之前天理一词的全部用量，不足150处：其中《唐开元占经》中出现25次，这可能与本书多记载天象的内容有关；其他各书的使用次数都在1—5次之间，而其中以1—2次为使用频率的情况约占4/5，而且再无超出5次的频率。沟口雄三先生亦对天理范畴的使用情况做过相关统计，在此可以一并参详："'天理'一次的用例却极少。仅限于我个人的不完全统计看，在汉代以前的主要文献中，《庄子》《韩非子》《淮南子》中各一例，《春秋繁露》中有三例，十三经中的《礼记》仅有两例。六朝时期的文献，如《嵇康集》四例，郭象《庄子注》三例，张湛《列子注》四例……从目前的整体印象来说……唐代的情况也大致相同，如《刘禹锡集》中也仅见一例"①。而从其具体使用情况来看，可见这样的特点：其一，如此低频率的使用范围，最直接的说明了天理到宋朝之前还不是一个重要的哲学概念；其二，从其使用的主体来说，最先使用天理概念的是道家，而后来的使用则遍及道家、儒家、法家等等，同时儒家对天理概念较之其它各家并无特殊的重视。其三，从天理的具体使用来看，其意涵也呈现出一个越加丰富的过程；总结其主要意义，以下略举几例：

第一，天理之本义是"天然之腠理"："依乎天理，批大郤，导大窾，因其固然。"

第二，天理即是自然："此天理自然，人之所宜，三王所不易也。"②

第三，天理是长存不变的："自古及今，未尝变易，谓之天理。"③

第四，天理与人伦相联系："天理人伦，燕婉娱心。"④

第五，天理是人之本性，反过来说不本乎天理也就会带来背失情性的结果："不逆天理，不伤情性"⑤，"背情失性，而不本天理也。"⑥

---

① 沟口雄三：《论天理观的形成》（沟口雄三、小岛毅主编，孙歌等译：《中国的思维世界》，南京：江苏人民出版社，2006年，第225页）。
② 嵇康：《嵇康集校注》卷四《黄门郎向子期难养生论一首（附）》，戴明扬校注，北京：人民文学出版社，1962年，第167页。
③ 王利器撰：《自然》，《文子疏义》卷八，北京：中华书局，2000年，第345页。
④ 嵇康：《嵇康集校注》卷四《黄门郎向子期难养生论一首（附）》，第166页。
⑤ 《韩非子·大体》。
⑥ 嵇康：《嵇康集校注》卷第四《黄门郎向子期难养生论一首（附）》，第167页。

第六，天理是德行的根据和源头："人之德行，化天理而义。"①

第七，天理与人欲相对待："人化物也者，灭天理而穷人欲者也。"②

入宋，对天理的使用状况亦无多大改变，统计当时天理一词的主要用例：孙复1处，胡瑗5处，范仲淹4处，欧阳修6处，司马光2处，张载31处，王安石4处，苏轼5处，邵雍8处，二程91处③。对于这一结果，最直观的感受就是二程对于天理一词使用频率的忽然增高，这意味着天理对于二程已经不再是一个普通的哲学词汇，而是开始变为他们哲学体系中一个相当重要的范畴，相比之下，除了邵雍、张载也给予了天理多一些的注意，其他人对于天理的使用则均保持在较低的水平；而就邵雍和张载来说，二者尤其是张载与二程则有较多的学术交流。于是可以这样推论，因为在当时，洛学并没有发展为显学，即使二程的理学着重发明天理之说，但是在二程之前或者二程当时的社会，并无对于天理之特别关注；因为邵雍、张载，尤其是张载与二程之间多有学术交流，因此可能在二程之影响下，开始留意到天理范畴之价值。但是这样一种推论亦有漏洞，因为按照逻辑来讲，以张载为例，他对于天理亦有较多之使用，虽然较二程为少，但是也可能正是张载首先启发了二程对于天理概念之关注，只是二程因其自己"体贴"之功，天理反而因为二程而更多的彰显了其特别的地位。要回应这个问题，则需要对张载天理之概念作出考察。而从张载之具体运用来看，首先，最重要的在于，虽然他更广泛地运用了天理的表达，但是就天理之意涵来看，并无明确的创新，他对于天理的使用并没有突破以往各种用创中的主要含义；其次，从天理在其整个哲学体系的地位中看，既不足以体现张载哲学的主要特点，也不足以成为其中一个非常重要的概念，相比于太和、太虚、三两、鬼神等概念，天理在张载之哲学体系中显然只能是居于第二层次的概念。在张载并无创新和突出天理之哲学意涵和地位的情况下，二程则实现此义，那么更合理的解释应当是前者受到了后者的影响而不是相反，否则张载如此之使用天理，实不足以引起二程之关注。二程之看重天理与其创新天理之义正是其"体贴天理"之一

---

① 董仲舒：《春秋繁露·为人为天》，叶平注译，郑州：中州古籍出版社，2010年，第131页。

② 《礼记·乐记》。

③ 此处对于二程的统计包括《二程外书》；若不包括《外书》，则二程对于天理的用例共计78处。

体两面。

(二) 二程之前的理①

相比于天理概念的这种使用情况，理概念的使用无论频率还是总量都多出很多，究其原因，一方面，从词源上来看，天理一词的产生，其前提是它需要融合天与理各自的内涵；换言之，理的产生在时间上一定比天理早，在含义的延伸上更自由；另一方面，正如土田健次郎先生指出的："正如岛田虔次所说：原本，理这个词语并非文言，而是日常口语中的一个极普通的词语，无可怀疑（《朱子学与阳明学》92页，岩波书店，1967年），理是渗透在日常精神生活当中的东西。"② 即在天理与理概念从产生到流传的更长时间当中，理都具有一种更加平常的特质，这种便于利用的特点增加了它的使用频率和数量，而天理一词几乎是到明朝《性理大全》传播开来以后，才从一个纯粹的哲学概念变成一个适合日常表达的概念。

理的使用最早见于《诗三百》，是整理、治理的意思。此后到宋为止，一直被各家各派广泛地使用，因此它的内涵也处于不断丰富的过程中，对理的规定也就更加多面。下面在前人研究成果的基础上，简要总结在入宋之前，理概念的主要特征。

其一，物之理。将理与物相联是理概念的基本内涵之一，这种用法从先秦时期就已经出现，比如《韩非子·解老》："理者，成物之文也……故理之为物之制。"③《荀子·解蔽》："凡以知，人之性也；可以知，物之理也。"④

---

① 对于理之涵义发展演变的追述和总结，学界已有相关的著作，可以参看：唐君毅《原理（上）——理之六义与名理》和《原理（下）——空理、性理与事理》（原载唐君毅：《中国哲学原论·导论篇》，北京：中国社会科学出版社，2005年）；韦政通：《中国哲学辞典》，长春：吉林出版集团有限责任公司，2009年，第519－522页；张立文主编，徐苏铭、蔡方鹿、张怀承、岑贤安、张立文著：《中国哲学范畴精粹丛书——理》，北京：中国人民大学出版社，1991年；邓国光：《经学义理》，上海古籍出版社，2011年。钱穆：《王弼郭象注易老庄用理字条录》，原载《庄老通辨》，三联书店，2005年，第379－418页。以下所述则是在现有研究之基础上，再加以提炼和概括，并尝试对于理概念使用之诸多特点做出归纳。

② 土田健次郎：《道学之形成》，第53页。

③ 《韩非子·解老》。

④ 《荀子·解蔽》。

而对于理概念的这样一种使用方式可以从五个角度来把握：第一，如果一"物"一理，那么结果必然是"物"相异，同时理亦相异，所以"异理""殊理"就是题中之义："万物各异理，而道尽稽万物之理。"①"万物殊理，道不私，故无名。"② 第二，正是在"万物殊理"的基础上，所以产生了各种不同的理，见于记载的理之种类非常多：天地之理、文理、是非之理、地理、伦理、人理、阴阳之理、刚理、柔理、聚散之理、变化之理、条理名实之理、治乱之理等等。第三，如果每一物都有一理，那么天下万物所拥有的理就是"天下之理"或者"万物之理"："易简而天下之理得矣！"③"夫八卦备天下之理，而未极其变，故因而重之以象其动用"④；同时所谓"天下之理"或"万物之理"的表述方式表明，它们所关注的是理的总体或者是理之数量的集合，换言之，这两个概念更侧重"物理"之间的区分，而没有发现或者不偏重强调这些"物理"之间可能存在的联系，比之"大理""同理"等概念来看，意义并不相同。第四，虽然"物"与理的关系一直都被注意到，但是对于二者关系的理解亦呈现出一个演进的过程：大约魏晋之前，已经注意到"物"中有理，但是这时候理的含义主要是"物"呈现出的一定特点或者规律；魏晋之后，二者的关系有了一个崭新的说明："物无妄然，必由其理"⑤，理开始决定"物"的存在；这是一个在道家思维方式影响下发生的重要转变，因为理开始被放到了"物"之前而成为本体的范畴。第五，因为理的内涵由最初的"纹理"深化为"物"之中一种规律性存在，因此在理是否可见的问题上就出现了不同的情况：作为"文理"来讲，与"形体""色"一样是物体表现在外的一种性征，因此"形体、色、理以目异"⑥，但这种意义上的理与其特点只是在理概念使用的前期才存在；之后当理作为事物本然的状态或者规律而言时，它的特点就是"未形"而"不可观"的："未生不可忌，已死不可阻，死

---

① 《韩非子·解老》。
② 《庄子·则阳》。
③ 《周易·系辞上》。
④ 王弼、韩康伯注，孔颖达疏：《周易正义》，第294页。
⑤ 王弼：《周易略例·明象》，《周易注疏》，王弼、韩康伯注、孔颖达疏、陆德明音义，北京：中央编译出版社，2013年，第430页。
⑥ 《荀子·正名》。

生非远也，理不可睹"①，"极未形之理则曰深，适动微之会则曰几。"②

其二，理与类、一理、道理。如上分析，按照物之理的规定，一物一理，物物殊理，但是现实的生活中其实很容易观察到一类事物也会体现出这类事物所共同拥有的理，这样，理就从与具体某一物的关系扩展到与类的关系："类不悖，虽久同理"③。如此，看重分殊之理就可以向看重联系之理过渡，这是一个很重要的思路，因为沿着这条由特殊到一般的线索，一理的概念就有了中介而呼之欲出："贯理""通理""理有会""大理"等不同的说法都在一定程度上表达了一理之意。这种思想从先秦时起就已经出现，如《荀子·天论》曰："百王之无变，足以为道贯。一废一起，应之以贯，贯理不乱"，后来亦有多家发挥。而实际上，本来一物对应一理，一类对应一类之理，但是如果有一理可以统御万物，那么与统御万物的道的含义也显得十分相似；这种相似本来就包含在理的设定之初，因为万物有特殊与一般的关系，就必然存在殊理与一理的过渡，于是理与道的关系其实需要作出更明确的区分或者说明。

道与理之间的关系从先秦起就已经有了很多讨论，大体来说道与理之间的联系是各家都共同认可的：《管子》认为顺理就不会失道，由道即得正理："顺理而不失之谓道"④，"道者，所以变化身而之正理者也。"⑤《韩非子》《荀子》《文子》《庄子》、刘劭、郭象等，则直接称为"道之理"或者"道理"："夫缘道理以从事者，无不能成"⑥，"辞顺而后可与言道之理。"⑦但是虽然道与理相联系，在韩非子看来，从时间和存在的过程来看，二者毕竟不同，每物各有定理，由于物有毁亡过程，那么物之理必定也不会长存，从这个角度上来说，只有道才是常道："故定理有存亡，有死生，有盛衰。……不可谓常……而常者，无攸易，无定理。无定理，非在于常所，是以不可道也。……故曰：'道之可道，非常道也。'"⑧这样，道与理已经被区分开了；

---

① 《庄子·则阳》。
② 王弼、韩康伯注，孔颖达疏：《周易正义》，第285页。
③ 《荀子·非相》。
④ 《管子·君臣》。
⑤ 《管子·形势解》。
⑥ 《韩非子·解老》。
⑦ 《荀子·劝学》。
⑧ 《韩非子·解老》。

而从二者的意义上来说,道是万物背后的原因,所谓"万物之所然也",而理是"成物之文",就此而论,道是理的原因:"道者,万物之所然也,万理之所稽也。理者,成物之文也;道者,万物之所以成也,故曰:'道,理之者也。'物有理,不可以相薄……故理之为物之制。"① 从这两个方面来看,道与理并不是处于同一哲学层次的概念。不过,实际上如上所述,一旦理的含义从"物之理"走向"类之理",最后一定会得到与道概念几乎一致的一理意涵;而正式揭示出这种一理与道之相通性的也正是二程的贡献之一。

其三,理与义、理与礼、理与欲。如果有一理的存在,那么理与义之间的联系也就是必然的;但实际上真实的逻辑发展过程可能是因为发现了理与义以及其他众多范畴之间的相互关系,才更容易促进理一理论的实现。理与义之间的关系也是从先秦起就已经有了相关的说明,孟子较早的发现了理与义之间的亲近性:"心之所同然者何也?谓理也,义也。圣人先得我心之所同然耳。故理义之悦我心,犹刍豢之悦我口。"② 但是他并没有再深入具体的予以说明;《管子》则明确地指明"义出乎理",把理作为义的原因:"故礼出乎义,义出乎理,理因乎宜者也"③;以后《吕氏春秋》、王充、刘绍、王弼都有理义或者义理并称之语,包括"义犹理"都说明了理与义之间的相互联系。

而如果"义出乎理"、"义犹理",那么作为义之外在表现形式的礼,其本质就无疑是理:"故礼者谓有理也。"④ "礼也者,理之不可易者也。"⑤ 同样,如果理是事物本来的状态和规律,那么在对待物、对待事时按照理来进行就成为一种必然的选择:"不义不处,非理不行"⑥,"其处小弱也,因道而动,修理而行。"⑦ 相反,如果不遵循理而行,其结果则是:"不中者死,失理者亡。"⑧ 正是因为理成为了人之行动的标准,在这个意义上,理可以被称为正

---

① 《韩非子·解老》。
② 《孟子·告子上》。
③ 《管子·心术上》。
④ 同上。
⑤ 《礼记·乐记》。
⑥ 《墨子·非儒》。
⑦ 严遵:《大国篇》,《老子指归》卷四,王德有点校,北京:中华书局,1994年,第71页。
⑧ 《管子·四时》。

理:"古今之通道,人心之正理也。"①

不同于理与义、理与礼之间相互联系相互统一的关系,欲则被经常处理为与理相对的范畴:"心之所可中理,则欲虽多,奚伤于治!……心之所可失理,则欲虽寡,奚止于乱!"②"理自无欲"③,"仁人者正其道不谋其利,修其理不急其功。"④理是行为的标准,"心之所可中理",那么即使有很多欲望,但是依然能够加以控制调节,而不破坏治,甚至有理则无欲,即无所谓控制欲望,欲望已然消失;相反,则只会带来乱的结果。同理,理与功之间也有一种相互制约的关系,其实功本身就可宽泛地理解成欲的一种,那么"以理制欲"就意味着"以理制功"。

其四,理与性、理与情、理与心、理与德。如果有一理的存在,那么贯通天人就应当是题中之义,建立理与性之间的关系也就是必然的结果。二者关系的探讨亦起始于先秦,从内容上来看则包括四层:第一,性作为存在的实体,有自己的理,即所谓"性之理"和"性命之理",《周易·系辞上》曰:"昔者圣人之作《易》也,将以顺性命之理。"⑤第二,理成为性的规则:"故性缘理而不迷也。"⑥第三,"理,犹性也。"⑦以性诠理,意味着在对待事与物的关系当中,理与性无论是在发挥的作用上,还是地位上,都彼此相似;第四,性源于理,理是性的来源和原因。郭象认为:"性分各自为者,皆在至理中来,不可免也。"⑧这四个方面其实呈现出理的地位不断被提升的过程,在与性的关系中,最终成为性的形上依据,而这是直到魏晋才得以完成的,也是与"物无妄然,必由其理"中把理作为"物"的本体相应的。要之,到魏晋时,理已经成为本体论的一个重要概念。

---

① 严遵:《万物之奥篇》,《老子指归》卷五,第75页。
② 《荀子·正名》。
③ 郭象:《刻意》,《庄子注》卷六,第84页。
④ 董仲舒:《春秋繁露·对胶西王越大夫不得为仁》,第104页。
⑤ 《周易·系辞上》。
⑥ 韩婴:《韩诗外传集释》卷三,许维遹校释,北京:中华书局,1980年,第113页。
⑦ 这是出自郑玄为《礼记·乐记》所作的注:"好恶无节于内,知诱于外,不能反躬,天理灭矣。"参见郑玄注,孔颖达疏:《礼记正义》,第1083页。
⑧ 褚伯秀:《达生》,《南华真经义海纂微》卷五十八,影印文渊阁四库全书,第1057册,第456页。

与性相关的另外两个重要概念是情与心，理与这两个概念的关系也都被探讨过：从情与理的关系来说，情存在自己的理，所谓"情之理"或者"情理"："九地之变，屈伸之利，人情之理，不可不察也。"① 王弼则认为："文明以动，不失情理也。"② 而在何晏的观点中，更提出情与理相违背的一面："凡人任情，喜怒违理。"从心与理的关系来看，徐干提出的"心统乎群理"是一个重要结论："其异乎人者，谓心统乎群理而不谬，知周乎万物而不过，变故暴至而不惑，真伪丛萃而不迷。"③ 但是并没有得到很多的响应或讨论。与此相关的还有理与德关系的探讨。从表达的内容来看，理是德的标准，换言之，理是德的必要条件："施行得理谓之德，反德为怨。放理洁静谓之行，反行为污。"④

其五，理与数、理与事、理与迹。与理相关的这几对对偶范畴都在后来的理学产生和发展过程中发挥过重要的作用，就理与数而言，在宋明之前讨论的很少。不过董仲舒说过："气同则会，声比则应……非有神，其数然也……明于此者，欲致雨则动阴以起阴，欲止雨则动阳以起阳，故致雨非神也。而疑于神者，其理微妙也……相动无形，则谓之自然。其实非自然也，有使之然者矣。"⑤ 从这段话本身来看，董仲舒认为"气同则会，声比则应"并非源于神，而是数所起的作用；人们往往错解为神的原因是因为"其理微妙也"，这里实际上是指"数之理"微妙。

不同于理与数的探讨，理与事的关系受到了更多关注，它的探讨也是始于汉代，但是意义却丰富很多：一方面，事与理相联系：首先，郑玄以事训理，"理，犹事者也"⑥，在理与事之间建立起一种密切的联系；其次，"事之理"的表述，则意味着事必有理；再次，"事以理接"⑦，理是行事的标准；最

---

① 《孙子·九地》。
② 王弼、韩康伯注、孔颖达疏、陆德明音义：《周易注疏》卷九，第295页。
③ 徐干：《中论》下，《四部丛刊正编》○一八，王云五主编，台北：台湾商务印书馆，1979年，第40页。
④ 贾谊：《道术》，《新书校注》卷八，闫振益、钟夏校注，北京：中华书局，2000年，第303页。
⑤ 董仲舒：《同类相动》，《春秋繁露》卷十三，第173页，174页。
⑥ 这是郑玄对《礼记·乐记》："乐也者，情之不可变者也。礼也者，理之不可易者也"的注；参看郑玄注，孔颖达疏：《礼记正义》（下），第1116页。
⑦ 郭象：《在宥》，《庄子注》卷四，第60页。

后,"言此先后,虽是人事,然皆在至理中来"①,理成为事的本体。另一方面,理与事相区别:"其事弥繁,则愈滞乎有。其理弥约,则转近乎道。"② 不同于事,理显然与道有一种更为亲近的关系;再者,"事显而理微也"③,这与理之无形的特点相应。在此之后,唐代华严宗最擅盛言理事关系。

另一个与事相近的概念是迹,关于理与迹关系的探讨较少:郭象有"理至则迹灭"④之论,这是把理看做迹的本体,迹可灭,而理无消亡,甚至理可以脱离迹而独立存在。到魏晋时期,理在与物、性、事、迹的诸多关系中,都实现了自己本体的地位,这是理概念发展到魏晋之后的一个重要变化。

其六,理的特性。如上所述,魏晋时期因为玄学思维方式的影响,理的内涵实现了重要突破,尤其是确认了理的本体地位,与此相应也出现了至理、本理、独化之理、无为之理、自然之理、名理等诸多新范畴和新论题,而这些对于理之新界定皆有其崇无或尊有的特殊含义。同时,伴随着理之本体地位的确立,相应地对于理的特性有了更多的解释:一为所以然之理:"夫识物之动,则其所以然之理,皆可知也。"⑤ 二为必然之理:"不得已者,理之必然。"⑥ 三为自然之理:"推类辨物,当先求之自然之理。理已定,然后借古义以明之耳。"⑦ 这些对于理之特性的规定与理的本体地位是相互发明的,理是事物所以然的原因,有必然性,而出于自然。在这些规定中,理的理论变得更加完整和全面。

以上只是就其中一些主要意涵简单分析,并不能涵盖所有用例和意义,下面在上述分析的基础上,对于宋代之前理概念的特点尝试做出初步概括:

首先,从对于理论述的范围来说,已经非常广泛,不仅包含了理本身的特点,而且就它与各种实体之间的关系都进行了探讨。大体来说,比如理与物、理与道、理与义、理与性、理与事、理与类、理与情、理与心、理与数、

---

① 郭象:《天道》,《庄子注》卷五,第70页。
② 李鼎祚:《周易集解》卷十六,王鹤鸣、殷子和整理,北京:中央编译出版社,2011年,第286页。
③ 王弼、韩康伯注、孔颖达疏、陆德明音义:《系辞下》,《周易注疏》卷十二,第394页。
④ 褚伯秀:《内篇逍遥游》,《南华真经义海纂微》卷一,第11页。
⑤ 王弼、韩康伯注、孔颖达疏、陆德明音义:《周易注疏》卷一,第34页。
⑥ 褚伯秀:《人间世》,《南华真经义海纂微》卷八,第93页。
⑦ 嵇康:《声无哀乐论》,《嵇康集校注》卷五,第204页。

理与迹、理与欲、一理等等。

其次,魏晋时期是理概念发生重要变化的时期,这就是理在与物、性、事等诸多关系中实现了其本体地位,这是秦汉时期理的范畴所没有彰显的新含义。归其原因,应当与魏晋玄学深受道家道之本体思想的影响有关,相应的,这时具有本体地位的理,其内容一般指的是无或者"独化之理"。与此同时,对于理之特性的规定也更加清晰全面,比如所以然之理、必然之理、自然之理等都是较为常用的表达。进入隋唐后,佛教理范畴的含义亦十分丰富,比如以真空为理等等。

再者,宋代之前的理还有一个值得特别关注的地方,在于从"万物之理""天下之理"这种数量集合的概念,实现一理、通理、贯理的抽象,后者不再是一种简单的数量加法,而是从理之内涵的相互关系出发才得出的结论。这其中,理与类关系的探讨成为讨论的中介:如果理的概念可以从物走向类,那么天地万物最大的一类便是它们共同存在的本身可以分享同一理,这是中国古代哲学对于特殊与一般关系理解的深化。

最后,理概念的主要使用者并不是儒家,尤其是孔孟言理的时候更少,相比而言,道家和佛教对于理范畴的使用和其意义的拓展都起到了更为明显的作用。对此,戴震曾经指出:"《六经》、孔、孟之言以及传记群籍,理字不多见。今虽至愚之人,悖戾恣睢,其处断一事,责诘一人,莫不辄曰理者,自宋以来始相习成俗,则以理为'如有物焉,得于天而具于心',因以心之意见当之也。"① 儒家言理成为风尚实是宋朝之后的事情,而首倡天理之说的就是二程。

了解了宋朝之前天理和理概念的使用情况和基本内涵,就可以通过对比二程的天理和理的理论来发现二程"体贴"天理的真正含义②:哪些是继承的已有思想,哪些是加以改造、哪些又是完全创新的。有了上文的分析,二程对于传统理论的继承,对比之下已然显然,那么下文所呈现的就以二程天理论不为上述所充分包涵的意义为主,也就是二程天理论的创新所在;并且按

---

① 戴震:《孟子字义疏证》卷上,何文光整理,北京:中华书局,1982年,第4页。
② 期间会涉及天理与理之间的关系,将在后文中具体说明。

图索骥，追溯其可能的经典来源，以此为经典与二程之学①的关系，甚至经学与理学之关系备为一解。

三、体贴天理的灵感

如上所述，宋之前，天理和理本不是儒家的重要概念，出现的频率和次数都不高，而且天理概念即使在儒家之外，受到的关注也很少。除了上文曾经做过的统计，可以再补充沟口雄三先生的观点以佐理解："'天理'一次的用例却极少……这种状况进入北宋仍是一样的……除了欧阳修（1007－1072年）有数例、张载（1020－1077年）有十数例之外，其余的则全部加起来也不超过三十例，而且是以一二例的频率散见于各处。但到了程子，一举发现了七十余例，从这一点上来说程子是极突出的存在，就像一望无际的大平原上突然出现了一个名为'天理'的村落。"② 以天理概念来说，只从数量上已经凸显出二程对它的格外看重以及与其他各家的不同。因此可以说着重于天理和理的行为本身已经是二程"天理论"的第一个创新，尤其从儒家系统的内部来看更是如此。那么问题就在于：其一，二程是如何有可能发现天理或者理的重要性？这是怎样的一种重要性？其二，儒家本来亦有自己的概念系统，那么有什么必要非得重新引入一个核心概念呢？以上两者的成立可能都

---

① 二程学术之间的差别在学界已经多有讨论，但是这里并不拟对二者做出分判；这样一种处理的方式可以以下列的理由作为支持，即：从当时的学术环境来看，与其说二程之间的差异更为明显，不如说二者同倡天理之论显示出更大的相似性，这种相似性是同时代任何两个其他学者之间都无法比拟的，而且，如果没有小程学术的发展，大程天理之论是否会有后来巨大的影响力，适难定论；反过来说，如果没有大程的启发，小程对于天理之认知究竟如何亦难断言（从大程说天理是他自家体贴出来就可以知道，小程必然是首先受到了大程的启发）；同时，无论二者有怎样的性情差异与工夫偏向，但是他们一起发现天理，肯定它的本体地位，并且以此本体贯通心性与工夫，这些则是在理学创生期中更加重要的贡献。换言之，如果是一种从后到前的追溯，即如果要寻找理学心学分殊之源头，二程之差异必然不可忽略；但是如果这种分殊本不是需要面对的问题，我们之目的在于明白理学怎样从前而后，从无到有发展，那么到宋朝这时的学术语境为止，不去处理二程间的差别亦是可以的。

② 沟口雄三：《论天理观的形成》，《中国的思维世界》，沟口雄三、小岛毅主编，第225页。

与《周易》的资源有很大的关系。

(一)"穷理尽性以至于命"

本章开篇时已经分析过,二程所生活的时代,探求性命之际的问题已经成为一种普遍的文化语境;二程对此的关注,从程颐早年所做的《颜子所好何学论》中,即可窥见一斑。在这个问题的引导之下,按照逻辑来讲,一些有利于提供解答的资源就会尤其受到注意。如果以此思路而推测,那么下面这段话就可能在很大程度上提示了二程对于理的关注:

> 昔者圣人之作《易》也,幽赞于神明而生蓍,参天两地而倚数,观变于阴阳而立卦。发挥于刚柔而生爻,和顺于道德而理于义,穷理尽性,以至于命①。

这段话出自《周易·说卦传》。其中"穷理尽性以至于命",被明确地表述为圣人作《易》的目的之一;而在儒家对于理为数不多的阐发当中,这种表述显得非常突出:因为这里不仅提到理,而且明确地在理、"性"与"命"之间建立起一种紧密的联系,这就使得对于性命问题的追问与理的概念发生了直接关联,而且尽管二程后来认为"穷理""尽性""至命"三者是一已完成的并列关系,但是无论如何"穷理"是被排在最前面的,这样一种表述方式仿佛肯定了在实践中"穷理"的一种优先性地位。而《周易》对于理与"性"、"命"关系的启示至少还有另外两处可供参详:其一,《说卦传》指出"昔者圣人之作《易》也,将以顺性命之理,是以立天之道曰阴曰阳,立地之道曰柔曰刚,立人之道曰仁曰义"②,如果说在上一句话中圣人作《易》的目的还有"幽赞神明","参天倚数","观变阴阳"等,那么在这里,已经凝结成"顺性命之理"这样一个最为重要的目的,而且这正是《周易》立阴阳、柔刚、仁义的原因所在。其二,除此之外,《周易》之看重理还包括《系辞上》"易简而天下之理得矣"③的表述,"易简"是乾坤之大德,乾坤是易之门户,那么《易》的效果就在于得"天下之理",再推一步,虽然这里没有直说,但是此"天下之理"亦当包含"性命之理"于其中,换言之正是《易》

---

① 《周易·说卦传》。
② 同上。
③ 《周易·系辞上》。

而可得性命之理，从而与上句相应。要之，《易》本重理，而其中的原因之一在于《易》的作者已经发现了它与性和命之间直接的关系。但是即使如此，直接得出"穷理尽性以至于命"的表述是启发二程看重理的灵感之结论，似乎还是失之于快；但是二程本身对于"性命之理"和"穷理"的观点都非常看重，毋宁说恰好提供了对此的佐证：

> 易，变易也，随时变易以从道也。其为书也，广大悉备，将以顺性命之理，通幽明之故，尽万物之情，而示开物成务之道也①。

> 六十四卦，三百八十四爻，皆所以顺性命之理，尽变化之道也②。

伊川继承了《说卦传》中将"顺性命之理"看做《易》之为书目的的做法，反复重述，显示出他本身对于"性命之理"这种提法的认同和重视。可见，二程对于《易传》"穷理尽性以至于命"以及"性命之理"的表述确实不可等闲视之，他们于此发现了穷理对于安身立命工夫，以及对于沟通心性和工夫的重要意义，那么认为由此表述而启发他们对于理的重视和灵感，也就是可以想见的了。另一个更为有力的证据则是，二程重视《大学》"格物"之说，但是他们并没有直接延续汉唐对于"格物"的训诂，而是创造性的以"穷理"来解释"格物"，这正是下文的内容。

（二）格物穷理致知的进路

二程非常看重《易传》"敬以直内，义以方外"的观点："'敬以直内，义以方外'，仁也。"③"彼释氏之学，于'敬以直内'则有之矣，'义以方外'则未之有也。"④"《易》之《乾》卦言圣人之学，《坤》卦言贤人之学，唯言'敬以直内，义以方外，敬义立而德不孤'。至于圣人，亦止如是，更无别途。"⑤换言之，敬义夹持方是儒家成圣之途。具体来说，二程一方面虽然强调"涵养须用敬"，但同时亦认识到因为"敬"归根到底依然只是一种精神或者心理的状态，"似乎还不是心的生命，因此亦并未接触到心力之真源……仍没有内

---

① 程颢、程颐：《易传序》，《二程集》，第689页。
② 同上书，第690页。
③ 程颢、程颐：《河南程氏遗书》卷十一，《二程集》，第120页。
④ 程颢、程颐：《河南程氏遗书》卷四，《二程集》，第74页。
⑤ 程颢、程颐：《河南程氏遗书》卷二上，《二程集》，第20页。

容。"① 因此程颐又提出"义"来补充"敬"的内容，这可能受到《孟子》强调"集义"的影响："敬只是涵养一事。必有事焉，须当集义。只知用敬，不知集义，却是都无事也。"② 为了能够真正辨识清楚"义"的内容，因此除了"涵养需用敬"，还需要"进学则在致知"，换言之，"义"的问题与"致知"的理论亦是相互联系的。③

如前所论，《大学》在宋代之前并无单行本，且其义理价值长期暗而不彰。韩愈之表彰《大学》也主要是从入世伦常的角度作为驳斥佛老出世遗俗的一种参证，其中微言大义直到二程才真正得以显豁和推重。从《大学》的文本来看，其中一个最为显著的特点是"三纲八目"的设置，它不仅涵盖了内圣外王的儒家理想人格，以此成为区分佛道价值观的一个重要参证，另一方面，八目之间层层相递，并最终将工夫论的入手之处明确地落实到"格物"，从而使得成圣之行有了具体的落脚点。

关于格物的训解历来争讼尤多，古人所论已繁，今人观点亦莫衷一是④，但是从《说文》来看：格"木长皃。从木，各声"⑤。段玉裁注曰："以木长别于上文长木者，长木言木之美，木长言长之美也。木长皃者，格之本义。引申之，长必有所至。故《释诂》曰：'格，至也。'抑《诗传》亦曰：'格，至也。'凡《尚书》'格于上下'，'格于艺祖'，'格于皇天'，'格于上帝'是也。此接于彼曰至，彼接于此则曰来。郑注《大学》曰：'格，来也。'凡《尚书》'格尔众庶''格汝众'是也。至则有'摩扢'之义焉，如云'格君心之非'

---

① 钱穆：《中国学术思想史论丛（五）》，第128页。
② 程颢、程颐：《河南程氏遗书》卷第十八，《二程集》，第206页。
③ 朱熹：《答程正思》，《晦庵先生朱文公文集》卷五十，《朱子全书》第22册，第2323页。
④ 钱穆先生指出："'格物'之'物'是标准、规则的意思，《诗》中所言'有物有则'，孟子'万物皆备于我'，《礼记》'仁人不过乎物'、'孝子不过乎物'，皆是此意。"张岱年先生则指出："《文选》李萧远《运命论》李善注云：'《仓颉》篇曰：格，量度之也。'仓颉篇实为最古之字书，其训诂实极可据。以此训为格物之格之解释，实明白晓畅，了无疑滞。此可谓格物之正解。量度物者，即对物加以审衡而分辨其本末先后。故《大学》云：物有本末，事有终始，知所先后，则近道矣。又云：'此谓知本，此谓知之至也'。所谓致知，即是知本，即知事物之中孰为本，孰为先。参照上下文句，《大学》之格物之本义，彰然无疑。"这些说法皆可备作一解。
⑤ 许慎撰、段玉裁注：《说文解字注》六篇上，许惟贤整理，南京：凤凰出版社，2007年，第442页。

是也。或借假为之。如《云汉》传曰'假，至也'。《尚书》格字今文《尚书》皆作'假'是也。有借格为庋阁字者。亦有借格为扞垎字者。"① 按照段氏之注，格的本义是"木长的样子"，引申义包括：其一，至；其二，来；其三，摩挃。郑注取第二义。二程取第一义，以"至物"解"格物"："'致知在格物。'格，至也，穷理而至于物，则物理尽。"② 那么二程之说，从训诂来看，亦有所凭。但继而以"穷理"释"格物"则是以己意说经了：

格犹穷也，物犹理也，犹曰穷其理而已也③。

这样一种诠释的方式具有重要的理论意义：按《大学》"八条目"所讲，"致知在格物"，"物格而后知至"，那么"格物"实际上成为工夫的入手处，但是如果仅仅依靠《大学》此说，并且遵循宋明之前对于"格物"的训解思路，那么很难再挖掘出更深入的理论意义。二程的创建则在于将《大学》与《易传》"穷理尽性以至于命"的说法相结合，以穷理解格物，这样不仅形成了一个格物－穷理－（致知）－尽性－至命的逻辑序列，虽然从时间上讲则"穷理尽性以至于命，三事一时并了"④，而且亦在本体论、心性论与工夫论中实现了贯通：天理本体有了落实之处，工夫论亦有了其形上根据，这比周敦颐的工夫论建构要更加精密；如是仿佛也正可以反过来说，是因为二程首先注意到了理性命之相通，以此才有穷理之特殊意义的发现，所以才有了以穷理诠释工夫起点格物的做法。

以"穷理尽性以至于命"和"格物致知"来解释二程看重理的灵感，还可以回应这样的疑问，其一，在面对众多概念的时候，为什么是在玄学和佛教那里有很多论述的理首先占据了二程的视野？以二程出入佛老几十年，对理之这一渊源必然是深知的；其二，二程毕竟是儒家的立场，即使与佛老之言理相契，但是如何能从思维上接受这样一个儒家并不善谈而佛老擅长的概念进入儒家的核心范畴体系？所以从二程的角度来说，要发现理的重要性，只有佛老的资源一定不够，即使从他们自己内心的感受讲，也需要一个能在儒家本身的资源中找到依据的概念，这个资源就是《周易》的"穷理尽性至

---

① 许慎撰、段玉裁注：《说文解字注》六篇上，第442页。
② 程颢、程颐：《河南程氏遗书》卷二上，《二程集》，第21页。
③ 程颢、程颐：《河南程氏遗书》卷二十五，《二程集》，第316页。
④ 程颢、程颐：《河南程氏遗书》卷二上，《二程集》，第15页。

命"和"性命之理"。对于这一点，周敦颐的《太极图说》适可以做反证，周敦颐在《太极图说》首句中引入无极的概念，引起了后来众多的争论，因为无极首出道家，道统观的存在使得儒家学者不能接受无极作为体系中的重要概念，那么在接受它之时，就只能对其内涵进行重新调整；周敦颐虽然是以儒家之立场而言太极之本体，无极已非实体而是形容词之状语，但是就《太极图说》而言，借鉴的痕迹过于明显，且义理深微却并无显豁之表达，因此适足以引发各种误解。

第七章　程学的经典与天理的体贴（下）

宋之前，天理和理概念的内涵已经多有发明，尤其是后者在魏晋玄学中已经成为一个具有本体意味的哲学范畴，后来的佛家又进一步深化此意；另一方面，在儒家的学说内部，无论是天理还是理，其哲学意蕴都没有得到足够的重视。但是从《易传》"穷理尽性以至于命"的表述来看，要回答弥漫于宋初的对于性命之际的追问，穷理可能才是真正的落实之处，对于理的言说不仅是先秦儒家就已经具备的题中之义，更是尽性至命的逻辑前提；另一方面，《大学》则将格物确定为内圣外王工夫实践的起点，而"物之理"从来就是理的内涵之一，因此二程以穷理释格物。于是综合以上两个方面，为了回应对于性命问题的思索和成圣工夫的归依，"穷理尽性至命"和"格物致知"可能首先成为提示二程关注理范畴的灵感，从而使得他们在众多的范畴中重新确定以理作为自己哲学体系的核心概念，而《易传》与《大学》在这里不仅发挥了启发之效，亦同时成为支持理概念在儒家之合法性的经典依据。不过，虽然二程为理的言说找到了儒家资源的依凭，但是毕竟在漫长的汉唐时期，儒家对于这个概念欠缺形而上的发明，反而佛道当中对此言说颇盛，因此要把理重新实现为自己哲学体系的核心范畴，则意味着必须完成对于理的新规定，实际上这正是二程"体贴天理"的真正意涵。本章所要集中阐述的是二程之天理的创新所在，即：其一，改变之前儒家淡漠天理和理概念的状况，并实现了对于以往天理观的突破，使天理和理成为儒家内部具有本体地位的核心范畴；其二，以"生生之仁"以及礼、则、人伦等释天理与理，从而在道统论上与佛老之理做出明确区分，使得理真正成为一个儒家思想体系中的概念；其三，以理一分殊、贯通天人理性命。虽然在二程之前的讨论当中也多有对于"理一"的发明，以及理与性、情、心等关系的探讨，但是并没有充分展开，二程在其思想体系当中，第一次对此进行了明确而全面的分析，以此贯通天人，并且实现本体论、心性论和工夫论的相通，理学之格局就此完备；其四，作为一个本体论、心性论和工夫论的完整体系，二程使成圣工夫具有明确的入手处，并得到详尽的发明。这也是他们所谓天理"自家体贴出来"的真正意涵。

同时，在这四方面的论述中，清晰可见传统经典与二程学说之间的互动关系，经学如何支持理学之创生这一问题亦由此得到解答。具体而言，《说卦传》"穷理尽性以至于命"和《大学》"格物致知"的表述首先刺激了他们的灵感；《易传》"形而上下""立象尽意"的说法帮助确立了理的本体地位；由"生生之谓易""元者，善之长"的观点建立起了理与善的关系，进而由《论语》《礼》《尚书》《春秋》《中庸》等经典说明了理与仁、礼、人伦、道心等诸多概念的联系；在《易传》《论语》《孟子》《中庸》等经典当中发现了"理一分殊"的萌芽，并实现对于"理一分殊"的论证；在落实此理的工夫实践当中，《易》《学》《庸》《书》《荀》等资源也都得以整合。概言之，在二程天理论的创生过程中，五经和四书都发挥了重要的作用，但《周易》依然起到了核心的意义。其中对于《孟子》和《大学》的重视都是在周敦颐的体系中所没有涵盖的内容。

一、天理与本体

按《易》"穷理尽性以至于命"，之所以穷理、尽性、至命三者为一事，其前提即是理、性与命的相通，而这种相通其实已经提示了理的本体地位。因此这句话不仅是二程看重理的灵感，其本身亦成为理之本体的一种佐证。不过这样一种佐证毕竟并不充分，二程之完成对于天理本体的证明更重要的是通过《周易》"形而上下"和"立象尽意"的言说，如下。

（一）"形而上下"

"穷理尽性以至于命"的说法可能在一定意义上提示了二程对于理概念的重视，同时由于对佛老资源的熟知，进而关注到它在与"物""事""性"等众多范畴的关系中被证明的本体地位。但是对于道统观念强烈的二程来说，是否是直接于此感受到契合，很难确定。但是佛老的讲法可能依然会刺激二程对于理之定位做出自己的探索，所谓自己的探索就意味着立足于儒家本有的资源。《易传》虽然提示了"性命之理"的存在，但是并不足以充分说明理的地位和作用究竟如何，《系辞》中的两句话恰好可以发挥这种作用：

  形而上者谓之道，形而下者谓之器。

  一阴一阳之谓道。

  为什么要对一个呈现在我们面前的现实世界做出"上"与"下"的解析？为什么没有直接表述说为"无形为道，有形为器"？这句话至少意味着"形而上下"与"无形有形"之间的含义并不等同。向世陵先生曾经分析过这句话的本义："就此来说，没有具体形象的看不见的东西（如乾坤阴阳对立变化的法则），叫做形而上的道；有具体形象的看得见的东西（如乾坤卦象），则叫做形而下的器。"① 那么"形而上下"的意义与"无形有形"其实是相应的，那么这里不直接表述成"无形有形"的原因则是：不同于"无形"与"有形"之只是侧重强调二者之不同，以一"形"而见上、下则在显示区别的同时，亦能显示出二者的彼此联系，不过二程的解释并不完全如此。他们结合"一阴一阳之谓道"的说法，而认为这句话明确地说明了阴阳是形而下的存在：

  《系辞》曰："形而上者谓之道，形而下者谓之器。"又曰："立天之道曰阴与阳，立地之道曰柔与刚，立人之道曰仁与义。"又曰："一阴一阳之谓道。"阴阳亦形而下者也，而曰道者，惟此语截得上下最分明，元来只此是道，要在人默而识之也②。

  "惟此语截得上下分明"，已经充分表明二程除了看重"道器之合"，仿佛更看重"道器之分"，即突出"道"的本体地位，从而与《易传》原文表达的重点有一定的偏离。同时这样一种思维方式，还在于对形象之背后原因的追问，所以二程在另一段话中说："离了阴阳更无道，所以阴阳者是道也。阴阳，气也。气是形而下者，道是形而上者。"③ 二程所要追寻的"道"就是"所以阴阳者"；而阴阳是"气"，这样一来，"道"就成为"气"的原因，而"气"则成为"形而下"者，"道"的本体地位也由此确立。

  但是问题在于，如果已经证明了"道"的本体地位，那么首先有什么必

---

① 向世陵：《理学与易学》，长春：长春出版社，2011年，第88页。
② 程颢、程颐：《河南程氏遗书》卷十一，《二程集》，第118页。
③ 程颢、程颐：《河南程氏遗书》卷十五，《二程集》，第162页。

要还要再引入天理或者理的概念,并同时赋予其本体地位呢?其二,这种本体地位又是如何被赋予的?其三,而这种引入的行为之后,"道"与理又呈现出怎样的关系?

对于第一个问题,也许并不难理解:韩愈时就已经提出"仁与义为定名,道与德为虚位"的问题。《易传》虽然突出了"道"的地位,二程亦继承了这种思想,但是"道"毕竟是一个各家皆能为我所用的概念,尤其是道家哲学以"无"训"道"的观念影响深远;二程之前,孔颖达在训解"形而上者谓之道,形而下者谓之器"时就是从王弼"有生于无"思想的角度做出的解释。因此建构一个真正属于儒家的概念,并且这个概念既可以在本体论上与佛老相抗,又可以回应性命之际的时代话题,天理或者理的选择和引入也就显示出它的必要性,虽然在理内涵的发展中,佛道两家也贡献甚巨。

(二)"立象尽意"

至于理本身的地位问题,其实从二程对于道的规定来看,"所以阴阳者谓之道",道是气的原因;仅从这个概念含义的本身来看,道与理概念具有相近性;二程实际上也正是这样理解的:

在理为幽,成象为明①。

理无形也,故假象以显义②。

至微者理也,至著者象也。体用一源,显微无间③。

天下之理,易简而已。有理而后有象,"成位乎其中"也④。

《系辞》中有两段话:"子曰:'书不尽言,言不尽意。'然则圣人之意其可见乎?""子曰:'圣人立象以尽意,设卦以观情伪。'"即因为语言在传递意义上的功能是有缺陷的,因此"圣人立象以尽意",那么象的存在也就不具有独立的意义,我们应当做的是借助象达到理解圣人之意的目的,换言之,《易》的最终目的就是理解圣人之意。而二程正是继承了《系辞》的这种思想,因此《伊川易传》最显著的特征就体现在其以义理解《易》的立场,卦、

---

① 程颢、程颐:《河南程氏经说》卷一,《二程集》,第1028页。
② 程颐:《周易程氏传》卷第一,程颢、程颐:《二程集》,第695页。
③ 程颢、程颐:《河南程氏文集》卷八,《二程集》,第582页。
④ 程颢、程颐:《河南程氏经说》卷一,《二程集》,第1027页。

爻、象、辞各种形式到最后都是为了说明圣人之意的，只是在二程看来，这里的圣人之意就是理：既然"穷理尽性以至于命"，而《易》之为书就是为了"顺性命之理"，那么《易》最后要探讨的圣人之意就必然落实到理上："有理而后有象，有象而后有数。《易》因象以明理，由象以知数，得其义则象数在其中矣。必欲穷象之隐微，尽数之毫忽，乃寻流逐末，术家之所尚，非儒者之所务也。"① 理是无形的、幽微的，正因为此，所以需要借助象以明白显示；理寓于象之中，象中含有理，二者"体用一源，显微无间"；但是另一方面，虽"无间"但毕竟有体用之分，"有理而后有象"，理是象的原因：理是卦象的原因，亦是天地万象的原因。正是在此意义上可以推知："有理则有气，有气则有数。"②

把理作为气的原因，恰与把道作为气的原因相应。或者换言之，相对于气，理和道获得了同样的本体地位。

这里有一个小问题耐人寻味，其实道和理在二程体系中的本体地位已是共识，但是二程在表述"形而上下"问题的时候，一般其实并不经常用理的概念。对此，笔者的理解是：因为道与器早已是一种固定的搭配，因此在谈论"形而上者谓之道，形而下者谓之器"时，二程会更加习惯以道而非理来进行阐述；而且这时候二程关注的重点在于说明"所以阴阳"之道的地位，而实际上，如上分析，二程在"立象显意"的推阐中已经得出了理对于象的本体地位。综而言之，在二程理解《周易》资源的时候，已经明确认识到道和理对于气之本体地位，二程有意在其整个思想中推重理和天理的概念，以避免"道德虚位"的问题，并为儒家自己确立一个在本体论上可以抗衡佛老、又同时与性命问题的解答相关的概念；但是一方面，道的概念影响深远，不可能完全舍弃；二来，因为道与器已经形成一种固定搭配，因此在解析"形而上下"的原话时，才更多以道而非理释之。但是《易传》"形而上下"的问题提示了二程的本体之思，二程在"立象尽意"中最终以理代意，亦是这种思维方式的影响和延续。

---

① 程颢、程颐：《河南程氏遗书》卷二十一上，《二程集》，第271页。
② 程颢、程颐：《河南程氏经说》卷一，《二程集》，第1030页。

二、天理与生生之仁

确立理在儒家哲学体系中的本体地位是二程天理论的第一个标志和创新。二程之前，玄学和佛教都曾经肯定过理的本体地位，这在上一章的第二节，理与物、性、事等诸多范畴的关系中都可以看出，但是它们的理或者是指无，或者是指空等等，都是道统论之下儒家思想所不能接受的。要使得理的本体地位在儒家的系统中得以成立，关键还在于对理之内容进行儒家立场上的诠释，这就要把理与仁义、人伦、礼相联系。只有做到这一点，儒家之理才能真正与佛老区别开来，挺立起自己的天理体系，而这正是二程的第二个重要创新，所依据的资源则遍及五经和四书，但起到最核心作用的还是《周易》。

（一）儒家经典的多角度发明

关于理的具体内容，二程在儒家的思想体系之内做了多方位的发明，涉及五经、四书中的多种资源；通过与不同经典及其核心概念建立关系，二程最终明确地说明，理就是仁、礼、人伦和道心。这样一种表述理的方式，不仅使得理之内容在道统观上与佛道之理明显地区分开来，从而为儒家自己的天理理论铺下最重要的一块基石，而且通过用经典予以说明的方式，在表彰了这些经典的同时，也为理的存在提供了更多合法性的依据。

首先是通过对《论语》和《孟子》的发明，讲明仁是理的应有之义。伊川曾说："学者先须读《论》《孟》。穷得《论》《孟》，自有个要约处，以此观他经，甚省力。《论》《孟》如丈尺权衡相似，以此去量度事物，自然见得长短轻重。"① 所谓"仁与义为定名"，孔孟论仁义正是道统论的首要标志，所以才说"《论》、《孟》如丈尺权衡"，可以"以此去度量事物"，因此学者当先读《论》《孟》。而二程对于理的解释也首先立足《论语》《孟子》：

> 仁，理也。人，物也。以仁合在人身言之，乃是人之道也。②

---

① 程颢、程颐：《河南程氏遗书》卷十八，《二程集》，第205页。
② 程颢、程颐：《河南程氏外书》卷六，《二程集》，第391页。

> 父子君臣，常理不易，何曾动来？①
> 君尊臣卑，天下之常理也②。
> 男尊女卑，夫妇居室之常道也③。
> 上下之分，尊卑之义，理之当也，礼之本也④。

既然"仁，理也"，仁就是理，反过来说理的内容也就是仁。按照《论》《孟》的规定，仁就体现在君君、臣臣、父父、子子的上下尊卑和亲疏远近的关系之中，因此理又具体体现为君尊臣卑、男尊女卑等不同的伦理关系。通过这种对于父子君臣关系的重视，二程之理就明确与佛老之说区分开来。

其次是通过对《论》《孟》和《礼》的阐发而推明理与礼的关系。孔子曰："不知礼，无以立也"⑤，"礼"不仅是个人安身立命之所在，亦是家国天下之所系，因此恢复三代之礼是孔子一生的理想，而对于礼的强调也就成为儒家的重要内容。欧阳修反对佛老所依凭的就是儒家之礼义，虽然这种反驳并不能深入理论之细处而收显著之效，但是也从另外一个角度提示了强调礼与弘扬道统之间的内在关联。二程对于理与礼关系的强调亦是对于这种思路的继承：

> 视听言动，非礼不为，即是礼，礼即是理也⑥。
> 礼者，理也⑦。
> 男女有尊卑之序，夫妇有倡随之礼，此常理也⑧。

在儒家看来，既然仁与礼是统一的，如果理的内容是仁，那么理也必然成为礼的实质。所以二程明确地说："礼者，理也"，男女夫妇之礼的依据正是常而不变之理。

再次是借助《诗经》阐发理与则的关系。所谓"兴于诗"⑨，且"诵《诗》

---

① 程颢、程颐：《河南程氏遗书》卷二上，《二程集》，第43页。
② 程颢、程颐：《河南程氏遗书》卷十八，《二程集》，第217页。
③ 程颐：《周易程氏传》卷三，程颢、程颐《二程集》，第860页。
④ 程颐：《周易程氏传》卷一，程颢、程颐：《二程集》，第749页。
⑤ 《论语·尧曰》。
⑥ 程颢、程颐：《河南程氏遗书》卷十五，《二程集》，第144页。
⑦ 程颢、程颐：《河南程氏遗书》卷十一，《二程集》，第125页。
⑧ 程颢、程颐：《周易程氏传》卷四，《二程集》，第979页。
⑨ 《论语·泰伯》。

三百，授之以政，不达；使于四方，不能专对；虽多，亦奚以为"①？从孔子这两段表述中来看，《诗》的功效主要体现为善性之启发、情操之陶冶以及在治国和外交中的运用，换言之，《诗》主要体现为一种现实之功能而非理论思辨之构造；而就宋明理学之生发和展开来看，《诗》对于理学理论之构建确实没有起到非常显著的作用，可供利用的资源几乎集中在以下两句话中："天生烝民，有物有则。民之禀彝，好是懿德"②，以及"鸢飞戾天，鱼跃于渊"③；后一句侧重对于圣学气象和境界的一种表述，对于前一句，二程有过两处相关的评论：

> 雅者，陈其正理，"天生蒸民，有物有则，民之禀彝，好是懿德"，是也④。

> "《诗》曰：'天生蒸民，有物有则，民之秉彝，好是懿德。'故有物必有则，民之秉彝也，故好是懿德。"万物皆有理，顺之则易，逆之则难，各循其理，何劳于己力哉？⑤

其实如前所述，已经有学者指出，所谓"有物有则"，物与则当为同义，物就是则；但是从以上引文来看，二程显然将物作一般意义上的理解，而认为"有物有则"其实就是"万物皆有理"，那么所谓则就是理之义，二者是统一的，对此他们也以"正理"称之，而且"民之禀彝，好是懿德"也就是强调对于此天赋之理的顺易逆难的道理。

其四是通过《礼记》和《尚书》而跨文本诠释"存天理，灭人欲"，全道心的思想。"存天理，灭人欲"是宋明理学的重要论题，《礼记·乐记》中首次出现了天理与人欲的对偶并举："夫物之感人无穷，而人之好恶无节，则是物至而人化物也。人化物也者，灭天理而穷人欲者也"。按照《乐记》作者的理解，"灭天理"与"穷人欲"是一体两面的行为，天理与人欲直接对立，那么反过来说，"存天理"实际上就意味着"灭人欲"：

---

① 《论语·子路》。
② 《诗·大雅·烝民》。
③ 《诗·大雅·旱麓》。
④ 程颢、程颐：《河南程氏经说》卷三《诗解·国风·关雎》，《二程集》，第1047页。这是二程在评论《诗》"六义"之"雅"时说的，二程认为"为《诗》之义有六：曰风，曰赋，曰比，曰兴，曰雅，曰颂"。
⑤ 程颢、程颐：《河南程氏遗书》卷第十一，《二程集》，第123页。

>"人心惟危",人欲也。"道心惟微",天理也。"惟精惟一",所以至之;"允执厥中",所以行之①。

>人心私欲,故危殆。道心天理,故精微。灭私欲则天理明矣②。

《尚书·大禹谟》中的十六字真言也是理学家们非常看重的理论资源:"人心惟危,道心惟微。惟精惟一,允执厥中",这里则借用《乐记》的说法,以天理、人欲分别指称道心、人心,从而使《尚书》中古老的范畴在宋明理学的体系中得到重新的具体落实,而存天理就是全"道心"。

其五是将天理论具体运用到《春秋》中。《春秋》是儒家仁义思想的具体应用,春秋笔法的褒贬抑扬具体取决于儒家的纲常规定;如果理是与仁和礼相统一的,那么乱臣贼子违礼背仁的行为,也就是违背天理的行为,因此二程指出:"桓弑君而立,逆天理,乱人伦。"③"弑君而立"违反了君臣尊卑的人伦秩序,因此是逆天理的;反过来说,那么天理也就体现为"人伦"。这种关系的发明使得以天理为标的来诠释《春秋》成为宋明《春秋》学的一个显著特征,最有代表性的比如胡安国的《春秋传》,在这本书的序言中,天理一词出现了四次,并且其中三次都是与人欲对举的,并且胡安国指出:"知孔子者谓此书遏人欲于横流,存天理于既灭,为后世虑至深远也。"④《春秋》所做的目的就在于存天理灭人欲。

其六是利用《中庸》讲天理与忠孝、恩义的关系。从《论语》"父为子隐"问题的提出,"忠孝"之间的紧张关系已经初见端倪;《孟子》"舜视弃天下,犹弃敝蹝也"⑤亦隐含此义;但是在二程看来,对于忠孝,恩义更应当看到他们相同的一面:

>忠孝,恩义,一理也。不忠则非孝,无恩则无义,并行而不相悖。故或损亲以尽节,或舍君而全孝,惟所当而已⑥。

在二程看来,忠是理,孝亦是理,而且二者一理相通,因为"不忠则无

---

① 程颢、程颐:《河南程氏遗书》卷十一,《二程集》,第126页。
② 程颢、程颐:《河南程氏遗书》卷二十四,《二程集》,第312页。
③ 程颐:《春秋传》,《河南程氏经说》卷四,程颢、程颐:《二程集》,第1103页。
④ 胡安国:《春秋传序》,王丽梅校点,长沙:岳麓书社,2011年,第1页。
⑤ 《孟子·尽心上》。
⑥ 程颐:《论汉文杀薄昭事》,《河南程氏文集》卷八,程颢、程颐:《二程集》,第585页。

孝"。"恩"、"义"亦然。二程利用《中庸》"道并行而不相悖"之说，不仅把理与忠、孝、恩、义相连，而且肯定了这些德目之间统一的关系。

（二）《周易》与《孟子》的阐发

上文只是通过简单的列举来显示二程对于理之内容的确定以及与儒家传统经典的关系，但是问题在于：以上的各种陈述，只是一种结论的呈现，比如"仁，理也"，只是判断理的内容是仁，但是为什么理的内容是仁而不再是佛老的空、无或者其他价值，理是如何与仁的概念建立起联系的，这个最为重要的过渡环节却没有在以上的理与经典的互动中得到回应。另一方面，在儒家的思想体系中，本来据于仁则必然合乎礼，合乎人伦，合乎道心；换言之，虽然二程对于理的内涵作了"仁，理也"、"礼者，理也"、"道心天理"等不同的说明，但是关键还是在于理与仁关系的确定，因为它们之间联系的确认就同时意味着其他关系的成立。那么问题就归结为，二程是如何做到在仁与理之间建立起必然关系的？这个问题的答案可能仍然需要追溯到《周易》的资源：首先，《说卦传》中："昔者圣人之作易也，将以顺性命之理。是以立天之道，曰阴与阳；立地之道，曰柔与刚；立人之道，曰仁与义。"这里明确说明"人之道"就是仁义，那么理的内容必然也是与仁义统一的，这样，在理与仁之间补充进了道的存在，构成理——道——仁义的序列，并且寻找到了直接的经典依据，比之直接以仁规定理多了一个依据可循，但这里仍然没有能够提供道与理之所以为仁义的具体原因，二程对这一问题的解答方式之一是将"生生之谓易"和"元者善之长"相结合，并以生释仁，由此，整个逻辑序列顺畅而完整：

> 推乾之道，施于人事。元亨利贞，乾之四德，在人则元者众善之首也，亨者嘉美之会也，利者和合于义也，贞者干事之用也①。
>
> 体法于乾之仁，乃为君长之道，足以长人也。体仁，体元也。比而效之谓之体②。
>
> "天地之大德曰生"，"天地氤氲，万物化醇"，"生之谓性"，万物之生意最可观，此元者善之长也，斯所谓仁也。人与天地一物也，而人特

---

① 程颐：《周易程氏传》卷一，程颢、程颐：《二程集》，第699页。
② 同上。

自小之，何耶？①

"生生之谓易"，是天之所以为道也。天只是以生为道，继此生理者，即是善也。善便有一个元底意思。"元者善之长"，万物皆有春意，便是"继之者善也"。"成之者性也"，成却待他万物自成其性须得②。

《系辞》中本来说："日新之谓盛德，生生之谓易。""天地之大德曰生。"《易》非常重视"生"德，把它看做《易》的核心精神，从这种意义上来说，《易》之道理就在于生之道理。二程继承《易》对于生的重视："万物之生意最可观"，并把它称为"生理"。又《文言》："万物资始乃统天，言元也"，"万物资始"就是"生"，此"生理"就是"元者，善之长也"，所以二程说"万物之生意最可观，此元者善之长也"。而"元者，众善之首也"，"元"也就是最高的德。在二程看来，最高之生生"元"德正是仁的含义所在，"斯所谓仁也"，"体仁，体元也"。如是可以发现在二程的逻辑中潜藏着这样一个脉络：《易》之理——生理——元——"善之长"——仁，以仁说明理之内容的原因也由此得以解释。

宋代之前儒家对于仁范畴的讨论一般都在人伦的范围之内，所谓"厩焚。子退朝，曰：'伤人乎？'不问马"③，以及"亲亲而仁民，仁民而爱物"④，对于人伦之外的物则认为并不属于仁的对象范围；因此二程把生最后解释成仁，从而把仁的对象扩展到天地万物，这应当是一种创新，而这个命题所以得以成立的中介就在于仁与善关系的确立，但是即使这样，善与仁之间的具体联系依然没有在以上的说明中得到证明。而要完成这个证明还需要"继善成性"与孟子性善论的支持：

盖"生之谓性""人生而静"以上不容说，才说性时，便已不是性也。凡人说性，只是说"继之者善"也，孟子言人性善是也。夫所谓"继之者善"也者，犹水流而就下也⑤。

程颢认为"人生而静"以上是不容说的，因此性的范畴只有在生之同时才可始言之，在这个意义上"生之谓性"的说法是值得肯定的，而这种对于

---

① 程颢、程颐：《河南程氏遗书》卷十一，《二程集》，第120页。
② 程颢、程颐：《河南程氏遗书》卷二上，《二程集》，第29页。
③ 《论语·乡党》。
④ 《孟子·尽心上》。
⑤ 程颢、程颐：《河南程氏遗书》卷一，《二程集》，第10页。

性的言说，也就是所谓"继之者善也"。程颢在这里肯定了《孟子》人性善与《易传》"继善成性"说的相通性。另一方面，孟子曾经对其人性善学说做了具体说明："恻隐之心，人皆有之；羞恶之心，人皆有之；恭敬之心，人皆有之；是非之心，人皆有之。恻隐之心，仁也；羞恶之心，义也；恭敬之心，礼也；是非之心，智也。仁义礼智，非由外铄我也，我固有之也。"① 人生而有仁义之心，这就是孟子所谓人性善的确切含义，而按照程颢的说法这就是"继之者善"。那么这时"仁"与"善"的关系就体现了出来。其实只就《孟子》的资源来说，善与仁之间的统一性已经得到说明，但是还要引进"继善成性"资源的原因在于，后者的思路因为从"继"讲起，因此包含着一种对于天性源头的追溯，如果说所继为善，仁、善统一，然而"性即理"，作为来源的天理其内容自然是与仁相一致的。这样通过《周易》的"生生之谓易""元者善之长""继善成性"说，辅助以《孟子》的性善理论，二程以理的内容而为仁即可得以解释，从而与他们对于仁的其他众多规定相一致，并在儒家的经典中获得更多的合法性。

三、"理一分殊"与贯通理性命

《易》中还有一个值得关注的问题：如果理的本体地位与道是统一的，那么为什么在《周易》中二者又不是完全统一的：在谈论"形而上下"等问题时，以道论之；而"易简而天下之理得"，又以理论之，而且二者的语境似乎不能互换。从本节第二部分对于宋之前关于理与"道"之观点的归类和分析来看，理之本义为治玉、纹理，它不同于道而更看重与具体分殊之物的关系，而且从韩非子起已经对于二者之间的差别做出了明确的区分："道者，万物之所然也，万理之所稽也。理者，成物之文也；道者，万物之所以成也。故曰：'道，理之者也。'物有理，不可以相薄；物有理，不可以相薄，故理之为物之制。万物各异理，而道尽稽万物之理，故不得不化。"② 换言之，道是万物的原因，而理只是"成物之文"，从这个角度上说"道"亦是理的原因，二者并

---

① 《孟子·告子上》。
② 《韩非子·解老》。

不处于同一层次。《易传》中对于"道"与理关系的理解,可能就是受到了理之本义以及韩非子观点的影响。另一方面,对于理的理解还有一种观点:从先秦起,比如在《荀子》等文献中都已经开始注意到"贯理"、"大理"的存在,所谓"贯理"、"大理"意味着它既区别于具体事物之理,又同时可以贯通众物之理,从这个意义上说,它们已经接近于道之含义的本身。赋予理本体地位,同时承认这样一种特殊之理存在的是魏晋玄学,但是他们所谓理是指无或者"独化之理",而且相关的证明和讨论并没有完全充分地展开。另外,如果有一理的存在,那么以理贯通天人就是必然的结果,但是从本节第二部分的总结来看,性与理之间的关系已经受到关注,魏晋时期,甚至出现了以性源于理的观点,但是论述很少,理与情、与心的相关讨论也不充分。而真正对于"一理"问题全面展开论证的是二程,物物一理,物人一理,天人一理等各方面都得到了具体展现,并统一于以"仁义"为内容的天理之下,这正是二程"天理论"的第三个重要创新,简言之,即:理一分殊、贯通天人。

"理一而分殊"这种表述是二程首先提出来的,但是他们也只使用过一次,而且是在伦理意义上的使用,用于回答杨时就张载《西铭》关于儒家的伦理原则与具体德目之间关系的疑问,后来反复使用这个概念的其实是朱子。朱子对于"理一分殊"理论确实做了更加清晰全面的说明,但实际上其中主要的思想在二程那里都已经具备了:

> 所以谓万物一体者,皆有此理①。
>
> 理则天下只是一个理,故推至四海而准,须是质诸天地,考诸三王不易之理②。
>
> 物虽异而理本同,故天下之大,群生之众,瞹散万殊,而圣人为能同之③。
>
> 一物之理即万物之理④。
>
> 穷至于物理,则渐久后天下之物皆能穷,只是一理⑤。

---

① 程颢、程颐:《河南程氏遗书》卷二上,《二程集》,第33页。
② 同上书,第38页。
③ 程颐:《周易程氏传》卷三,程颢、程颐:《二程集》,第889页。
④ 程颢、程颐:《河南程氏遗书》卷二上,《二程集》,第13页。
⑤ 程颐、程颐:《河南程氏遗书》卷十五,《二程集》,第144页。

二程认为："天下只有一个理"，因此虽然物有万殊，但是"物虽异而理本同"，"一物之理即万物之理"，而且这个理是"推之四海而皆准"，"质诸天地，考诸三王而不易"的，具有普遍性和客观性的特点。这里的理显然不是具体事物所禀有的"分理"，因为"分理"更体现彼此之间的不同，这里万物相同的理，其实就是朱子所说万物同时完整分有的一理。因为万物分有同样的理，从这个角度也就可以说"万物一体"了，更为重要的是"格物穷理"的工夫论正是以此为基础的：

> 格物穷理，非是要尽穷天下之物，但于一事上穷尽，其它可以类推。至如言孝，其所以为孝者如何，穷理如一事上穷不得，且别穷一事，或先其易者，或先其难者，各随人深浅，如千蹊万径，皆可适国，但得一道入得便可。所以能穷者，只为万物皆是一理，至如一物一事，虽小，皆有是理①。

如上所说，二程对于"格物穷理"实际上提供了两种入径：其一，"一事上穷尽，其它可以类推"；其二，"如一事上穷不尽，且别穷一事"。要之，这两种不同的路径都肯定了事之理彼此的相通之处，而"所以能穷者，只为万物是一理"，这两种路径之所以都可以成立，就在于万物本来就是禀有相同的一理。

实际上，关于一理的问题，不仅宋朝之前已经有所讨论，进入宋朝之后，越来越多的学者都注意到了"理一"的存在，兹举几例：

> 二气五行，化生万物。五殊二实，二本则一。是万为一，一实万分②。

> 天下之理，未尝不一，而一不可执③。

> 是故一分为二，二分为四，四分为八，八分为十六，十六分为三十二，三十二分为六十四……十分为百，百分为千，千分为万……合之斯为一，衍之斯为万④。

---

① 程颐、程颢：《河南程氏遗书》卷十五，《二程集》，第157页。
② 周敦颐：《通书·理性命》。
③ 苏轼：《系辞上》，《东坡易传》卷七，龙吟点评，长春：吉林文史出版社，2002年，第291页。
④ 邵雍：《皇极经世书·观物外篇上》，黄畿注、卫绍生校理，郑州：中州古籍出版社，1992年，第330页。

圣人知天地万物之理，而一以贯之①。

周敦颐通过对宇宙衍生过程的理解，指出"是万为一，一实万分"，从而提出一与多之间的关系，并且肯定了二者相通性的一面；邵雍则从其"一分为二"的法则出发，指出"合之斯为一，衍之斯为万"，肯定了一与万之间的联系，同时认为天下万物，其实是可以"一以贯之"的，这样的观点，虽然没有直接表明理一的存在，但是其中之意已是呼之欲出。苏轼则更进一步，直接表明"天下之理未尝不一"，于是万物都禀有同样的理，所以天下之理也就是"一"。由以上三家的观点可以推知，在二程所生活的时代，一理的问题可能已经是很多学者的共识，这不仅是因为前有玄学的资源，而且可能华严宗"万理归一理"的思想影响要更加深入。就二程来说，则站在道统论的立场上，基于佛老一理的语境，开始回归经典，从中寻求自己的回答。当然，在儒家的传统资源中，虽然没有明确地表明这个观点，但是亦有相关观念的萌芽：

《系辞》下传记载："子曰：'天下何思何虑？天下同归而殊途，一致而百虑，天下何思何虑？'"与《庄子·天下》对于"道术将为天下裂"的担心不同，孔子的观点则认为"天下同归而殊途，一致而百虑"，虽然也关注"殊途"与"百虑"的差异，但是首先肯定了"同归"和"一致"的前提，这样一种对于世界的判断，实际上认同了分殊的万物有一个共同的根源，物与物在这种相通的意义上，所以可以说是"一致"，而且既然言"同归"，那么这个根源也同时是万物同一的归宿。《系辞》的这种说法正启示了二程的"一理"之思：

天下之理一也，途虽殊而其归则同，虑虽百而其致则一。虽物有万殊，事有万变，统之以一，则无能违也②。

二程不仅注意到了"同归殊途，一致百虑"的说法，而且明确地以理一的存在作为这种事实的原因。换言之，二程认为理一的认定，即来源于《易传》本身。

如前所述，"理一分殊"是杨时在阅读《西铭》时担心"民胞物与"容易流于墨家的爱无差等，并以此求教于程颐，程颐在《答杨时论西铭说》中提

---

① 邵雍：《皇极经世书·观物外篇上》，第370页。
② 程颢、程颐：《周易程氏传》卷三，《二程集》，第858页。

出的：

> 《西铭》明理一而分殊，墨氏则二本而无分（老幼及人，理一也。爱无差等，本二也）。分殊之蔽，私胜而失仁；无分之罪，兼爱而无义。分立而推理一，以止私胜之流，仁之方也。无别而迷兼爱，至于无父之极，义之贼也①。

杨时质疑张载以下说法有类于墨子之爱无差等："民吾同胞，物吾与也。大君者，吾父母宗子；其大臣，宗子之家相也。尊高年，所以长其长；慈孤弱，所以幼其幼；圣其合德，贤其秀也。凡天下疲癃残疾、惸独鳏寡，皆吾兄弟之颠连而无告者也。"② 而程颐则认为虽然这些具体行为都是爱的表现，但是其根源都来源于仁，而仁就意味着"爱有差等"，因此以上这些具体行为都体现"仁"，但其实施的方式必然又有不同。换言之，二程是在解决儒家的仁爱原则与具体德目之间的关系时发现了"理一分殊"的存在。而仁之"爱有差等"的原则在孔孟之时就已经确定，《论语》中明确说"孝弟也者，其为仁之本欤"③，对于父母兄弟的爱是为仁之基础，即在行仁的序列当中，孝悌占有较之其他伦理原则更为重要的位置，这就明显与墨家"爱无差等"相区别；《孟子》中也说"君子之于物也，爱之而弗仁；于民也，仁之而弗亲。亲亲而仁民，仁民而爱物"④，从而明确了"亲亲"在仁爱序列当中的优先地位。因此可以说"理一分殊"的萌芽从《论》《孟》提出"爱有差等"之时就存在，只是引而不发，直到杨时对《西铭》提出追问，二程才加以提炼概括，并在本体论上完成相应的说明。

《中庸》中有一句话："万物并育而不相害，道并行而不相悖。小德川流，大德敦化，此天地之所为大也。"万物共同长育互不妨碍，道一并流行而不相违背，那么就意味着在不同的物之间、不同的道之间都存在着统一性。这种同时承认分殊和统一的表达，内中亦蕴涵有"理一分殊"理论的萌芽；二程则以此解释忠孝恩义之间的关系：

> 忠孝，恩义，一理也。不忠则非孝，无恩则无义，并行而不相悖。

---

① 程颢、程颐：《河南程氏文集》卷九，《二程集》，第 609 页。
② 张载：《正蒙·乾称》，《张载集》，第 62 页。
③ 《论语·学而》。
④ 《孟子·尽心上》。

故或损亲以尽节，或舍君而全孝，惟所当而已①。

忠与孝，恩与义，这些不同的德目之间虽有不同，但是"不忠则非孝"，"无恩则无义"，彼此之间又存在统一的关系，这就是《中庸》所说的"并行而不相悖"，而这其中的原因就在于它们本是"一理也"。这样，二程就在《中庸》之"并行不悖"与一理之间建立起了联系，后者正是前者之所以然的原因，而《中庸》所描述的这个结果实际上本来也就提示了"理一"这个原因的存在。

应当说在儒家的经典资源中本来就隐含了"理一分殊"的思路，只是在宋之前没有得到儒家学者足够的关注；直到玄学、佛学对于理之相关观点的发明启发了二程对于"理一"的重视，在他们反观六经的过程中才发现原来"理一分殊"的思想早已蕴涵在圣人的微言大义中，并最终论证了"理一分殊"的存在。在这种理论构造之下，天人之间的统一也就是必然的结果：

> 伯温又问："孟子言心、性、天，只是一理否？"曰："然。自理言之谓之天，自禀受言之谓之性，自存诸人言之谓之心。"②

> 在天为命，在义为理，在人为性，主于身为心，其实一也③。

"理一而分殊"，那么结果必然是心、性、天都是以同一的天理为内容，只是从不同的角度言说时才产生差异。这种明确地以理来贯通心、性、天之间关系的做法亦是二程的创新之处。但是这一结果不仅仅是"理一分殊"理论架构之下的合理推论，实际上反观《说卦传》的观点也早已预示了其中的关系："昔者圣人之作《易》也……和顺于道德而理于义，穷理尽性以至于命"，如果"穷理"与"尽性"、"至命"是一致的，那么理与"性""命"之间的关系就必然是统一的。二程对此做了很多评论：

> 性即理也，所谓理，性是也④。

> 理也，性也，命也，三者未尝有异⑤。

> "穷理尽性以至于命"，一物也⑥。

---

① 程颢、程颐：《河南程氏文集》卷八，《二程集》，第585页。
② 程颢、程颐：《河南程氏遗书》卷二十二上，《二程集》，第296页、297页。
③ 程颢、程颐：《河南程氏遗书》卷十八，《二程集》，第204页。
④ 程颢、程颐：《河南程氏遗书》卷二十二上，《二程集》，第292页。
⑤ 程颢、程颐：《河南程氏遗书》卷二十一下，《二程集》，第274页。
⑥ 程颢、程颐：《河南程氏遗书》卷十一，《二程集》，第121页。

穷理尽性至命，只是一事。才穷理便尽性，才尽性便至命①。

二程认为理、性、命三者"未尝有异"，"只是一事"和"一物"。这其实是对《说卦传》"穷理尽性至命"观点的推进，因为《说卦传》只承认了理、性、命的统一性，但是实际上"统一"可以在两种意义上理解：其一，三者是等同而并列的关系，只有言说角度的差异，却没有先后次序之区分；其二，三者虽是统一的，但是是一种由前而后逐渐推进的统一。正是因为《说卦传》对于这个问题没有进一步的说明，因此在理解这个问题时二程与张载的观点产生了分歧：二程坚持"只穷理便是至于命"②，张载却说："亦是失于太快，此义尽有次序。须是穷理，便能尽得己之性，则推类又尽人之性；既尽得人之性，须是并万物之性一齐尽得，如此然后至于天道也。其间煞有事，岂有当下理会了？学者须是穷理为先，如此则方有学。今言知命与至于命，尽有近远，岂可以知便谓之至也？"③ 要之，二程因为有"理一分殊"的理论做基础，因此对于他们而言，理、性、命的"统一"就不是三者之间从前向后的递进实现，而是本质上的一致，换言之，"穷理""尽性""至命"只是一个过程的三面而已。那么对于"理一分殊"与《说卦传》的关系，则可以这样说：《说卦传》一定程度上提示了"理一分殊"的存在，二程则利用"理一分殊"的理论推进和明确了"穷理尽性以至于命"的含义。

需要说明的是，前文在各种讨论中，对于天理与理是没有区分，放在一起使用的，因为在"理一分殊"的架构之下，天理与理实际上是相通的。对于这两个范畴之间的比较，沟口雄三先生曾经做过一个统计："从广义来看属于天人关系方面的程子的用例有 30 余例，约占 40%；在另一方面，如果把'天理''人欲'搭配使用的 16 个用例也计算在内的话，即从广义上来说与人伦、道理、理法相关的用例全部有 40 余例，占百分之五十几，这两个方面的用例大体上各占整体的 1/2④，但是到朱子在《朱子语类》中，天理的用例共有 280 余例，而其中用于天理、人欲这一搭配的就有 170 余例……'天理'用例的 90% 以上是指人的内心世界的澄明、洒落，从广义上说，是指内心的

---

① 程颢、程颐：《河南程氏遗书》卷十八，《二程集》，第 193 页。
② 程颢、程颐：《河南程氏遗书》卷十，《二程集》，第 115 页。
③ 同上。
④ 沟口雄三《论天理观的形成》，沟口雄三、小岛毅主编：《中国的思维世界》，第 232 页、233 页。

道德性的。"① 换言之，在二程那里，天理在天人不同的领域中使用并没有显示出明显的区分，但是到了朱子那里天理却明显地体现出偏重人伦的特点。实际上关于二程对天理概念的使用可以从三个角度来理解：首先，从天理一词的产生来看，对于二程来说，《乐记》中的天理与人欲的提法就是天理一词的经典依据，而且儒家内部一直没有形成明确的以天理言说自然与天的大语境，在这种情况下，二程引入天理的概念，而将其广泛地运用于人伦领域也就是必然的，而后来朱子多以天理言说人伦可能亦是与此相关；其二，相比于理在之前更多为佛道所言，各家都言之较少的天理却有儒家经典的依据，因此言说天理也有利于从道统的立场树立起儒家自己的标志，这或许就是二程言理仍须言天理，并且以天理而不用理作为自己理论标志性说法的原因；其三，天理比之与于理，一方面交代了理的来源是天，从而为理寻找到一种形而上的依据，另一方面，又通过把天诠释成为理，进一步取消了天的人格化和神秘化，为天增加了理性的色彩，即天理一词的内涵较之理有所扩充。但是反过来说，正如以上分析，天理的核心还是在于理，而且《易传》"穷理尽性以至于命"的言说方式，最终的落脚点依然是理的问题。另外宋之前，各家尤其是佛老对于理的发明已经取得了很多成果，这都使得二程不能无视这一点，于是在天理之外再引入理也就有其必要性。除此之外，更为重要的是，在二程的思想体系当中，虽然天理和理的概念有同时存在的必要，但是在"理一分殊"的理论架构之下，二者其实是互通的。二程以天理作为自己的标志性说法，主要是出于道统的考虑，实际上与理的含义是一致的，从这个角度上来说，这时候的天理已经是"新的天理"，因为通过理的作用，二程已经把其含义进行了更为广泛的发明，天理与理一起实现了它们的本体地位。

四、涵养工夫的落实

如上分析，通过"理一分殊"，二程实现了贯通天人的目标，同时本体论、心性论和工夫论的格局形成并打成一片，这是二程天理论的重要贡献。

---

① 沟口雄三《论天理观的形成》，沟口雄三、小岛毅主编：《中国的思维世界》，第232页。

尤其是相比于周敦颐的工夫论，二程因为更多的挖掘了四书的资源，因此工夫次第上更加充实和具体。下文再做简述以补益上文所缺。

《中庸》所言"喜怒哀乐之未发谓之中，发而皆中节谓之和"，是二程心性论的重要依据之一；相比之下，周敦颐对于《中庸》的利用，更多的是关注诚之意涵，而没有注意到这句话中所蕴含的义理；司马光和苏轼则侧重将这句话与道心人心的"十六字真言"相联系，亦不同于二程从心、性、情的角度详论之。具体来说，程颐对于未发、已发的理解经过了一个前后变化的过程：从最初认为"凡言心者皆指已发而言"①，到后来否定这种看法——"此固未当"②，因为这样一种理解可能会导致未发工夫的落空，并且在修养实践中不得力，其实后来朱子的"己丑之悟"也正源于这种思考，因此程颐最后的观点是认为"未发"与"已发"正对应"心"之不同的状态："心一也，有指体而言者（小注：寂然不动是也），有指用而言者（小注：感而遂通天下之故是也），惟观其所见如何耳。"③ 那么与心的这两种存在状态相应，工夫亦当有未发与已发的区分。关于未发之工夫，程颐认为"存养于喜怒哀乐未发之时，则可"④，"敬而无失，便是'喜怒哀乐未发之谓中'也"⑤，这两句话合在一起就是程颐经常提到的"涵养须用敬"；而已发之工夫则是它的下一句——"进学则在致知"，但是广义上来说"敬"当贯穿未发与已发，换言之，涵养的工夫在于敬，敬的工夫则不仅限于未发。但是无论如何，正是对应于心之未发与已发的两种状态，二程提出了其工夫论的基本表述：涵养须用敬，进学则在致知。后者上章已有所述，下文则就前者的经典来源再做追溯。

敬作为一种基本的品德要求，一直是儒家修养的重要内容之一，从先秦起就受到广泛重视：《左传》认为"敬，德之聚也"⑥；《诗经》提出"既敬既

---

① 程颢、程颐：《河南程氏文集》卷九，《二程集》，第608页。
② 同上书，第609页。
③ 同上。
④ 程颢、程颐：《河南程氏遗书》卷十八，《二程集》，第200页。
⑤ 程颢、程颐：《河南程氏遗书》卷二上，《二程集》，第44页。
⑥ 《春秋左传今注今译·僖公三十三年》（上），李宗侗注译、叶庆炳校订，北京：新世界出版社，2012年，第356页。

戒"①;《论语》则讲"敬事而信"②,"居敬而行简"③;《周易》明言"敬以直内,义以方外"④,尤其是《易传》的讲法,颇受二程看重,很可能是他们强调敬的直接理论来源:"所谓敬者,主一之谓敬。所谓一者,无适之谓一。且欲涵泳主一之义,一则无二三矣。言敬,无如圣人之言。《易》所谓'敬以直内,义以方外',须是直内,乃是主一之义。"⑤但总体而言,二程之前关于敬的讲法就其意涵而言,并无确定而具体的解释,仿佛是一种日常而约定俗成的用法。同时,因为儒家更加偏重对仁义礼智信等德目的强调,因此虽然敬也受到了一定程度的重视,但是并无特别突出的地位,而且亦没有在它与其他德目之间试图建立一种明确的联系。相比之下,二程之敬明显具有三个创新:其一,以敬作为全部工夫的根基之一,如上所述,这种观点的成立得益于对《中庸》未发与已发之说的发明以及《易传》等各部经典的启发;其二,以"主一"来训敬,以"无适"讲"主一",而把敬字的含义落实为心思专一而不游离,并且同时看重发明敬与虚和静的关系。其三,把外在的容貌整肃包含到敬的含义当中,进一步扩充敬的含义。下文从上列第二点讲起。

根据《说文》的记载:"敬,肃也。"⑥那么"主一"之解与敬字本义之间就存在距离,这就使得二程的说法难免受到质疑,段玉裁注曰:

> 聿部曰:"肃者,持事振敬也。"与此为转注。心部曰:"忠,敬也;憼,敬也;慗,敬也;恭,肃也;憜,不敬也。"义皆相足。后儒或云"主一无适为敬",夫"主一"与敬义无涉,且《文子》曰:"一也者,无适之道。"《淮南·诠言》曰:"一者,万物之本也,无敌之道也。"适即敌字,非他往之谓。"⑦

段注实际上从两个层面对于二程的注解进行了驳斥:首先,敬的本义就是肃,敬与"肃"属于转注用字法,与"主一"并无义涉;其次,即使"主一无适"出处有自,但是这里的"无适"也是"无敌"之意,非"往他"之

---

① 《诗·大雅·常武》。
② 《论语·学而》。
③ 《论语·雍也》。
④ 《易·坤卦》。
⑤ 程颢、程颐:《河南程氏遗书》卷十五,《二程集》,第169页。
⑥ 许慎撰、段玉裁注:《说文解字注》九篇上,第759页。
⑦ 同上。

谓，这样就从训诂的角度反驳了二程的解释。那么从二程而言，如果说拈出敬尚且有众多儒家经典之来源，那么以"主一无适"来解释敬则颇费人解。以二程的具体表述来看，常用《孟子》的"勿助勿忘"来相比拟，孟子此说虽然与"主一"之谓多所意通，但是毋宁说"勿忘勿助"是说明"主一"之意，而非证明之，且如此一来敬与"勿忘勿助"之间的联系根据何在又将成为新的问题，所以这个思路并无真正之帮助。而从儒家思想的固有资源来重新检索，《尚书·大禹谟》"惟精惟一"与《荀子》主张专一、虚壹而静，是儒家资源中对于"一"之强调突出的两处，同时二程对于敬的解释另外两个着眼点则在于与虚和静的关系，那么就此而言，二程之关注敬，除了外貌整肃之义外，其他要点皆对应于荀子虚壹而静中的三个概念，这种"巧合"一定程度上表明二程对于敬的具体解释可能受到了荀子的启发；当然，由于二程没有直接表明这种渊源和联系，因此这种推测能否成立还须再做具体考察；下文一述，仅做一参。

荀子发明专一之意处很多，从其内涵上来看可以大致分为两个方面：首先，从时间连续性的角度，强调"专一"是在一个长久过程当中目标的一致性，如：

  螾无爪牙之利，筋骨之强，上食埃土，下饮黄泉，用心一也①。

  故好书者众矣，而仓颉独传者，壹也；好稼者众矣，而后稷独传者，壹也；好乐者众矣，而夔独传者，壹也；好义者众矣，而舜独传者，壹也。倕作弓，浮游作矢，而羿精于射；奚仲作车，乘杜作乘马，而造父精于御。自古及今，未尝有两而能精者也②。

其次，荀子所讲的专一是直接与心相联系的，因此不仅指向时间序列当中的持续性，也同时包含"当下"情境当中心处一非两的具体状态，而实际上后者的存在正是前者的基础：

  昔者舜之治天下也，不以事诏而万物成。处一危之，其荣满侧；养一之微，荣矣而未知。故《道经》曰："人心之危，道心之微。"危微之几，惟明君子而后能知之③。

---

① 《荀子·劝学》。
② 《荀子·解蔽》。
③ 同上。

人何以知道？曰：心。心何以知？曰：虚壹而静。心未尝不臧也，然而有所谓虚；心未尝不两也，然而有所谓一；心未尝不动也，然而有所谓静。……未得道而求道者，谓之虚壹而静。作之，则将须道者之虚则人，将事道者之壹则尽，尽将思道者静则察①。

在以上第一段引文当中，荀子指出处于专一而心常危惕，则会享有"其荣满侧"的结果②，如果还能"养一之微"，那么将荣耀满溢不计其数。这里通过在一与危、微之间建立起关系，一的内涵得到扩充，即好结果的实现依赖于一的基础。同时，荀子利用了"人心之危，道心之微"的说法，非常类似于《尚书》"十六字"诀的表述，但是荀子给出的依据却是《道经》而非《尚书》；按理，后者才是儒家之典籍，同样的资源，依据后者而非前者，应该更符合逻辑。当然，就宋明理学家而言，他们更看重的是《大禹谟》的"十六字"诀，而非《道经》，虽然前者被认为可能是伪书，但是对于宋明理学家来说，他们更关注的是这种说法的理论意义，一方面，可以借助"人心"与"道心"的区分比附天理与人欲的关系③；另一方面"允执厥中"既相合于《论语》中尧舜相禅之际的叮咛，又符合强调"中庸"之义；除此之外，其中的道统之传的内容亦十分重要；如是，推测其中"惟精惟一"的思想可能启发二程对于"敬"之"主一"的解释也就不是完全不可想象的。

第二段引文则径直从心上讲起，心要知道的必要条件就是虚壹而静，而虚、壹和静其实是对心之状态的三种要求，各有不同的侧重：虚则可入，壹则可尽，静则能察；但是要知道则需要三者同时具备，所谓虚壹而静。对比二程，他们对于虚和静都各有发明。

荀子之对于一的强调，实际上包含两个方面的内容：当下之一而非两，以及长时间中的目标专一；后者可以看做前者状态之绵延，但是实际上因为在一个时间段当中，必然需要面对不同的情境和事件，因此后者又不可能完全是前者的延续。而从虚壹而静中对于壹的界定来看，"心未尝不两也，然而有所谓一"，则两解均可。而二程认为："所谓敬者，主一之谓敬。所谓一者，

---

① 《荀子·解蔽》。
② 这里的"危"当指向一种惕厉的心理状态，而不是宋儒一贯的"危险"之解。
③ 不是所有的理学家皆是以天理、人欲解释道心、人心，比如陆九渊就直接反对。

无适之谓一。且欲涵泳主一之义，一则无二三矣。"① 其实更看重当下专心之意。

荀子指出："心未尝不臧也，然而有所谓虚。"即心作为人的认识器官，对于各种认识或者知识必然有所积累，但是这并不妨碍心之虚而去接触和认识新的对象。二程也注意到了敬与虚之间的关系："人心不能不交感万物，亦难为使之不思虑。若欲免此，唯是心有主。如何为主？敬而已矣。有主则虚，虚谓邪不能入。无主则实，实谓物来夺之。"② 从这种表述来看，二程首先肯定了"人心不能不交感万物"的前提，这与荀子"心未尝不臧"的讲法颇有相通，同时他认为虚是作为主一或者说就是敬的一个结果存在的："有主则虚。"③ 而虚指的是不受邪念干扰的状态。

荀子还强调静的重要性，他肯定心之动是必然存在的，但是可以动中求静，"静则察"。这一理解，一定程度上是吸收了道家对静的发明结果。而二程亦关注到敬与静的关系，但主张以敬代静："才说静，便入于释氏之说也。不用静字，只用敬字"④，"敬则自虚静，不可把虚静唤作敬。"⑤ 这可以看做对于荀子之说的扬弃。

伊川讲敬不仅指一种内心状态，亦包括外在言貌的整饬："俨然正其衣冠，尊其瞻视，其中自有个敬处。虽曰无状，敬自可见"⑥，"惟是动容貌、整思虑，则自然生敬。"⑦ 这样一种无时不在的内外兼修方式固然有其过于谨严的一面，因此后来杨简就此批评说："主一则既不之东，又不之西，是则只是中苦也。人性自善，何必如此拘束？孔子未尝如此教人。但曰，居处恭，执事敬耳。但曰，出门如见大宾，使民如承大祭耳。但曰，约之以礼耳。伊川之教，固愈于放逸者。然孔子曰：过犹不及。何则？其害道均也。"⑧ 其实明

---

① 程颢、程颐：《河南程氏遗书》卷十五，《二程集》，第169页。
② 同上书，第168页、169页。
③ "有主则虚"的说法在《二程集》里凡三见，都出现在程颐：《河南程氏遗书》卷第十五《伊川先生语一》。
④ 程颢、程颐：《河南程氏遗书》卷十八，《二程集》，第189页。
⑤ 程颢、程颐：《河南程氏遗书》卷十五，《二程集》，第157页。
⑥ 程颢、程颐：《河南程氏遗书》卷十八，《二程集》，第185页。
⑦ 程颢、程颐：《河南程氏遗书》卷十五，《二程集》，第149页。
⑧ 杨简：《慈湖先生遗书》卷十五，济南：山东友谊出版社，1991年，第767页、768页。

道对此早有察觉，因此指出："敬须和乐，只是中心没事也。"① 因此更多的时候借用《中庸》之说而诚敬并言。

那么综上所述，二程之看重敬作为工夫论的意义，实从追溯《中庸》未发工夫而来，但是从经典来源上看，则可能受到《论语》《易传》《左传》等多部儒家经典尤其是《易传》"敬以直内"的启发。二程强调敬有四个要点：主一无适、有主则虚、以敬代静、外貌整肃；除去最后一项，前三项恰好相合于荀子虚壹而静中的三个概念；这种巧合提示我们二程论敬除了亦可能有佛道思维之影响，另外可能一定程度上受到了《荀子》的启发。而从强调"主一"来看，儒家典籍中比较有代表性的是《尚书》"十六字真言"和《荀子》"虚壹而静"的讲法，考虑到宋明理学家对于道心与人心的看重，那么"惟精惟一"启发了二程以"主一"训敬亦是可能的；但是另一方面，"十六字真言"并没有对一更多的发明，倒是《荀子》中有更多相关的理论，这正相合于以上的推测。但是二程之论这三个概念，又对其意义做了个别调整，这正是他们的创新之处。不过值得注意的还有，二程自身从来没有表述过他们对敬的定义与荀子的渊源：荀子对于孟子的批评以及他本身性恶论的观点都使得二程对他并不推重。另外，一种观点的提出可能是多种因素的综合作用，故以上所析荀子之论可以备作一解。

---

① 程颢、程颐：《河南程氏遗书》卷二上，《二程集》，第31页。

第八章　发于《易传》的张载气学

张载和二程都同时面对性命之际的时代追问，都把自己的本体论和宇宙论贯通于心性学说和工夫论，这是二者在同样的时代使命中所表现出的一致性；但是在构建形上世界时却思路完全不同；但这恰好可以说明，即使理的范畴在宋之前与宋初已经变得越加瞩目与普及，但是否提炼出这个概念作为自己儒学的最高范畴还是一个具体的"自得"之结果；换言之，二程天理之"体贴"并不能从佛道等前代资源的影响单向度的予以回应。王夫之曾经评价张载之学："张子之学，无非《易》也，即无非《诗》之志，《书》之事，《礼》之节，《乐》之和，《春秋》之大法也，《论》《孟》之要归也。"① 张载写过《横渠易说》，晚年又做《正蒙》，从后者章节的具体架构来看：《太和篇》《参两篇》《天道篇》《神化篇》《大易篇》等等，都可以明显看出对于《易》学的发明和运用；船山以横渠之说归于《易》学确是中肯之语。但是统计《周易》的最高范畴"太极"在张载的运用，只有不足 10 处；相较而下，"虚"字出现了近 130 处，其中"太虚"27 处，"虚空"4 处。两相对比，张载对于"虚"之概念的看重成为其显著的特色。"太虚"的概念本为六经所不谈，向世陵先生也曾经指出："'太虚'作为张载哲学的本体范畴，按其词义本是最虚之义。以最虚的东西为本，在中国的历史上有悠久的传统，尤其是它本为道家、道教固有主张。"② 那么在这样一种情况之下，张载为何一定要于其体系当中引入"虚"之概念，而不能直接以"太极"言说之？同时，把一个道家的观念引入儒学体系，要对其含义做出怎样的调整才足以为理学所用？从一定意义而言，回答了两个问题，也就讲明了张载"太虚"概念首要

---

① 王夫之：《张子正蒙注·序论》，见《张载集》（附录），第 409 页。
② 向世陵：《张载气学的"实学精神"》，《河北学刊》，2000 年第 2 期。

的创新所在。除此之外,张载又引入《周易》"感""神化""参两"等概念,对于气化的具体过程做了详尽展现,并把太虚与气化互动的世界以《易》之太和综括之,描绘出一幅生机流动的宇宙图景。同时,因为"太虚,气之本体",把这种对于太虚和气具体关系的规定落实到心性论层面,就有了"天地之性""气质之性"之崭新性论形式,而这种关于性的理论又是以《周易》"继善成性"和《中庸》"天命之谓性"为纽带并最终得以落实的。另一方面,从工夫论来看,"知礼成性"与"尽心知性"是张载的两个重要观点,前者直接来源于《易》"知崇礼卑"之论,但是知和礼作为儒家的传统之教,对于这种工夫的强调实际上同时也成为儒家各部经典的一个结合点,后者则体现出张载对于《孟子》思想的继承,而张载对于"尽心"的解释最终依然是与其太虚与气化学说相贯通的。综上所述,我们可以把张载的理学思想看做是以《易》为核心来整合儒家经典,尤其是四书资源的一个成果。

下文将遵从这样一个思路,即首先审视传统的"太虚"概念之意涵;其次,具体分析张载对于"太虚"概念之界定;对照之下,凸显张载"太虚"理念的具体创新,同时对应溯源张载理论创新的经典依据。

一、张载之前的"太虚"概念

上文已提及,"太虚"概念本是六经所不谈、而道家与道教所盛言的概念。杨立华先生曾经指出:其一,"太虚"一词虽然不见于儒家之六经,但却常常出现在六经的注疏当中。而载有"太虚"一词的注释文字,大都出自宋以后的著作。较早的只有韩康伯的《系辞注》和胡瑗的《周易口义》。其二,"太虚"一词在唐宋诗歌中较为常见,应该在日常用语中比较常见[①]。这说明,虽然宋之前"太虚"一词的使用已经可能有一定之普及,但是作为哲学意涵之说明仍然主要集中在道家与道教的资源当中,而儒家吸纳"太虚"为六经之注疏也主要是宋以后的事情,很可能一定程度上受到了张载学说的影响。而下文对于"太虚"概念的追溯正与此相应。

---

① 参看杨立华:《气本与神化:张载哲学述论》,北京:北京大学出版社,2008年,第173—175页。

从《老子》开始,"虚"已经成为道家的一个重要概念:《道德经》中"虚"字凡29见,例如"致虚极,守静笃"①,"虚而不屈,动而愈出"②,"虚其心"③等等。而且老子之强调"虚",不仅是在宇宙论的意义上,也落实在工夫实践的层面,即"虚其心"的要求,以及"致虚极"的境界目标。而在对"虚"之重视方面,《庄子》与《老子》体现出明显的一致性:

> 若一志,无听之以耳而听之以心,无听之以心而听之以气。听止于耳,心止于符。气也者,虚而待物者也。唯道集虚。虚者,心斋也④。

这里,《庄子》把"虚"与"气""道""心"相联系:就"虚"与"气"而言,明确说明"气也者,虚而待物者也",这意味着"气"的特点就是"虚",而且是与"物"相区别的、在时间顺序上前于"物"的存在;就"虚"与"道"、"心"而言,提出"唯道集虚"和"虚者,心斋"的命题,"虚其心则至道集于怀也","唯此真道,集在虚心"⑤,虚其心方可体至道,"虚心"成为庄子工夫论的一个重要出发点。庄子不仅强调"虚",他还正式提出"太虚"的概念:"若是者,外不观乎宇宙,内不知乎大初;是以不过乎崐仑,不游乎太虚。"⑥ 这句话中太虚所指有无限无际的空间之意,还并不是典型的哲学范畴。

《黄帝内经·素问》之《天元纪大论》也明确地使用"太虚"概念:"太虚寥廓,肇基化元,万物资始,五运终天。"⑦《黄帝内经》的成书时间尚有争论;从这里对于"太虚"概念的理解来看,它的特点在于更加强调了"太虚"作为一切源头的生成论意味。张岱年先生认为,张载研究《庄子》和易学,其中太虚之说可能直接来源于《黄帝内经》。

到西汉,"太虚"的含义也得到发明,而这种发明是多方面的:它包括太虚与气、太虚与道、太虚与心、太虚与万物等多个层次的阐释。虽然运用的频率和数量并不高,但是对其内涵的展开已经比较丰富。汉代以下则继承了

---

① 《老子》第十六章。
② 《老子》第五章。
③ 《老子》第三章。
④ 《庄子·人间世》。
⑤ 郭庆藩撰:《庄子集释》卷二中《人间世第四》,王孝鱼点校,北京:中华书局,1961年,第148页。
⑥ 《庄子·知北游》。
⑦ 《黄帝内经·天元纪大论》,《四部丛刊正编》○一九,第131页。

这种对于"太虚"意涵的言说并进一步深化。晋孙绰在《天台山赋》中说："太虚辽阔而无阂,运自然之妙有,融而为川渎,结而为山阜。"① 即"太虚""辽阔""无阂"而"运自然之妙有",这样就刻画了"太虚"广漠又区别于一般具体事物之存在的特征,由此,"太虚"成为自然变化的原因。

韩康伯则在其《系辞注》中云："原夫两仪之运,万物之动,岂有使之然哉! 莫不独化于大虚,欻尔而自造矣。造之非我,理自玄应;化之无主,数自冥运,故不知所以然,而况之神。"② 在这里韩康伯运用郭象的玄学理论对"太虚"做了新的解释,"太虚"即是玄冥之境;这种对于"太虚"的解释虽然亦有对于之前"太虚"之意的吸收,但是主要是与物之"独化"直接联系在一起,目的则在于破斥王弼"以无为本"的理论。

《关尹子》中也对"太虚""无""气"之间的关系做了说明："殊不知天地虽大,能役有形,而不能役无形;阴阳虽妙,能役有气,而不能役无气。心之所之,则气从之;气之所之,则形应之。犹如太虚,于一气中变成万物,而彼之一气,不名太虚;我之一心,能变为气,能变为形,而我之心无气无形。知夫我之一心无气无形,则天地阴阳不能役之。"③《关尹子》又名《文始经》《关令子》,全名《文始真经》,作者系周代函谷关令尹喜。南宋时始出于永嘉孙定家,殆系伪托。在这段话中,作者核心意思在于说明心能变为气、变为形而本身无气无形,因此天地阴阳不能役使;为了发明这个意思,作者以"太虚"为喻,"太虚"可在一气中变成万物,但此一气并不名为"太虚"。从作者对于"太虚"概念的使用来看,他给出了一个"太虚"→"气"(有)→万物的序列,而"太虚""气""物"被明确划分为三个层次的做法提示了"太虚"很可能就是"无"之意。

而在盛唐吴筠《宗玄集》中,"太虚"凡六见:

太虚之先,寂寥何有? 至精感激,而真一生焉。真一运神而元气自化。元气者,无中之有,有中之无,旷不可量,微不可察。氤氲渐著,混茫无倪,万象之端兆朕于此……然则生天地人物之形者,元气也。授

---

① 张溥辑:《晋孙绰集》,《汉魏六朝百三家集》(二)卷六十一,影印文渊阁四库全书,第1413册,第705页。
② 王弼注,孔颖达疏:《周易正义》,第272页。
③ 《关尹子·五鉴篇》,朱海雷编著:《关尹子·慎子今译》,杭州:浙江大学出版社,2012年,第67页、68页。

天地人物之灵者，神明也①。

　　　筌太虚之有象，覈妙用之非空②。

　　　寿同太虚而不可量③。

　　　纷然太虚中，羽斾更相招④。

　　　遗篇训终古，驾景还太虚⑤。

　　　心叶太虚静，寥寥竟何思⑥。

　　从吴筠对于"太虚"概念的使用来看，"太虚"→"真一"（运神）→"元气"→万物构成为一个宇宙衍生的序列。从"元气"的特点来看，"无中之有，有中之无，旷不可量，微不可察。氤氲渐著，混茫无倪"，它作为具体万物生化的原因，显然是无形的气实体；而在"元气"之先的"真一"则有一个"出生"的行为，相比于"元气"，"真一"亦是一种存在的实体，因为"真一运神"才有"元气自化"，但是较之"元气"之"无形"，"真一"的存在样态仿佛更难以把握；而在这个序列开端上的则是"太虚"。而对"太虚"，吴筠以设问的语气说："太虚之前，寂寥何有？"从表面上看，对此可以做三种理解：其一，"太虚"之前为"无"；其二，没有"太虚之前"的存在阶段；其三，"太虚"为无。但是首先，通常"太虚"与"无"或者"独化"等含义相合，少有在"太虚"之前再别生一个阶段的情况，因此应当是"没有太虚之前的阶段"，"太虚之前为无"不成立。同时，结合以上分析来看，无形的元气即是"气"的初生状态，它作为万象之端，由真一运神而生，在这种解读之下，那么"太虚"除了"无"仿佛已经无从他释。吴筠也说"筌太虚之有象，覈妙用之非空"，但是这里"太虚"之有象，亦不能直接理解为"太虚"作为一种实体是有象存在的，因为"太虚"本有广漠虚空之意，因此，这里的"太虚之有象"是指的众象存于"太虚"之空间当中。这样一种对于"太虚"的解读，正相合于"纷然太虚中""驾景还太虚"的用法。但是反

---

① 吴筠：《宗玄集·别录》，《玄纲论·元气》，影印《文渊阁四库全书》，第 1071 册，第 758 页。
② 吴筠：《岩栖赋》，《宗玄集》卷上，第 727 页。
③ 吴筠：《神仙可学论》，《宗玄集》卷中，第 738 页。
④ 吴筠：《游仙诗二十四首》，《宗玄集》卷中，第 745 页。
⑤ 吴筠：《览古诗十四首》，《宗玄集》卷下，第 752 页。
⑥ 吴筠：《步虚词十首》，《宗玄集》卷中，第 746 页。

观第一段引文中说的是"太虚之先",而不是"太虚之中",那么这意味着"太虚"是作为一个阶段,而不是作为一个简单的广漠空间的状词,所以合理的解释只能是,吴筠实际上是在两种意义上同时运用"太虚"的概念:既指"至无"之阶段,同时又指广漠无垠之空间;后者正是"太虚"之本义,前者则是后者本义之扩充,二者并不矛盾。

另外值得注意的是,吴筠很可能已经注意到了"形"与"象"之间的差别:一方面,他肯定"元气"为"万象之端",另一方面,又明确"天地人物之形者",换言之"元气"与具体万物之差异正是以"象"和"形"的不同表现形式相区别的,那么可以得到如下的关系:

"太虚" ——→ "真一运神" ——→ "元气" ——→ "万物"
("无")　　　("有")　　　(有象无形)　　(有形)

但是这里仍然有一个有待说明的问题,即真一之神显然已经是"有"的状态,但是"元气"是"有象而无形"的,那么"真一运神"作为"有"而与"元气"相区分是否就意味着它必然是"无形无象"的呢?可是"无形无象"与"无"的分别又在哪里呢?还是说,"真一之神"是"超越形象"的呢?或者有材质方可论形象,无材质则不可以形象论?但是无论究竟是哪一种情况,吴筠并没有给出正面的解答。而且同样值得注意的还有,吴筠是把"真一运神"看做"元气"产生的原因,即在时间和逻辑上同时先于"元气",这也是他理论的重要特点。

进一步,吴筠亦把"太虚"运用于"心"之境界的说明,"心叶太虚静,寥寥竟何思",吴筠认为心之"太虚"的状态就是"静"的状态,就是没有思虑的状态。如前所述,以"太虚"或"虚"联系"心"的做法从老庄之时就已经开始,因此这可以看做吴筠对于之前哲学思想的继承。

唐末五代的谭峭在《化书》中对于"太虚"概念亦多所发明:

　　……神可以分,气可以泮,形可以散……太虚,一虚也;太神,一神也;太气,一气也;太形,一形也;命之则四,根之则一。守之不得,舍之不失,是谓正一①。

　　……是知太虚之中无所不有,万曜之内无所不见。而世人且知心仰

---

① 谭峭:《道化·正一》,《化书》卷一,丁祯彦、李似珍点校,北京:中华书局,1996年,第10页。

寥廓，而不知迹处虚空①。

转万斛之舟者，由一寻之木；发千钧之弩者，由一寸之机。一目可以观大天，一人可以君兆民。太虚茫茫而有涯，太上浩浩而有象。得天地之纲，知阴阳之房，见精神之藏，则数可以夺，命可以活，天地可以反覆②。

所以听之者若醯鸡之游太虚，如井蛙之浮沧溟，莫见其鸿濛之涯，莫测其浩渺之程③。

天地盗太虚生，人虫盗天地生，营虹盗人虫生④。

《化书》中"太虚"之用凡五见，明显地体现出与吴筠观点的一致性：首先，从第一段引文来看，谭峭明确将宇宙之演化分为"太虚"——"太神"——"太气"——"太形"等不同的层次，虽然具体称谓有所不同，但是"太气"其实就是"元气"之意，并且同样与"太形"区别因而具有无形之特点。在"太气"之前则有作为其原因的"太神"之存在，那么出现于它们之前的"太虚"这个阶段，最合理的理解就是"无"，因此这种宇宙层次架构的特点与吴筠如出一辙。而在第二句引文中，谭峭明确地规定"太虚之中无所不有"，就这句话本身来看可以做两种理解：其一，如果"太虚"意指广漠的空间，在这个空间当中无所不有；其二，"太虚"不是作为空间的状语，而是一个存在阶段之实体的代称，这个实体无所不包。这两种理解似乎都有根据：在第一段引文中，"太虚""太神""太气""太形"是并列出现，并且以同样的句式表达出来，那么更合理的理解就是把"太虚"作为一定存在阶段的实体。这也符合最后一句引文，因为"天地盗太虚"，显然如果这句话中"太虚"只是指向广袤的空间是说不过去的。但是从第四句引文来看，"如醯鸡之游太虚，如井蛙之浮沧溟"，显然这时的"太虚"比之理解为实体，不如理解为空间。综言之，从谭峭的表述来看，他对于"太虚"的理解，既包括作为状词的广漠虚空之意，也包括作为一个存在阶段的实体之描述；而因为"太虚"作为一个阶段对应的是"无"，因此"太虚之中无所不有"，只能是指

---

① 谭峭：《道化·游云》，《化书》卷一，第8页。
② 谭峭：《术化·转舟》，《化书》卷二，第21页、22页。
③ 谭峭：《德化·五常》，《化书》卷三，第29页。
④ 谭峭：《道化·天地》，《化书》卷一，第11页。

太虚广袤空间中万有俱存之意，而非直接理解为"太虚"非"无"。至于第三段话中说"太虚茫茫而有涯"，这句话的另一版本是"太虚茫茫而无涯"①，如果直接按后者来理解，自是没有问题；即使按照前者，也并不真正意味着"太虚"是有限的，从具体语境中来看，谭峭着重表达的是"得天地之纲，知阴阳之房，见精神之藏，则数可以夺，命可以活，天地可以反复"，强调的是"太虚"之本质是可知的，及明晓其义的重要性。

唐末五代彭晓所著《周易参同契通真义》中对"太虚"概念亦有发明：

> 太易、太虚、太初之前，虽含虚至妙则未见兆萌；太始、太素、太极之际，因有混成，乃混沌也，中有真一之精，为天地之始，为万物之母。一气既形，二仪斯析，然后有乾坤焉，有阴阳焉，有三才五行焉，有万物众名焉②。

> 御白鹤驾龙鳞游太虚兮，谒仙君录天图兮，号真人③。

彭晓所论"太虚"凡两见，阐释并不详细。从第一句引文来看，彭晓将"一气既形"之前分为六个层次：太易、太虚、太初、太始、太素、太极。其中太易、太初、太始、太素四个层次的划分，前代已有之，比较有代表性的如《乾凿度》云："夫有形生于无形，乾坤安从生。故曰：有太易，有太初，有太始，有太素也。太易者，未见气也。太初者，气之始也。太始者，形之始也。太素者，质之始也。气形质具而未离，故曰浑沦。"④按郑玄所注"以其寂然无物故名之曰太易"，"元气之所本始六易，既自寂然无物矣，焉能生此太初哉？则太初者亦忽然而自生"⑤，那么《乾凿度》的观点可以如下表示，即：

"太易"————"太初"————"太始"————"太素"
（未见气也）（气之始/无形之气）　（形之始）　　（质之始）
（无）　　　　　　　　　　　　　　　　　　　　（有）

可以看出，四个阶段的划分，是着眼于气、形、质的不同阶段的，因为

---

① 参谭峭：《术化·转舟》，《化书》卷二，第22页"校记"【一】。
② 彭晓：《乾坤者易之门户》，《周易参同契通真义》卷上，影印文渊阁四库全书，第1058册，第513页。
③ 彭晓：《会稽鄙夫》，《周易参同契通真义》卷下，第554页。
④ 《周易乾凿度》卷上，郑玄注，影印文渊阁四库全书，第53册，第868页。
⑤ 同上。

"太初"为"气之始",而"太始"方是"形之始",于是"太初"应当是"无形之气"产生的阶段;所以"太初"之前的"太易"所谓"未见气"就不会是说这时的"气"是无形不可见的,而是指没有气存在的状态,所以郑玄注曰"寂然无物,故名之曰太易",而紧随其后的"太初"则是"忽然自生"的。彭晓的特点是在"太易"与"太初"之间加入"太虚"的阶段,并且把这三者统称为"含虚至妙则未见兆萌",而与后三者之"混沦"相区别。彭晓并没有做特别说明,因此他之引用《乾凿度》的相关概念也许可以简单地按照其本来含义处理,以此来理解"太虚",那么"太虚"既不同于"太易"之"无",因为它毕竟已在"太易"之后,同时在"太虚"的阶段,"气"还没有产生,因为那是在"太始"的阶段才体现出的变化;换言之,彭晓对于"太虚"的界定可能是指向一种没有"气"产生,但是已经不再是"无"的状态,这应该是对于之前"太虚"理论的一个重要创新。从"含虚至妙"的表达来看,彭晓似乎认为"太虚"具有使"气"产生的一种力量,但是并没有再做具体说明。如果对比于吴筠和谭峭之说,他们以"太虚"为无,但是在"太虚"与"元气"或者"太气"之间,则有一"神"之阶段,那么彭晓等于是以"太易"代替了"太虚"之无,却把太虚与"神"之意蕴相结合。如果果真如此,"太虚"非"无"而可能类似"神"体之效,在这一点上,彭晓的"太虚"理论确实别具特色。而第二段引文则相对简单,"御白鹤驾龙鳞游太虚",这里的"太虚"既可以做如上文一样的解读,也可以理解为彭晓亦在"广漠虚空"的一般意义上使用此词。

  以上是宋之前"太虚"概念的主要使用情况,通过以上分析可以得出下列的总结:其一,无论就"太虚"概念之起源还是流传,都主要是在道家和道教内部实现的,相比之下,儒家尤其是六经并不以"太虚"为重要之哲学概念;其二,从"太虚"之意涵来看,它本义是指广袤无垠之空间,后来则多以"太虚"发明"无"之意义,但是即使如此,太虚之本义亦没有中断其使用,而当中比较特别的是彭晓对于"太虚"之解释,他首次突破了以"无"规定"太虚"的做法,而以"太虚"为类似"神"体;其三,从对于"太虚"具体探讨之角度来看,"太虚"与"气""道""心"等关系都已经被纳入到探讨的范围,"太虚"不仅具有宇宙论、本体论之意义,同时亦有心性论和工夫论之相关学说;其四,在对于"太虚"与"气"的讨论当中,"形"与"象"的区别关系得到一定程度的显现和运用;其五,"太虚"也曾被作为气化的原因，如孙绰"运自然之妙有"，在唐以后，实际上这种功能普遍被认为是"神"的作用结果；其六，就"太虚"与"神"的关系来看，除了彭晓有把"太虚"与"神"一体化倾向之外，一般都是把"神"处理为有别于"太虚"的独立阶段和存在，并且将"神"置于"气"之产生前。

入宋，"太虚"概念亦有一定的使用，比如胡瑗《周易口义》说："故文王重之为六爻……六为天之上有太虚之象。然后万物成形而天下之能事毕矣"①，"五则阳气至盛隮升于天，上则亢极在太虚之中。"② 另外司马光对于"太虚"的使用亦有8见，如"山泽欲焦枯，炎光满太虚。不知天地外，暑气复何如"③？"品物芸芸游太虚，不知谁氏宰烘炉"④，"振鹭辞灵沼，冥鸿翔太虚"⑤。但这样一种使用，都没有明确的形而上之意义，而主要仍然是"太虚"本义的应用。但在"万物皆祖于虚，生于气。气以成体，体以受性，性以辨名，名以立行，行以俟命。故虚者物之府也，气者生之户也，体者质之具也，性者神之赋也，名者事之分也，行者人之务也，命者时之遇也"⑥ 中，司马光则构筑了一个以"虚"为本的世界，"虚"构成了万事万物之本原和依据，万物万形不仅因虚以生，而且最终归于虚。这一点当对张载有启发。如前文已经提到的，杨立华先生曾经考证说："这个词汇并不属于当时通行的自然科学话语。'太虚'一词在唐宋诗歌中较为常见，应该在日常用语中比较常见。"⑦ 由此可以推论，在唐宋之际，"太虚"概念因为其在日常用语中常见，所以也同时带来了意义浅层化的特点，对于"太虚"概念深入挖掘的依然主要是道家和道教的资源，而儒家对于"太虚"概念的改造和意义的深化则是主要由张载完成的：一方面，"太虚"的概念虽然"六经"的资源中并不常见，但是因为韩康伯、胡瑗对于"太虚"的使用皆以《周易》为载体，因此可以理解为也属于泛义的六经系统；其二，张载又有"访释老之书，累年究其说"的

---

① 胡瑗：《周易口义》卷一，影印文渊阁四库全书，第8册，第172页。
② 同上书，第179页、180页。
③ 司马光：《大热》，《司马光集》卷九，第287页。
④ 司马光：《还陈殿丞原人论》，《司马光集》卷十三，第406页。
⑤ 司马光：《致政王侍郎挽歌二首》，《司马光集》卷十一，第362页。
⑥ 黄宗羲、黄百家、全祖望等：《涑水学案》下，《宋元学案》卷八，《黄宗羲全集》第三册，第365页。
⑦ 杨立华：《气本与神化》，第173页，脚注2。

经历，那么他之熟悉"太虚"及其意涵就是合理的推论；但是这同时意味着要把一个道家与道教中的概念引入到儒家的系统当中尤其是作为核心范畴来利用，就必须做出意义的新调整，这正是张载的首要任务。

二、《易》之"形象""幽明"与气之"太虚"①

总结了传统资源中"太虚"概念的主要意涵和特点，对照张载的"太虚"学说，就可以发现其创新之处，并以此为线索追溯这种创新得以实现的经典依据。但是关于张载"太虚"的理论学术界历来多有争论，观点并不一致②，为了能够准确回答以上的问题，有必要对几个主要的观点再做审视，以确定张载"太虚"概念的真正意涵。首先学术界围绕"太虚"以及它与"气"和"万物"的关系主要有四种理解：第一，侯外庐先生、邱汉生先生和张岂之先生主编的《宋明理学史》中指出："'气'则是'太虚'和万物的总和"③，这种判断意味着"气"范畴是一种广义的运用，其中"太虚"与"万物"直接相对，换言之"太虚"就等于区别于有形万物的无形之气的总体。持有同样观点的还有张立文先生，他将张载的哲学逻辑结构概括为："气"（"太虚"）$\xrightleftharpoons[散]{聚}$"物"④；其二，陈来先生在《宋明理学》中指出张载对于宇宙的构成："分为三个主要层次：太虚⇌气⇌万物，太虚之气聚而为气，气聚而为万物；万物散而为气，气散而为太虚。这两个相反的运动构成了宇宙的基本过程"，如此无形的形上世界包括了两个层次，第一是"气"，这是"最狭义"的"气"范畴，而"太虚"则是与此"气"不同的"气"之本来状态的阶段，二者的区别在于"无形无状的太虚实质上是气的本来存在状态，他称这本然

---

① 本节主要内容已公开发表于《〈易〉的发明与张载"太虚"气本之论》，《理论界》，2014年第2期。
② 可以参看林乐昌：《20世纪张载哲学研究的主要趋向反思》，《哲学研究》，2004年第12期；丁为祥：《张载研究的视角与方法》，《陕西师范大学学报》，2000年第2期等。
③ 侯外庐、邱汉生、张岂之主编：《宋明理学史》（上卷），第96页。
④ 张立文：《走向心学之路——陆象山思想的足迹》，北京：中华书局，1992年，第397页。

状态为'本体'。而气不过是这种清稀微细的太虚之气凝聚而成并可以看到象状的暂时形态。虚与气是统一的，万物与气之间是一种同样的聚散关系"①，换言之，陈先生认为宇宙存在三个层次，无形无状之太虚、暂时象状之气与有形之万物；第三，杨立华先生则认为："在张载的形上形下之别中，有如下几个层次：其一，有形的气和万物；其二，无形而有象的太虚；其三，清通而不可象的神"；第四，牟宗三先生提出"太虚神体"一说，认为"太虚"不是指"气"，而是内在于"气"的超越性本体②。综上所论，可以将各位学者争论的焦点做出以下总结：第一，"太虚"与区别于万物的"气"是一个层次，还是两个层次，赞成前者的如侯外庐先生和张立文先生，陈来先生、向世陵先生则主张后者；第二，"象"概念在张载体系中的重要性近些年亦受到关注③，那么相比于万物之有形，"太虚"是否有"象"亦有争论，比如陈来先生认为"太虚"是"无形无状"的，即是没有"象"的④，而杨立华先生则认为"太虚"是有"象"的；第三，就"太虚"与"神"的关系来看：首先"太虚"是否为"气"，比如大陆学者一般倾向于认同"太虚"为"气"，而牟宗三先生则否认这种看法；其次，"神"是"太虚"之功能还是不同于或者高于"太虚"的另一个层次，比如陈来先生认同前者，杨立华先生则认同后者。实际上，以上三个问题又是互相联系的。张载的文献向来以难读著称，用语艰深晦涩，甚至正如程朱指出，有时还难免有用语不确之嫌，如果仅从字面理解，哪怕字字而较，一方面仍因本义固有之模糊而难逃理解之歧义，另一方面又容易流入断章取义，一叶障目；因此要在莫衷一是的纷争中确定正见，以张载之初衷为其原始之论据，采取以意逆志之方也许才是深知其意的方法所在。

（一）"太虚"的意涵

首先一个饶有趣味的问题是，张载为什么一定要引入"太虚"这个概念，

---

① 陈来：《宋明理学》，第46页、47页。

② 牟先生的观点除了《心体与性体》可以直接参照，亦可参看邸利平：《牟宗三对张载"太虚即气"的诠释》，陕西师范大学学报，2009年第3期。

③ 可以参看杨立华：《气本与神化》；王汐朋：《张载思想的"象"概念探析》，《现代哲学》，2010年第2期；陈浩：《张载"本体象"刍议——"象"世界观视野下的儒学本体》，《云南社会科学》，2012年第3期。

④ 因为张载认为"凡可状，皆有也；凡有，皆象也"（《正蒙·乾称》），那么认为"太虚"是"无形无状"的，等于认为它就是"无形无象"的。

尤其是这个概念本来还在儒家之外，而更多被道家和道教所言说的；对比之下，传统的儒家更通常借助《周易》中的"太极"概念来发明自己的生成论与本体论之思；而张载虽然也看重"太极"，但是显然更加突出"太虚"的意义。这样一种做法意味着"太虚"与"太极"很可能并不是意义一致的范畴，而提示这一论断的还包括，张载从未在其著作当中明确地言明二者之间的等同性，甚至亦没有直接发明二者之间的关系；而引进"太虚"则在于它拥有"太极"所不能明确强调的意涵或者功能。对此可以从张载的以下一段话中窥见端倪：

> 天地之道无非以至虚为实，人须于虚中求出实。圣人虚之至，故择善自精。心之不能虚，由有物榛碍。金铁有时而腐，山岳有时而摧，凡有形之物即易坏，惟太虚无动摇，故为至实。《诗》云："德辅如毛"，毛犹有伦，上天之载，无声无臭，至矣①。

作为要为"圣人继绝学"的张载来说，反对佛教是他的重要立场；佛教对于世人的吸引，一方面在于其高妙的理论言说，另一方面也在于它普度众生脱离苦海的效验，而对于佛教来说，解析"苦"和"止息苦"的一个重要根据就在于，世间万象皆是因缘聚合的产物，没有自性，因此万物之本性都是真空假有的，了悟于此便可摆脱执着而脱离苦境。要反驳佛家的这种逻辑和论证，一方面张载也看到"金铁有时而腐，山岳有时而摧，凡有形之物即易坏"的事实，换言之，凡是有形"实"物都要落入佛教因缘聚合的范围之内，因此无法作为立论之基础，但是另一方面，他也意识到万物万象作为"气"皆源于"太虚"并归于"太虚"，这样"无动摇"的"太虚"已经成为"至虚"与"至实"的统一体，从而跳出了佛教"因缘聚合"的解释效力之外。实际上，应该说张载的这种解释亦有漏洞，因为固然"太虚"无可动摇，可是万象万物毕竟流转生灭，依然还在因缘聚合的范围之内，所以张载的反驳虽然深刻但是欠缺全面，后来朱子就批评张载之说其实是一个"大轮回"②；相比之下，二程直接抛开"太虚"，而把整个之气化世界以"实理"落实之，

---

① 张载：《张子语录中》，《张载集》，第325页。

② 黎靖德编：《朱子语类》卷九十九《张子书二》，第2537页，说："横渠辟释氏轮回之说，然其说聚散屈伸处，其弊却是大轮回。盖释氏是个个各自轮回，横渠是一发和了，依旧一大轮回。"

这样一来即使万象流转，但是一切变化的原因却是因天理之长存，从而对佛家因缘空假学说形成最严密的反驳。但是，毕竟在张载之前，儒家学者对于佛教之批评多是从政治、伦理、礼仪等角度入手，理论说服力其实并不显著，张载之反驳则是儒家第一次从本体论和生成论的高度对于佛教学说的有力回应；换言之，张载"太虚"概念提出的一种重要原因就在于"天地之道无非以至虚为实"从而排斥佛教，弘扬道统。

如果将以上的解析进一步引申，那么就可以理解张载对于"太虚"概念的准确含义：张载曾经明确定义"太虚无形，气之本体，其聚其散，变化之客形尔。"① 那么"太虚"就是"气"的本来状态，而从前文的梳理来看，学者们争论的重要焦点之一则在于"太虚""气"和"万物"之间究竟是两个层次还是三个层次；对照上文的分析，我们可以从逻辑上推测后一种说法将更接近张载之本义：以阴阳之气为例，虽然亦是区别于具体有形之物的无形存在，但是"有象斯有对，对必反其为；有反斯有仇，仇必和而解"②，换言之，这种有对之象亦难免因缘聚合之范围，对于反驳佛教的理论并不能真正生效；所以张载必须提出一个有别于无形之气的新范畴，而这个概念本身并不含有"有象斯有对"的特征，于是"太虚"的概念就呼之欲出；同样的，这也正是张载在"太极"之外在其体系中再加入"太虚"范畴的原因所在，因为对于前者来说，"不有两则无一"③，并不能提供张载反对佛教真空假有理论之依凭。另一方面，其实这样一种规定"太虚"的方式，其理论效力并不仅仅是对于佛教理论的批判，实际上同时亦是对于道家和道教学说的回应：因为如果"太虚"是"气"的本来状态，那么就意味着"太虚"不再是道家和道教所一贯主张的"无"，整个世界原始要终都只是一气流行之下不同的显现状态。

归结以上所说，"太虚"概念确实本来是道家和道教更多使用的一个范畴，并且这种使用很多时候恰是以"太虚"表达"无"之涵义；而张载之必须将"太虚"引入儒家体系当中，则首先源于他反对佛老的道学立场，从理论上说，要反对佛家因缘和空性之说，那么只能"以至虚为实"，而要反对道

---

① 张载：《正蒙·太和》，《张载集》，第7页。
② 同上书，第10页。
③ 张载：《横渠易说·系辞上》，《张载集》，第206页。

家之说,则此"至虚"不能为"无",张载为了实现这两个目的所做的工作就是把"太虚"规定为"气"之"本体",这正是张载对于古代"太虚"理论的真正创新之所在。而完成这种创新,一方面是张载穷探力索的结果,另一方面从经典依据的角度看,《周易》的"幽明"与"形象"学说可能一定程度上启发了张载的这种思路,并且同时提供了相应的理论支撑。

(二)"幽明"与"太虚"

《周易·系辞上》中有一段话:"《易》与天地准,故能弥纶天地之道,仰以观于天文,俯以察于地理,是故知幽明之故;原始反终,故知死生之说;精气为物,游魂为变,是故知鬼神之情状。"相关于此,张载指出:

> 气聚则离明得施而有形,气不聚则离明不得施而无形。方其聚也,安得不谓之有?方其散也,安得遽谓之无?故圣人仰观俯察,但云"知幽明之故",不云"知有无之故"①。

> 《大易》不言有无,言有无,诸子之陋也②。

在张载看来,不言"有无"而言"幽明"是《周易》一个明确的特点,虽然《周易》言"幽明"也只有以上引文的一处。按韩康伯所注"幽明者,有形无形之象",孔颖达则以"无形之幽,有形之明"③疏之,即在他们看来,《系辞》之"幽明"实际就是"有形无形"之义,但是这样一种理解当中,"无形"亦可能就是"无",而"有形"则对应"有",从而成为"以无为本"之理论的一种佐证;但是张载显然从另一个角度对这句话进行了解读,因为在他看来,既然圣人不直接以"有无"而以"幽明"言之,就意味着二者之间必有区别,这也正是圣人深意之所在,那么"言有无"的诸子也就失去了其经典的依据,形同妄语。在这种理解之下,气之聚散虽然会因为离明是否可施体现为诸种形式之差异,但并不是衡量"有无"的根据:离明得施只是"明","离明不得施"也只是"幽"。这样一种解读就意味着,如果把"太虚"理解为气化流行之开端和依据,那么"太虚"亦不至于落入"无"的范畴,从而摆脱了道家和道教对于"太虚"的一贯理解:"气之聚散于太虚,犹冰凝

---

① 张载:《横渠易说·系辞上》,《张载集》,第182页。
② 张载:《正蒙·大易》,《张载集》,第48页。
③ 王弼、韩康伯注,孔颖达疏:《周易正义》,第266页。

释于水，知太虚即气则无有有无。"① 按照张载的规定：

> 太虚不能无气，气不能不聚而为万物，万物不能不散而为太虚②。
> 太虚无形，气之本体，其聚其散，变化之客形尔③。

张载认为无形之"太虚"就是"气"的本来状态，从"太虚"到"气"再到"万物"，是一个彼此联系的动态过程。同时需要注意的是，在张载看来，作为气之本来状态的"太虚"不仅是"气"之源头，亦是万物复归之处："万物不能不散而为太虚"，由此亦成全了"太虚"作为下一轮气化之开始的可能性；而之所以做出这样一种解释，其实仍然是源于《周易》不谈"有无"的特点："太虚"非"无"，那么万物散归"太虚"就意味着万物之各种腐朽败坏并不是消失为"无"，而只是回到了"太虚"之"幽"的状态。同时，"太虚"既是气化之始，又是其回归所在，才真正成全了"太虚"的"至实"之义，从而也达到了反驳佛教之说的目的。

但是"太虚"的概念其实是包含两个方面的，以上所述是偏重"太虚"之"有"与"太虚"之"实"，而这个概念之所以提出，如上文所析，实际上还应当包括它"至虚"的特点，这种特点之体现则在于它区别于"气"和"万物"之所在。同时张载对于道家和道教的反驳，其实亦是分为两个层次的：不仅是因为"太虚"非"无"，也是因为"气"之非"无"，因为"气"作为不同于有形之物的存在，亦是"无形"可见，既然无形则亦有证明其是"有"而非"无"的必要性。而要完成以上两个证明，张载则是通过《周易》的"形"与"象"的概念实现的。

（三）"形""象"与"太虚"

按照《系辞上》所说："在天成象，在地成形，变化见矣。"从这句话本身来看，其一可以按照互文的语法来理解，即天地所成之象与形正体现了变化之所在，这种说法，仿佛更倾向于将"象"与"形"做出意义相近之解释；但是如果同时考虑到《周易》中的其他表达："拟诸其形容，象其物宜，是故

---

① 张载：《横渠易说·系辞上》，《张载集》，第200页。
② 张载：《正蒙·太和》，《张载集》，第7页。
③ 同上。

谓之象"①，显然"卦象"相较于具体的事物已经是一种提炼。参照"卦象"的这种特质，物理世界中存在的"象"亦当较之具体事物之"形"有所不同。其二，如果不以互文来解，那么既然分言"象"与"形"，而且分别对应着天和地来谈，那么则可以从这句话当中显示出《系辞》作者对于"形""象"概念意涵之区分。后来韩康伯在注释这句话时就指出："象况日月星辰，形况山川草木也。悬象运转以成昏明，山泽通气而云行雨施，故变化见矣。"②"象"指的是"日月星辰"，"形"指的则是"山川草木"，而二者的共同点则是皆可目见。同样的，他在注解《系辞》"立天之道曰阴与阳，立地之道曰柔与刚"时，继承并且深化了这种对于"象"和"形"的理解："在天成象，在地成形。阴阳者，言其气；刚柔者，言其形，变化始于气象而后成形。万物资始乎天，成形乎地。"③这里韩康伯指出，这两个概念之间不仅是根据天地不同的空间位置进行区分，而且从时间的顺序来看，还存在"象而后成形"的特点，换言之，在成"形"之前，尚存在"象"的阶段，因为天象地形，而"万物资始于天，成形乎地"，如此可以推论先有象而后又形，而"象"也就是"无形"的存在。

《周易正义》使用的即是韩康伯对于《系辞》的注，因此他的解释也就产生了广泛影响；入宋，这种以《周易》为依据区分"形""象"的做法被继续沿用和发展：胡瑗在《周易口义》中指出："《义》曰：象谓日月星辰也；形谓山川草木也。夫天以刚阳之气居于上而生物，地以柔阴之气在于下而承天。在于天者，则为日月星辰之象，在于地者则为草木山川之形。"④明确地体现出对于韩康伯之说的继承。司马光则显然不满足于这样一种简单地区分，而进一步指出"象有隐见，形有死生"⑤，在区分"形"与"象"不同的前提下，直接指出"形"是有腐败死生的，但是"象"却只是"隐见"。不同于这种分别"象"与"形"的思路，苏轼虽然看到二者之间的不同，但是同时亦强调二者之间相互联系的一面："天地一物也，阴阳一气也。或为象，或为形，所

---

① 《周易·系辞上》。
② 王弼、韩康伯注，孔颖达疏：《周易正义》，第258页。
③ 同上书，第326页。
④ 胡瑗：《周易口义·系辞上》，第452页。
⑤ 司马光：《系辞上》，《温公易说》卷五，司马光、张载：《温公易说·横渠易说》，上海：上海古籍出版社，1989年，第66页。

在之不同。故'在'云者，明其一也。象者，形之精华发于上者也；形者，象之体质留于下者也。"① 这种相互联系的实质则在于"故在云者明其一也"。如是综上所说：在张载之前和其同时的易学当中，对于"形"与"象"的区分已经具有了四个维度：其一，从空间上说，天象地形；其二，从时间上来说，先象而后形；其三，从其存在来说，形有生死，象则只有隐见；其四，从内涵上来说，象是形之精华，形是象的体质，"二者本质为一"。反观张载对此的理解：

> 有变则有象，如乾健坤顺，有此气则有此象可得而言；若无则直无而已，谓之何而可？是无可得名。故形而上者，得辞斯得象，但于不形中得以措辞者，已是得象可状也。今雷风有动之象，须谓天为健，虽未尝见，然而成象，故以天道言；及其发则是效也，著则是成形，成形则地道也。若以耳目所及求理，则安得尽！如言寂然湛然亦须有此象。有气方有象，虽未形，不害象在其中②。

> 凡可状，皆有也；凡有，皆象也；凡象，皆气也③。

在这里张载着重发明了"象"与"气"的关系；虽然区别于有形之物，"象"不可目见，但是诸如乾健、坤顺，"不形之中得以措辞者，已是得象可状"，而"凡可状，皆有也；凡有，皆象也；凡象，皆气也"，只要可以描述的，都是一种象状之存在，因此这种情况虽然无形而目不可见，但亦有确定之主体存在，否则"若无则直无而已"，也就无可得名；反过来说，因为有"象"的存在，也就证明了区别于有形之具体事物，"无形"亦有气的存在。张载这样一种言说"象"与"形"的方式，明显地表现出对于传统易学，尤其是韩康伯"象而后成形"观点的继承。但是对比于"气"作为无"形"有"象"的存在，"太虚"则是无"象"可状的：张载曾经讲过"气本之虚则湛一无形"④，另一个相关的表达则是"苟健顺、动止、浩然、湛然之得言，皆可名之象尔"⑤，但是要之"太虚"所强调的不仅是"湛"之特点，还有"一"

---

① 苏轼：《系辞上》，《东坡易传》卷七，第289页。
② 张载：《横渠易说·系辞上》，《张载集》，第231页。
③ 张载：《正蒙·乾称》，《张载集》，第63页。
④ 张载：《正蒙·太和》，《张载集》，第10页。
⑤ 张载：《横渠易说》，《张载集》，第219页。

之特性，但是因为"有象斯有对"①，若是太虚有"象"，则会与其"一"之特性相冲突，另一方面，实际上若太虚真有"象"可言，也就难以成为"至虚"之存在；而无"象"正是"太虚"区分于"气"的特点所在，因此"太虚"才可以被规定为"气"之本体。这样借助于《周易》本身的"象"与"形"的区分，张载实际上进一步论证了"太虚""气"和万物三个层次的存在以及"太虚"作为"气"之本体的缘由，从而既驳斥了道家和道教的以无为本之说，并以至虚显实，回应了佛教缘起性空的理论。

三、《易》之"太和"世界

如果说提出"太虚"概念着重在于实现对于佛老二家的批判，那么这个世界的具体气化过程，则还需要进一步的理论说明。从张载来说，他首先把这个太虚与气化流行的整体以"太和"发明之。《张载集》中言说"太和"之处并不多，却是《正蒙》中出现的第一个概念，而《正蒙》是张载晚年的成熟之作，《太和》是《正蒙》的第一篇，由此它的重要性不言而喻。从"太和"一词的使用来看，首出于乾卦《彖辞》："乾道变化，各正性命，保合太和，乃利贞。首出庶物，万国咸宁。"按照向世陵先生的分析，这段话"涵括了天道变化流行，人物各全其性命和宇宙人世保持最大限度的和谐及圣人的地位作用等多方面的思想"，"以天道变化流行为前提，以圣人在上治世而万国安宁为目标"②。应该说《周易》本身提出"太和"概念实际上着重在于突出各种主体本身及其彼此之间的协调与配合，而张载引入"太和"则注重从一个新的角度予以发明：

> 太和所谓道，中涵浮沉、升降、动静、相感之性，是生絪缊、相荡、胜负、屈伸之始。其来也几微易简，其究也广大坚固。起知于易者乾乎！效法于简者坤乎！散殊而可象为气，清通而不可象为神。不如野马、絪缊，不足谓之太和。语道者知此，谓之知道；学《易》者如此，谓之见

---

① 张载：《正蒙·太和》，《张载集》，第10页。
② 向世陵：《理学与易学》，第56页。

《易》。不如是，虽周公才美，其智不足称也已①。

从张载以上的表述可见，他所构造的和谐宇宙图景是以生机流行为基础的，而非一幅静止的画面："太和"包容万物，万物在太和的世界中由"太虚"无形之气而凝聚为有形之物，又由有形之物散殊而回归为"太虚"无形之气，在这种不息地往返之中，气如"野马"而"氤氲、相荡、胜负、屈伸"不止，从而实现生机盎然、生生不息的和谐之境，其基础则在于"中涵浮沉、升降、动静、相感之性"。从《周易》本身来看，"太和"是立足于"天道之流行"为前提的，但是此范畴在《易》中亦只一见，并无详说之；张载继承了《易》的思路而以"太和"作为宇宙图景之概言，但是在张载这里，一方面更加注重突出"太和"动态流行的特点；另一反面，又重在揭示"太和"之境的原因在于二端相感。换言之，对于张载来说，"太和"世界之大化流行亦是有条件的；具体而言，这个条件则体现在"清通不可象之神"与"参两""相感之性"。

（一）"神"与"太和"世界的动力

"神"是《周易》中的重要概念，《易》中言说"神"之处很多，归结起来至少有五种主要含义：第一，"神"为"妙万物"者："神也者，妙万物而为言者也。"②，"知变化之道者，其知神之所为乎！"③ 从作用上来说，"神"有"妙万物"之效，是万物变化的动因所在，因此《系辞》的作者认为"知变化之道"就可以"知神之所为"，这意味着"神"正是变化之原因。第二，神妙不测："阴阳不测之谓神"④，"惟神也，故不疾而速，不行而至。"⑤ 作为万物变化原因的"神"，从其发挥作用的方式来看是不可预测的，所谓"阴阳不测"，并同时具有"不疾而速，不行而至"之不可思议的神妙性。第三，"鬼神"之义："原始反终，故知死生之说。精气为物，游魂为变，是故知鬼

---

① 张载：《正蒙·太和》，《张载集》，第7页。
② 《周易·系辞上》。
③ 同上。
④ 同上。
⑤ 同上。

神之情状。"① "凡天地之数,五十有五,此所以成变化而行鬼神也。"② "夫大人者,与天地合其德,与日月合其明,与四时合其序,与鬼神合其吉凶。……天且弗违,而况于人乎?况于鬼神乎?"③ "鬼神"合称虽在《易》中多处出现,但是并没有确切规定,不过从"精气为物,游魂为变,是故知鬼神之情状"的表述来看,《系辞》的作者认为"鬼神"就体现在"物"与"变"之中,同时这种说法似乎认可"鬼神"不是人格意义上的所指,而是一种物质的运动;同样的,天地之数所以"行鬼神",也显出"鬼神"的非人格化的特点;另一方面,"与天地合其德,与日月合其明,与四时合其序,与鬼神合其吉凶"。这里"鬼神"是与"天地""日月""四时"并列的存在,那么"鬼神"显然具有非常重要的地位和作用。第四,"神化"之义:"穷神知化,德之盛也"④,这里的特点是以"神"与"化"对称,如前引述"知变化之道,其知神之所为",即变化之道的原因正在于"神"。那么"穷神知化"就意味着既要把握变化之原因又要领会变化之过程。第五,"精义入神":按《系辞下》中所说"精义入神,以致用也",不同于前面四点侧重从宇宙论的角度发明"神"之义,"精义入神"则是"言人事之用",强调:"圣人用精粹微妙之义,入于神化,寂然不动,乃能致其所用。"⑤

张载继承了《周易》中对于"神"多角度的言说方式,并立足于自己对"太虚"与"气化"的发明,以此为基础对"神"的内涵作了新的扩展。首先,他在解释"知变化之道,其知神之所为"时指出"惟神为能变化,以其一天下之动也;人能知变化之道,其必知神之为也"⑥,把"神"解释为"变化之道"的原因;而张载的创新之处在于,他同时把这种"一变化之动"的"神"与"太虚"的概念相联系,从而明确了"神"是"太虚"所具有的功能:

神者,太虚妙应之目⑦。

---

① 《周易·系辞上》。
② 同上。
③ 《周易·文言》。
④ 《周易·系辞下》。
⑤ 王弼、韩康伯注,孔颖达疏:《周易正义》,第305页。
⑥ 张载:《正蒙·神化》,《张载集》,第18页。
⑦ 张载:《正蒙·太和》,《张载集》,第9页。

太虚为清，清则无碍，无碍故神；反清为浊，浊则碍，碍则形①。

这样一种解释方式有两个理论效力，一是它使得"神"的来源得到了落实，二是张载虽然指出了宇宙存在着太虚、气和万物三个层次，可是这三个层次之间如何具体形成动态之转化过程尚有待说明，换言之，还需要为"太和"的存在提供一个动力之源，"太虚"是"气"的本体，把"神"解释成"太虚"之功能，就首先解释了无形无象之太虚与无形有象之"气"的过渡环节。而这样一种解释也是与"鬼神"之义相通的：

"精气为物，游魂为变"，精气者，自无而有；游魂者，自有而无。自无而有，神之情也；自有而无，鬼之情也。自无而有，故显而为物；自有而无，故隐而为变。显而为物者，神之状也；隐而为变者，鬼之状也。大意不越有无而已。物虽是实，本自虚来，故谓之神；变是用虚，本缘实得，故谓之鬼。此与上所谓神无形而有用，鬼有形而无用，亦相会合。所见如此，后来颇极推阐，亦不出此②。

本来张载认为"大易不言有无，言有无诸子之陋也"，这里却以"有无"言鬼神；按"自无而有，故显而为物；自有而无，故隐而为变"，所以这里的"有无"之意实际所指还是"显隐"。于是自隐而显为"神"，自显而隐为"鬼"，从前者来看："物虽是实，本自虚来。"即自无而有、自隐而显的变化过程都始于"太虚"，所以也正是"神"之作用的显现，所谓"神之情也"，相反的则是"鬼之情"。"鬼神"的概念刻画的正是气之聚散的过程，由"太虚"而万物，由万物而"太虚"的往复。这样因为有了"太虚"和"鬼神"的共同作用，"太和"这个非空无的世界便"动"了起来；因此"神"而后必然有"化"，神化正是"太和"之道的具体展现。

（二）"参两"与"太和"的内在机制

"神"与"化"是张载哲学中的重要范畴，代表的是气化之因与其具体过程："气有阴阳，推行有渐为化，合一不测为神。"③通过上文的分析，张载对于"神"之概念的解释，一方面继承了传统的易学中以"神"为世界流行与

---

① 张载：《正蒙·太和》，《张载集》，第9页。
② 张载：《横渠易说·系辞上》，《张载集》，第184页。
③ 张载：《正蒙·神化》，《张载集》，第16页。

运动的根本原因的观点,另一方面又创造性地将"神"解释为"太虚"的功能,从而在"太虚"与"气"两个环节之间建立起一种具体的动态关联。但是"神"要落实它作为世界动因的作用,却还需要立足于参两相感之性再做发明。张载在注释《说卦》"参天两地而倚数,观变于阴阳而立卦"时说:

  一物两体者,气也。一故神(两在故不测),两故化(推行于一),此天之所以参也。两不立则一不可见,一不可见则两之用息。两体者,虚实也,动静也,聚散也,清浊也,其究一而已。有两则有一,是太极也。若一则有两,有两亦一在,无两亦一在。然无两则安用一?不以太极,空虚而已,非天参也①。

张载认为《易》所谓"天参"就是"太极",而"太极"所指则是蕴涵于气之中的"有两则有一"的一两关系:"一物而两体者,其太极之谓欤!"②,"一故神,两故化",神化的基础也正在于此。按照一般宇宙论之理解,"易有太极,是生两仪"通常被解释成为一个自前而后的时间序列,以邵雍为例,他用"一分为二"模式所做的解释,就偏重于由"一"而"二"的推演关系;张载此解则以"太极"对应"参天",强调"一"与"二"之间的双向互动,同时存在,而且"若一则有两,有两亦一在,无两亦一在,然无两安用一",换言之,在"一"与"两"之间张载似乎更加看重"两"的作用,这可以看做张载对于传统"太极"理论的一种创新。而"两"较"一"而优先的原因则在于如果没有"两",那么最终也只能"空虚而已",因为"两"正是"感"的前提:

  有两则须有感,然天之感有何思虑?莫非自然③。

  以万物本一,故一能合异;以其能合异,故谓之感;若非有异则无合。天性,乾坤、阴阳也,二端故有感,本一故能合。天地生万物,所受虽不同,皆无须臾之不感,所谓性即天道也④。

  感者性之神,性者感之体(在天在人,其究一也)⑤。

---

① 张载:《横渠易说·说卦》,《张载集》,第233页、234页。
② 同上书,第235页。
③ 张载:《横渠易说·观》,《张载集》,第107页。
④ 张载:《正蒙·乾称》,《张载集》,第63页。
⑤ 同上。

感而后有通，不有两则无一，故圣人以刚柔立本，乾坤毁则无以见《易》》①。

《周易》中对于"感"有多处发明，比如：刚柔之感、二气之感、天地之感、屈伸相感、情伪相感、二志相感、圣人感人心、寂然不动感而遂通等等；要之，"感"发生的基础在于两种不同力量之间的相互作用，换言之，"感"意味着在不同的两方之间建立联系并实现一种动态的互动。张载继承了《周易》对于"感"的看重，并且通过指出"有两则须有感"，"二端故有感"，明确地将"感"之基础还原为"两"之存在；另一方面，"以万物本一，故一能合异，以其能合异，故谓之感"，有"两"才有"感"，而"两"之所以可"感"，还是因为"本一"。如是，从"太虚"而"气"，是因为"湛一"之"太虚"有"神"之妙能，而由"气"到万物，则是"两"而有"感"的气化结果，结合"神化"之概念来看，前者正是"合一不测为神"，后者则是"推行有渐为化"，"化"其实就是"神"的落实；这样通过对于"太极"之"天参"的创造性诠释，张载"太虚"与"气化"的动态"太和"世界最终得以确立。

四、"天命之谓性"与"继善成性"

向世陵先生曾经指出："中国哲学对于善与性关系的思考，主要有两大思想来源：一是以《易传》为代表的'继善成性'的观点，一是以思孟学派尤其是《孟子》为代表的'性善'论的观点。"② 比较这两种不同的经典依据，"继善成性"意味着"性"之成是以"善"为前提的，那么按照逻辑思路来说，隐含着一个由天下降到"人"与"物"的线索；但是《孟子》之证明"人性善"则是以具体场景中人之现实心理状态为依据的，虽然也讲"尽性则知天"，但是只呈现出由"人"至天的路径，却于从天到"人"的发明不足，这也正是孟子之后，性善论一直广受争论的一个重要原因所在。但是如果转换为《易传》"继善成性"的模式，那么心性论就有了本体论和宇宙论的依

---

① 张载：《横渠易说·系辞上》，《张载集》，第206页。
② 向世陵：《理学与易学》，第128页。

据,或者反过来说,"继善成性"的模式会启发一种对于"性"之先天依据的追索;同样可以提示这种思路的还包括《中庸》"天命之谓性"的说法,这里指明"性"的来源即是天,换言之,张载要回应佛道的挑战,在心性论方面有所拓展,就需要以本体论作为心性学说之基础;而将太虚与气化落实到心性的直接结果就是"天地之性"与"气质之性"的提出。

　　进入北宋,儒家关于人性论的观点有了重要的突破,最为典型的代表就是"二元性论"的产生;一般而言,则以张载和二程为代表。如上所述,张载区分"天地之性"与"气质之性",二程则区分"天命之性"与"气质之性"。这种二元论性的方式确实一定程度上弥补了之前性论的不足,不仅肯定了先天之善性,使得人之成圣为贤有了心性的根据,另一方面也使得"继善"中"善"之来源得到说明;同时又可以解释杂而不齐的现实人性。因此二元性论的提出一段时间之内暂息了关于人性论的各种纷争。但是实际上,张载和二程虽然都区分两种不同的人性,彼此之间却有差别:二程强调"性即理",天命之性即是理的体现,而"气质之性"则是人生之后,理落于"气"之中的产物,换言之,对于二程而言,这两种"性"是在时间中同时存在的;但是张载之说并不完全如此:"天地之性"实际对应的是"太虚之性","太虚"正是"继善"中"善"之源头,但是人之出生,已经意味着结束太虚状态而进入有形之具体器物的阶段,"气质之性"便是这种有形之气的体现,换言之,对于张载而言,现实的人性只有"气质之性"一种,而来自太虚的"天地之性"只是一种预设以作为理想追求;但是从价值上来说,张载又只能肯定"天地之性"才是人性:"形而后有气质之性,善反之则天地之性存焉。故气质之性,君子有弗性者焉。"① 现实的"气质之性"是不值得肯定的,那么应当成就的"性"就只能是当下不能拥有的"太虚之性",从这个角度上来说,"性"不妨说是"未成"的;但是此性未成却有必成之理,那是因为这种有形之气正是来源于"太虚"而必要归于"太虚"的,同时"二端固有感",如前所论,"感"的存在保证了"太和"世界的流动,也就成了气质之性可以向太虚之性转化的先天根据;所以张载说:"天性在人,正犹水性之在冰,凝释虽异,为物一也。受光有小大、昏明,其照纳不二也。"② 但是既然"性"

---

① 张载:《正蒙·诚明》,《张载集》,第23页。
② 同上书,第22页。

是有待于"成"的,那么"继善成性"就成为一种工夫的指向,因而具有了工夫论的意义:

性未成则善恶混,故亹亹而继善者斯为善矣。恶尽去则善因以亡,故舍曰善而曰"成之者性也"①。

纤恶必除,善斯成性矣;察恶未尽,虽善必粗矣②。

继继不已,乃善而能至于成性也③。

在张载看来,"天地之性"未成之时,人就处在"气质之性"的作用之下,为气所使,人生的状态就是善恶相混。而"继善成性"不仅指明了"善"的先天来源,而且也说明了"成性"的工夫就在"继善",所谓"亹亹而继善者斯为善矣";与"继善"相辅相成的同一过程则在于"除恶",二者一而二,二而一,一体两面;"纤恶必除",继善而至于恶尽除才可以"成性","君子之道,成身成性以为功者也"④,"继善成性"正是君子之功,而其实现则必圣人之境:"若圣人则于大以成性。"⑤ 但是圣人之境已是"不勉而中,不思而得,从容中道矣"⑥,张载认为这种状态正是《易传》所说"成性存存,道义之门"。

简言之,一方面,如本节开始的追溯,虽然将"虚"与"心"相连的做法先秦时就已经有了,但是以"虚"言"性"的发明却并不充分,张载之以虚气之说落实于"性",从而实现了对于古代"太虚"理论的创新。另一方面,他将太虚与气化学说落实于心性论,由此而形成的二性说亦是对于儒家传统人性学说的综合与超越,而其理论资源就在于《周易》"继善成性"与《中庸》"天命之谓性"的思路。

---

① 张载:《横渠易说·系辞上》,《张载集》,第187页、188页。
② 张载:《正蒙·诚明》,《张载集》,第23页。
③ 张载:《经学理窟·气质》,《张载集》,第266页。
④ 张载:《横渠易说·乾》,《张载集》,第79页。
⑤ 同上书,第78页。
⑥ 张载:《横渠易说·系辞上》,《张载集》,第192页。

五、"知崇礼卑"与"尽心知性"

如上,张载以"继善"与"除恶"来规定"成性"工夫,但是这样来说仍嫌简单;《易传》中本来有"知崇礼卑,崇效天,卑法地,天地设位而易行乎其中矣。成性存存,道义之门"的说法,张载把这段话简称为"知礼成性",并以此作为自己"成性"工夫论的具体落实:

> 圣人亦必知礼成性,然后道义从此出,譬之天地设位则造化行乎其中。知则务崇,礼则惟欲乎卑,成性须是知、礼,存存则是长存。知、礼亦如天地设位①。

> 知崇,天也,形而上也;通昼夜之道而知,其知崇矣。知及之而不以礼性之,非己有也;故知礼成性而道义出,如天地设位而易行②。

张载根据《易传》所说,把"成性"之功夫概括为两个内容"成性须是知、礼":其中,"知则务崇",而"礼则惟欲乎卑"。崇知和卑礼的观点其实与《论语》"博我以文,约我以礼"③亦颇相通;再广泛一些说,《中庸》"博学之"之教,《大学》"致知"之论,《孟子》与三礼对于"礼"的强调等等,同体一以贯之之趣,所以毋宁说它本来是儒家一贯的传统,因此这个思想就成为《易》与《论》《孟》《庸》《学》等各部经典的一个结合点。具体来说,张载对于如何"崇知"做了很多发明:

> 夫屈者所以求伸也,勤学所以修身也,博文所以崇德也,惟博文则可以力致④。

> 读书少则无由考校得义精,盖书以维持此心,一时放下则一时德性有懈,读书则此心常在,不读书则终看义理不见。书须成诵精思⑤。

> 观书且勿观史,学理会急处,亦无暇观也。然观史又胜于游……不

---

① 张载:《横渠易说·系辞上》,《张载集》,第191页;原文"知"与"礼"二字之间并无"、",乃笔者根据文义所添,分别对应"知崇"与"礼卑",如此表达更为准确。
② 张载:《正蒙·至当》,《张载集》,第37页。
③ 《论语·子罕》。
④ 张载:《经学理窟·气质》,《张载集》,第269页。
⑤ 张载:《经学理窟·义理》,《张载集》,第275页。

如游心经籍义理之间①。

> 医书虽圣人存此，亦不须大段学，不会亦不甚害事……如《道藏》《释典》，不看亦无害……故唯《六经》则须着循环，能使昼夜不息，理会得六七年，则自无可得看。若义理则尽无穷，待自家长得一格则又见得别②。

张载首先肯定了"勤学"与"博文"的必要性，因为这正是考究义理，维持此心的载体，借此方可修身，无此则德行有憾。张载对于读书提出了很高的要求，"书须成诵精思"，要能忆诵，又须审慎思考。而且读书的选择亦有讲究：史书、医书、《道藏》《释典》都不是当务之急，唯一当着心力的是六经义理之学。

另一方面，张载又强调"礼"的重要性："学者且须观礼，盖礼者滋养人德性，又使人有常业，守得定，又可学便可行，又可集得义"。③ 张载对于礼的看重并不是只停留在表面，他又从另外两个角度对此进行了发明：首先，"时措之宜便是礼，礼即时措时中见之事业者，非礼之礼，非义之义，但非时中者皆是也……时中之义甚大，须是精义入神以致用，始得观其会通以行其典礼，此则真义理也；行其典礼而不达会通，则有非时中者矣"。④ 这里张载指出"礼"的一个标准就是"时中"，"时中"一词来自《周易》蒙卦的《彖辞》："蒙，亨。以亨行，时中也。"而"时中"的思想实际上也是《周易》的核心精神之一；《中庸》与《论语》对"中"也非常看重，以"中"解"礼"就成为《周易》《中庸》《论语》又一个新的结合点；其二，"礼非止著见于外，亦有无体之礼。盖礼之原在心，礼者圣人之成法也，除了礼天下更无道矣"⑤。张载认为"礼"有两种形式，即"著于外"之礼和"无体之礼"，因为"礼之源在心"，因此"无体之礼"也许正是指向"心"中之"礼"；这样一种强调方式已经接近于程朱"敬"的概念，"敬"也是既包括外在容貌整肃，又包括内在庄重严肃的精神，外在之"敬"当合于"礼"，心中之礼其实很有"敬"的意味。

---

① 张载：《经学理窟·义理》，《张载集》，第276页。
② 同上书，第278页。
③ 张载：《经学理窟·学大原上》，《张载集》，第279页。
④ 张载：《经学理窟·礼乐》，《张载集》，第264页。
⑤ 同上。

与"崇知"相联系，张载非常看重"穷理"之说："万物皆有理，若不知穷理，如梦过一生。释氏便不穷理，皆以为见病所致。"① 而要实现"穷理"之效则在于"当有渐，见物多，穷理多"②的具体实践，同时按照《周易》"穷理尽性以至于命"的说法，由此即可达到"从此就约，尽人之性，尽物之性"③的效果；可是另一方面，张载亦意识到"今盈天地之间者皆物也，如只据己之闻见，所接几何，安能尽天下之物？所以欲尽其心也"④，如同二程，张载把至于"物"作为穷理的前提条件，二程以理一分殊之理论架构，借助"豁然贯通"之说解决天下之物不可格尽的矛盾；而对于张载，解决这个问题的依据则是《孟子》的"尽心"说："尽其心者，知其性也。知其性，则知天矣。"⑤就孟子这句话本身来说，可以提供两个信息：其一，心、性、天三者体现出相互联系的特质，"知天"在于"知性"，"知性"源于"尽心"，如是尽心成为圣学工夫的入手之处；其二，从"知性"亦要依靠"尽心"来看，实际上也显示了"心"与"性"两个范畴的不同特点。显然张载对于这两点皆有察觉：一方面他在发明这句话时说：

> 大其心则能体天下之物，物有未体，则心为有外。世人之心，止于闻见之狭。圣人尽性，不以见闻梏其心，其视天下无一物非我，孟子谓尽心则知性知天以此。天大无外，故有外之心不足以合天心。见闻之知，乃物交而知，非德性所知；德性所知，不萌于见闻⑥。

张载认为孟子所言"尽心"与"大其心"亦相通，后者则是以"体天下之物"为其特征的；相反"物有未体，则心为有外"，造成这种结果的原因则在于世人以"闻见"梏桔其心。张载由此区分了"见闻之知"与"德性之知"的不同，前者因为以"物交"为条件，而天下之物难以穷尽，因此止于见闻则必然梏桔其心，而"大其心"所有的"德性之知"则超越见闻，这才是圣人尽心尽性而视天下无一物非我的原因所在。但是另一方面，张载显然也并不是完全否定由物交而得的见闻之知，只是强调"德性之知"有超越见闻局

---

① 张载：《张子语录》（中），《张载集》，第321页。
② 张载：《横渠易说·说卦》，《张载集》，第235页。
③ 同上。
④ 张载：《张子语录》，《张载集》，第333页。
⑤ 《孟子·尽心上》。
⑥ 张载：《正蒙·大心》，《张载集》，第24页。

限的特性,比如他说"诚明所知乃天德良知,非闻见小知而已"①,"诚明所知"对应的就应该是"德性之知";按照《中庸》本来所说,一方面,"诚者,天之道也;诚之者,人之道也",另一方面,"自诚明谓之性,自明诚谓之教",对应于此,张载亦有两个不同的发明:首先"天所以长久不已之道,乃所谓诚"②,其次,"'自诚明',由穷理而尽性也;'自明诚',由尽性而穷理也"③,那么张载"诚明所知"的最后落实其实就是指超越有形之物的局限,而认识太虚与气化的事实及其与自身心性的关系。对于这样一种立足"德性之知"的尽心说,其最直接的体现就是《西铭》:从"天地之塞,吾其体;天地之帅,吾其用"的一气之化来审视天地万物与众民,那么"民胞物与"就是必然的结论。

另一方面,如前文所析,"尽心知性知天"的实现其另一个前提在于"心"较之于"性"所具有的不同特质。对此张载有两个相关的规定:其一,"由太虚,有天之名;由气化,有道之名;合虚与气,有性之名;合性与知觉,有心之名"④,从这句话的表述来看,"心"较之"性"的不同就在于可以施行"知觉"的行为,而"性"仅仅是"太虚"与"气化"落实在人和物之上所体现出的本性;其二,由此张载得出结论:"心能尽性,'人能弘道'也;性不知检其心,'非道弘人'也。"⑤按《论语·卫灵公》:"人能弘道,非道弘人。"这样张载借助《论语》之说,以心之"知觉"为纽带,进一步发明了"心"不同于"性"但可以"尽性"的观点。

综上,"知礼成性"与"尽心知性"是张载工夫论的两个重要观点,前者所依在于《周易》的"知崇礼卑"之论,并以此为核心,贯通了四书和五经的各种资源;后者则源于《孟子》的"尽心知性知天",但是张载通过"德性所知"最终将"尽心"的解释依然落实于他的宇宙论和心性论,《易》和《庸》的资源则潜藏其中,因此反过来,我们亦可以把"尽心"说看做张载"太虚"和"气化"理论的另一延伸,也是他对于古代"太虚"概念的创新所在。

---

① 张载:《正蒙·诚明》,《张载集》,第20页。
② 同上书,第21页。
③ 同上。
④ 张载:《正蒙·太和》,《张载集》,第9页。
⑤ 张载:《正蒙·诚明》,《张载集》,第22页。

第九章　宋学方法论与理学理论创见

　　理论的创见与学术方法之间通常密切相关；落实到宋代理学与经学方法的关系上来看，后者的变革正是前者生发的基础，而在理学产生后，二者之间又形成更为密切的互动关系。本章内容分为三节：首先，以朱熹对《大学》的"格物补传"为例，分析"怀疑经传"的方法与朱熹理学创建的关系；其次，张栻《论语解》和朱熹《论语集注》是现存的宋代《论语》学重要的代表作，但是二者在经学方法上又见分殊，因此以他们对于《学而》篇的注解为例，通过具体剖析，展现各自的特点，以辅见二者的同异关系，继而考察二者相关于此的交流；最后，这里所说的"经学方法论"，实际上是一种广义的用法，是指理学对于经典是怎样利用的，而"不利用""利用得少"其实也都是一种广义的利用方式，众所周知，陆九渊心学从"本心"的理解出发，即不认为经典的研习对于道德修养来说具有独立的必要性，因此笔者以"超越经典"为题将陆九渊的观点亦列入理学的"经学方法论"中。

一、怀疑经传——以朱熹"格物补传"为例

　　就《大学》的文本来说，它具有两个显著的特征：其一，在它的"三纲八目"中明确的包含有"内圣外王"[①] 两方面的内容，从而完整地体现出了儒家的价值关怀和学派特色；其二，"八目"之间因果相连：不仅"内圣"成为

[①] "内圣外王"一词最早出现于《庄子·天下篇》："是故内圣外王之道，闇而不明，郁而不发，天下之人各为其所欲焉以自为方。"后来因为儒家的君子人格向往和入世担当情怀而逐渐演化成为对儒家价值信仰的一种概括。

"外王"的根据,而且通过对"内圣"和"外王"的进一步划分,使得这两个方面的构成都显得更为具体和逻辑化,并且在此过程中通过环环相扣的追溯,把"平天下"的"至善"理想清楚地还原为"格物"的落实,于是工夫实践就有了明确的入手点。如前所述,《大学》作为《礼记》的一篇,在唐朝之前却一直没有受到特别关注,亦无单独刊行的疏解之作。郑玄《礼记注》中对于《大学》的题解是:"大学者,以记其博学,可以为政也。"① 与其他篇目的解题形式并无不同,而且既无特别表彰之义,又无形上理论之发明;直到中唐韩愈与李翱为了反对佛老尤其是其弃绝人间伦常的行为,因此《大学》始获表彰,这之后《大学》开始引起学者关注。到宋朝中期为止,比如司马光有《大学广义》《致知在格物论》,程颢、程颐兄弟"表章《大学》《中庸》二篇,与《语》《孟》并行"②,而且将"格物致知"作为工夫论的重要范畴;不同的是司马光将"格物"解作"捍御外物"③,意为抵御万物侵扰、摒弃物欲,二程则立足于"天理论"和"一理分殊"的理论构造之方,将"格物"解为"穷理",在"涵养须用敬,进学则在致知"的工夫论体系中,"格物"于是成为道德实践重要的起点。二程之后到南宋初,道南学派的传承都是以未发的内向知觉体验为主,从杨时到李侗皆如此,所以对于"格物"的关注实际是弱化了,到张栻,尤其是朱熹,"格物致知"才又成为工夫论的重心,而他对于"格物"理论的发明,一个重要的代表和载体就是对《大学》所做的"格物补传"。朱熹的"格物补传"实际上完成了两个重要的工作,一是通过对于《大学》章句的重新整合,判断《大学》有阙文,即"格物"之传佚失,二是根据自己的理解和理论体系建设的需要完成"补传"的工作,并进而将"四书"整合为一个有机相连的体系,把《大学》作为《四书》的入口,从而"格物"也就在程朱的经典体系当中真正实现为实践工夫的起点。下文就以上两个方面分别疏之。

(一)《大学》阙文

为了讨论的方便,笔者首先按照《十三经注疏》中郑玄注本的顺序将大

---

① 王弼、韩康伯注,孔颖达疏:《礼记正义》(下),第1592页。
② 脱脱等:《道学一》,《宋史》卷四百二十七,第9937页。
③ 郑玄注、孔颖达疏、陆德明音义:《考证》,《礼记注疏》卷六十,影印文渊阁四库全书第116册,第488页。

学原文进行划分和标示:

（1）大学之道，在明明德，在亲民，在止于至善。知之而后有定，定而后能静，静而后能安，安而后能虑，虑而后能得。

（2）物有本末，事有终始，知所先后，则近道矣。

（3）古之欲明明德于天下者，先治其国。欲治其国者，先齐其家。欲齐其家者，先修其身。欲修其身者，先正其心。欲正其心者，先诚其意。欲诚其意者，先致其知。致知在格物。

（4）物格而后知至，知至而后意诚，意诚而后心正，心正而后身修，身修而后家齐，家齐而后国治，国治而后天下平。

（5）自天子以至于庶人，壹是皆以修身为本，其本乱而末治者否矣。其所厚者薄，其所薄者厚，未之有也。

（6）此谓知本。

（7）此谓知之至也。

（8）所谓诚其意者，毋自欺也，如恶恶臭，如好好色，此之谓自谦。故君子必慎其独也。小人闲居为不善，无所不至，见君子而后厌然，揜其不善，而著其善。人之视己，如见其肺肝，然则何益矣？此谓诚于中形于外，故君子必慎其独也。曾子曰："十目所视，十手所指，其严乎？"富润屋，德润身，心广体胖，故君子必诚其意。

（9）《诗》云："瞻彼淇澳，菉竹猗猗。有斐君子，如切如磋，如琢如磨。瑟兮僴兮，赫兮喧兮。有斐君子，终不可諠兮。""如切如磋"者，道学也。"如琢如磨"者，自修也。"瑟兮僴兮"者，恂栗也。"赫兮喧兮"者，威仪也。"有斐君子，终不可諠兮"者，道盛德至善，民之不能忘也。《诗》云："於戏前王不忘。"君子贤其贤而亲其亲，小人乐其乐而利其利，此以没世不忘也。

（10）《康诰》曰："克明德"，《大甲》曰"顾諟天之明命"，《帝典》曰"克明峻德"，皆自明也。

（11）汤之《盘铭》曰："苟日新，日日新，又日新。"《康诰》曰："作新民。"《诗》曰："周虽旧邦，其命惟新。"是故君子无所不用其极。

（12）《诗》云："邦畿千里，惟民所止。"《诗》云："缗蛮黄鸟，止于丘隅。"子曰："于止，知其所止，可以人而不如鸟乎？"《诗》云："穆穆文王，於缉熙敬止！"为人君止于仁，为人臣止于敬，为人子止于孝，为人父止于慈,与国人交止于信。

（13）子曰："听讼,吾犹人也。必也使无讼乎?"无情者不得尽其辞,大畏民志。此谓知本。

（14）所谓修身在正其心者……此之谓修身在正其心。

（15）所谓齐其家在修其身者……此之谓身不修不可以齐其家。

（16）所谓治国必先齐其家者……此谓治国在齐其家。

（17）所谓平天下在治其国者……此谓国不以利为利,以义为利也。

郑玄对于《大学》章句的划分本来是根据先秦两汉著作当中常见的以传系经的文体来进行的,但是从以上的引文能十分明显地看出其经与传的部分对应并不严谨。按照行文来看,郑玄的经文是包括（1）（2）（3）（4）（5）（6）（7）七个小段,而包含在以上经文中的主要概念有：明德、亲民、止于至善（知止）、知本、明明德于天下（平天下）、治国、齐家、修身、正心、诚意、致知、格物,共十二个；实际上就是"三纲八目"再加上"知本"一项。其中明显的特点在于后八项相邻的两项之间都存在一种因果逻辑；由此至少可以得出两个推断：其一,这八项的传文如果超过五项都有,那么其他三项也有传文似乎更符合形式上传文与经文相应的特点；其二,这八项之间因为存在彼此递进的关系,因此或者从前向后或者从后向前,这样才能有利于保持原文中的逻辑推理,而这种逻辑的推理如同本文开头所分析的一样正是《大学》的特色所在。对照郑玄注中的传文,即从（8）到（17）,其内容排列先是诚意（8）（9）,接着依次是明德（10）、新民（11）、知止（12）、知本（13）,最后四段则涉及"所谓修身在正其心者"（14）、"所谓齐其家在修其身者"（15）、"所谓治国必先齐其家者"（16）、"所谓平天下在治其国者"（17）,这样的一种排列出现方式具备两个特点：第一,对应以上所列举的经文中出现的十二个重要概念,唯独缺少对于"格物""致知"的解释；第二,从顺序的排列上来看显得并不规整,以"诚意"为传文的开始,既非"八目"之首亦非"八目"之尾,而是从中间抽出一项来说,"三纲"则被置于其间,显得逻辑不清晰。实际上在朱熹之前二程已有《改正大学》,对郑玄的版本做了一些调整①,朱熹亦不赞同二程对于经传的具体安排,他的《大学章句》顺序如下：

---

① 参考程颢、程颐：《河南程氏经说》卷五,《二程集》,第 1126—1132 页。

经：(1)(2)(3)(4)(5)

传：第一章：(10)

第二章：(11)

第三章：(12)(9)

第四章：(13)

第五章：(6)(7)、补传

第六章：(8)

第七章：(14)

第八章：(15)

第九章：(16)

第十章：(17)

这样一种调整，首先，经文的部分与郑玄的版本基本一致，只是(6)段和(7)段从原先的经文调整到传的第五章，如此经文中所包含的十二个主要范畴与郑玄的一样；其次，从传文的内容来看依次是：明德、亲民、知止、知本、格物致知、诚意、正心、修身、齐家、治国平天下，其中"格物致知"是朱熹的补传，这也正是朱熹《大学章句》最大的特点所在。如上文分析过的，在郑玄本中，传文部分并没有对于"格物致知"的解释，除非《大学》的作者认为"格物致知"的意思非常显明以至于完全不需要再做说明，但是其他一些词义明白的诸如"明德""新民""知止"等范畴皆有析解，而且"八纲"当中另外六个概念亦皆有相应注解，那么反而作为工夫入手之处的"格物致知"却没有任何交代，的确不合逻辑。因此，无论从行文形式上还是内容上，对于"格物致知"的具体意涵皆有再做交代的必要，因此"《大学》阙文"的判断并非无中生有，而"右传之五章，盖释格物、致知之意，而今亡矣。间尝窃取程子之意以补之"① 的做法对于工夫之发明实有意义，并且通过这种补充，传文的内容对于经文中的十二个重要概念全部都有解释，没有遗漏之病。而从顺序上来讲，对于三纲、知本、八目的说明依次展开，亦更符合原文中的逻辑脉络。除此之外，朱子另一个重要调整在于把郑玄本对于"诚意"章解释的后一部分(9)归于"知止"一章；事实上，第(8)段重在以"慎独"讲"诚意"，与(9)章内容并不相契，且(9)一段的末尾"故君

---

① 朱熹：《大学章句》，《四书章句集注》，北京：中华书局，1983年，第6页。

子必慎其独也"已是一种结尾式的收束；另一方面，"止于至善"本是一体，(12) 段只是着重解释了"知止"，却没有兼顾"至善"，而（9）段中则明确表明"道圣德至善，民之不能忘"，反观其具体内容，"如切如磋"指道学，"如琢如磨"指自修，"瑟兮僩兮"和"赫兮喧兮"指威仪和内心，正相对于"至善"在各个方面的体现；因此朱子把（9）段与（12）段结合在一起作为对于"止于至善"的解释，诚为有见。综合以上，客观来说朱熹的版本相比于郑玄本确实有明显的优点。

（二）《格物补传》与理学发明

朱熹之前程颐已经提出"涵养须用敬，进学则在致知"的工夫之方，把"格物致知"和"持敬"一起作为道德实践两个最为重要的入手路径，但是虽然朱熹对于《大学》和"格物致知"的看重是继承程颐而来，但是实际上他对于"格物致知"的构造比程颐要更显精致，其中一个重要的原因就是对于"理一分殊"理论的进一步充实和完善。如前所论，"理一分殊"本来是程颐在回复杨时对于《西铭》"兼爱"的疑问时提出的，当时更多的是在一种伦理学意义上使用，指的是仁义的道德原则会因不同对象和场景的变化而拥有不同的表现，即爱有差等；不过另一方面，二程对于"一理"与"万理"的关系亦有洞察："理则天下只是一个理，故推至四海而准，须是质诸天地，考诸三王不易之理。"① "物虽异而理本同，故天下之大，群生之众，睽散万殊，而圣人为能同之。"② "一物之理即万物之理。"③ 即二程已经意识到万物皆禀有同一天理的事实；换言之，虽然二程对于"理一分殊"的使用主要限于伦理范畴，不同于朱子也以此作为整个物理世界之概括和说明，但是从其实际理解来看，已基本体现出了与朱子理解相近性的一面，或者说，朱子正是继承了二程的相关观点并予以更详细的说明：

  盖合而言之，万物统体一太极也；分而言之，一物各具一太极也④。
  问："《理性命》章注云：'自其本而之末，则一理之实，而万物分之

---

① 程颢、程颐：《河南程氏遗书》卷二上，《二程集》，第38页。
② 程颐：《周易程氏传》卷三，程颢、程颐：《二程集》，第889页。
③ 程颢、程颐：《河南程氏遗书》，《二程集》，第13页。
④ 周敦颐：《太极图说解》，《周敦颐集》，第6页。

以为体,故万物各有一太极。'如此,则是太极有分裂乎?"曰:"本只是一太极,而万物各有禀受,又自各全具一太极尔。如月在天,只一而已;及散在江湖,则随处而见,不可谓月已分也。"①

太极如一木生上,分而为枝干,又分而生花生叶,生生不穷。到得成果子,里面又有生生不穷之理,生将出去,又是无限个太极,更无停息②。

这是朱熹"理一分殊"最为重要的一个含义,即万物来源于统一的太极之理,但是万物当中又各自禀有完整的太极;在这种含义之下,"分"应当指"分有"而非"分裂","殊"也并不是差异的意思,而是指"多"。朱熹为了说明这种关系时常使用两个比喻,其一是"月映万川",在天一月,万川万现;其二,如同种子生发果实,果实中又有种子;相比而言,在一定意义上说,其实第二个比喻更为恰当,因为"理"之与"气"的关系本来就是动态而非静态的,后者能同时把"理"对于"气"的决定作用表达出来。但是"理一分殊"对于朱子并不仅仅只是具有这一个含义:

理只是这一个。道理则同,其分不同。君臣有君臣之理,父子有父子之理③。

万物皆有此理,理皆同出一原。但所居之位不同,则其理之用不一。如为君须仁,为臣须敬,为子须孝,为父须慈。物物各具此理,而物物各异其用,然莫非一理之流行也④。

以上两个例子与程颐最初对于"理一分殊"含义的发明比较接近,比如"爱有差等",同一的天理对应于不同的对象关系则有不一样的道德规范;反过来说虽然各种道德规则的具体内容有所差异,但是其实最终都是同一的天理所决定的。在这里,"分"应当不是"分有",而更接近"职分""本分"之意,"殊"不是指"多"而是指"差异"。类似于这种"理一分殊"的关系,其实不仅道德规则显现出这个特征,就物本身而言亦是如此:"天之生物,有有血气知觉者,人兽是也;有无血气知觉而但有生气者,草木是也;有生气

---

① 黎靖德编:《朱子语类》卷九十四,第2409页。
② 黎靖德编:《朱子语类》卷七十五,第1931页。
③ 黎靖德编:《朱子语类》卷六,第99页。
④ 黎靖德编:《朱子语类》第十八,第398页。

已绝而但有形质臭味者,枯槁是也。是虽其分之殊,而其理则未尝不同。"①虽然"其理未尝不同",但是"其分之殊"却是有人有兽、有草木有枯槁,即禀有同一天理的万物本身并不相同。

综上而言,朱子的"理一分殊"实际上主要在两种意义上使用:其一,同一的太极之理被万物禀有,且对于每一物而言这种禀有都是完整之禀有;其二,虽然万物皆禀有完整之天理,但是万物本身和它们的具体物理却彼此不同。之所以会有这种复杂性,其原因直接来源于朱熹以理、气构造宇宙的方式:理是事物的本体,气是形成万物的材料,万物在同一天理的作用下形成,万物形成之后理依然如一颗明珠在那里,但是构成事物的气却有清浊正邪之分,对于理会形成程度和情态不同的障蔽作用,因此具体事物和它们的物理又会彼此相异。那么对于事物之理的了解就包括两个方面:

> 圣人未尝言理一,多只言分殊。盖能于分殊中事事物物,头头项项,理会得其当然,然后方知理本一贯②。

这句话对于"格物致知"的目标和路径做了区分:从目标上来看,理会同一的天理是最终的目的;但是另一方面,从路径上来看,"分殊"的事事物物才是工夫的具体入手之处,所以"圣人未尝言理一,多只言分殊",这种更加偏重强调"分殊"重要性的做法,是因为"理一"正是"分殊"被具体格致之后水到渠成的效果:

> 所谓致知在格物者,言欲致吾之知,在即物而穷其理也。盖人心之灵莫不有知,而天下之物莫不有理,惟于理有未穷,故其知有不尽也。是以《大学》始教,必使学者即凡天下之物,莫不因其已知之理而益穷之,以求至乎其极。至于用力之久,而一旦豁然贯通焉,则众物之表里精粗无不到,而吾心之全体大用无不明矣③。此谓物格,此谓知之至也。

这段话就是朱熹的《格物补传》。有了"理一分殊"之方,"格物致知"的理论就有了坚实基础。从这段话来看,它主要包含五个要点:首先,"格物"的含义是"即物穷理"。如前所述,在儒家内部首先把天理作为本体的则

---

① 朱熹:《答余方叔》,《晦庵先生朱文公文集》卷五十九,《朱子全书》第23册,第2854页。
② 黎靖德编:《朱子语类》卷二十七,第677页、678页。
③ 朱熹:《大学章句》,《四书章句集注》,第6页、7页。

是二程，朱熹继承了二程的理本论和他们以"穷理"解释"格物"的做法，这是对于《大学》文本典型的创造性诠释，不仅使得《大学》文本与"天理论"之间建立起一种直接联系，同时也使得程朱的工夫论具有了形而上学的基础。其次，所谓"即物穷理"要求的是"即凡天下之物"，并"以求至乎其极"，因此程朱都很强调"一草一木皆有其理"，"天下之物"都在格致的范围之内；而所谓"至极"当包括以上"理一分殊"中分析的两个方面，即既要穷究万物不同的物理，同时最终还要体会万物终归一理，因为从理论上说，虽然万物都禀有同一的天理，由任何一物为径都可以体会天理，但是从实际来说，格一物而通天理"虽颜子亦不能"。其三，为了保证体会天理的有效性，朱熹又在格物论中添入了"豁然贯通"的环节，它的前提是"用力之久"，这里其实有一个理论上的模糊点，即万物禀有同一的天理，但是格一物却难以明之，用力既久格之既多却可以明之，从本体论到心性论其实并没有足够具体的理论可以支撑这种观点，可能更多的它是来自程朱自身工夫实践的经验。其四，"格物穷理"亦有一个现实的基础，即"人心之灵莫不有知"。这句话当中有两个重要的概念，一是"灵"，它强调的是"心"的思考能力和能动性，这是中国哲学对于"心"的一贯观点：一方面，相比于"五官"，如孟子所说"心之官则思"，"心"具有思考的功能；另一方面，相比于决定人之本质的稳定规定性"性"来说，"心"的重要特征则是"知觉"，这是"心"能动性的体现；其实这两个方面又是相互联系的，"心"可以"思考"的功能，使得它既区别于"耳目之官不思"，又区别于"性"而具有能动性，而这正是"灵"的含义所在，也是"莫不有知"的原因。另一个重要概念正是"知"，首先它一定不是指"天赋观念"，在中国哲学的传统中没有对于"天赋观念"的发明，"天赋"于人的是道德善性，从后面一句"莫不因其已知之理而益穷之"来看，"知"是指经过之前的格致过程，在面对下一对象时头脑中已经积累的一些知识，如此也可以解释"故其知有不尽"，盖这里的"知"都是指知识，"灵"才指认识能力。最后，"致知"与"格物"并不直接等同，但是也并非截然独立的两种工夫，"豁然贯通焉，则众物之表里精粗无不到，吾心之全体大用无不明也"正是"致知"之效，具体表述的话即"格物"而求"物格"之效，无数"物格"的积累正是"致知"的过程，如此"致知"的过程其结果就是"知致"。同时还需要注意的是"众物之表里精粗无不到"，那么自然既包括对于具体"物理"的穷尽，也包括对于同一天理的认知，而

"吾心之全体大用无不明",那么朱熹之意实际上是实现"心"与理的同一,而且既然说到"明",就启示这种心理合一本是原态,这里所实现的是"复心"之路。

但是由以上《格物补传》,我们还会注意到朱熹的格物之说所存在的缺陷:其一,如上文分析,在朱熹的理论中对于"豁然贯通"之说其实存在一个盲点,一方面理论上缺少足够的论据以为佐证,另一方面是不是就一定在个体生命的具体实践过程当中可以经历到这一"用力之久"后的"顿悟"也难以印证,因此"格物"之说的有效性难免受人怀疑;其二,格物的范围是"即凡天下之物",格一物而能明天理"虽颜子不能",但是一草一木的求索,一事一物的究竟,"支离"与"泛滥"的"人病"恐怕很难避免;其三,其实实践者面对的是两种类型的理:自然之理与德性之理,不同之理与同一之理,如果说后一种类型中彼此的区分和联系还相对容易理解,但是怎样在格致"自然之理"的过程中过渡到"德性之理"却更为困难,毕竟天理就是"三纲五常",最终还是作为一种道德属性的存在。

总之,通过比较,朱熹的版本较之郑玄本有明显的优长。《格物补传》最大的特点是朱熹继承了二程以《易传》之"穷理"解释"格物"的观点,同时以"理一分殊"作为基础,从而实现了《大学》文本与《易传》以及"天理论"的贯通,使得"格物"真正成为程朱工夫论的始点和学派特色所在。因此《格物补传》成为宋学"怀疑经传"的典型代表,因为它不仅意味着对于汉学的超越,对宋初求取经典原意之精神的继承,更重要的是它直接与理学的理论建设发生关联,成为支撑朱学体系的支点,甚至成为日后学派分殊的重要标准。而这一切,都得之于朱熹求取圣人之意的精神和面向道德实践的态度,以及面对经典文献时去除盲目迷信的眼光。

二、张栻与朱熹的解经理路
——以《论语·学而》的注解为例

朱熹和张栻都是活跃于南宋乾道、淳熙年间的著名理学家,朱熹略长三岁，加上吕祖谦，三人在当时并称为"东南三贤"，是一世学者宗师①；张栻和吕祖谦去世较早，朱熹则在学术舞台上多活跃了约二十年，因此张、吕过世后学术格局很快由"东南三贤"过渡到"朱陆分立"的阶段，张、吕的影响力也在各种因素的综合作用下日渐式微。《宋史·道学传》中将朱熹和张栻合为一传，二人从隆兴元年（1163）初次晤面，前后相交近二十年，相约博进，朱熹的很多重要思想及其转变都与张栻的影响有关，比如丙戌之悟。朱熹对张栻的评价也很高："多有所益"、"其学之所就，既足以名于一世"②，这些都启发我们去探究张栻学说的重要价值。从师承来看，朱熹师从李侗，而张栻师从胡宏，同宗洛学，同异并在。从经学上看，《论语集注》是朱熹的经学代表作，穷毕生之力精益求精，对后世产生了深远的影响，《论语解》亦是张栻长期涵泳所得，是研究张栻理学思想的重要资料，二者之间的经学方法多所殊异，彼此之间就《论语》的注解也留下了很多交流的资料，这为我们将要进行的讨论从材料上提供了更多的可行性；另一方面，虽然二程后学，如杨时、谢良佐、游酢、吕大临、尹焞、侯仲良、张九成等当时都有关于《论语》的作品，但是散失为多，因此选择《论语集注》和《论语解》作为研究对象，对于还原当时的经学发展面貌和窥探洛学的《论语》学思想就显示出十分必要的价值。限于篇幅，以下不能展开两部作品之间全面的比较，在此只以对于《论语》第一篇《学而》的注解为例，对两家的经学方法做简要的探析。

（一）《论语解·学而》重理重行的特色

张栻的《论语解》又称《论语说》《癸巳论语解》《南轩论语解》《南轩论语说》《论语南轩解》《语解》《语说》，是他重要的经学代表作。现存张栻的经解著作只有《论语解》《孟子说》《南轩易说》三本；而在三本当中，《论语解》充分地体现了他的经学观，原因有二：其一，张栻自乾道三年（1167）前后开始写作《论语解》，乾道九年（1173）成初稿，其后一直在修改当中，是他生平著作最后所出者；相对而言，按照朱子所说，《孟子说》为更定未及

---

① "乾道间，东莱吕伯恭、新安朱元晦及荆州（张栻），鼎立为一世学者宗师。"（陈亮：《与张定叟侍郎》，《陈亮集》卷之二十一，北京：中华书局，1974年，第322页）

② 朱熹：《〈张南轩文集〉序》，《朱文公文集》，《朱子全书》第42册，第3661页。

之作①，而《南轩易说》既为残缺之本，张栻对它的修改情况亦不够明晰。其二，在现在的《朱子文集》当中保留了许多南轩与朱子讨论《论语解》的资料，对比关于《孟子》或者《周易》的讨论都要更加丰富，而借助于此则可以就朱张二人之交流尝试做一简要之分析，以此观看他们经学观点之相近与相异。

在《论语解》的写作过程中，朱、张二人先后多次交换意见，乾道三年朱熹去长沙与张栻会晤，在《与曹晋叔书》中他提到："熹此月八日抵长沙，今半月矣。荷敬夫爱予甚笃，相与讲明其所未闻，日有问学之益，至幸至幸。敬夫学问愈高，所见卓然，议论出人意表。近读其《语》说，不觉胸中洒然，诚可叹服。"②也就是说，即使对于《论语说》初稿，张、朱二人已经有所交流，且朱熹对此多所认同。按现存《南轩全集》中张栻予朱子的书信有云："向来下十章《癸巳解》，望便中疏其缪见示"③；而《朱子全集》中则有《答张敬夫语解》④，恰好亦是就十章之意提出意见，那么二者极有可能即是当时相对而发的资料，考《文集》中另外对于《论语解》的意见还有《与张敬夫

---

① 朱子此说见于其所撰《神道碑》。但是按照南轩自己曾经的说法：乾道七年"舟中读旧说，多不满意，从而删正之。其存者盖鲜矣"；乾道八年"方足成后数篇。又更改旧说不停手"；淳熙五年"段段不可…修改得'养气说'数段，旧说略无存者"。那么朱熹所说"更定未及"，可能只是说最后未能定稿，或是张栻并未与他展开足够充分的讨论。但是较之《论语解》，后者确实更显沉实和精细。

② 朱熹：《与曹晋叔书》，《晦庵先生朱文公文集》卷二十四，《朱子全书》第21册，第1089页。

③ 张栻：《答朱元晦》，《南轩集》卷二十三，《张栻全集》，第871页。按这里的《癸巳解》，笔者认为是指《论语解》而非《孟子解》，所以需要再加说明是因为后者初稿亦成于此年。对此可以有两条推测的途径：其一，本来两本书各有其他书名，比如《论语解》又称《癸巳论语解》，《孟子说》带有年代称名的应该是《癸巳孟子说》，从《癸巳解》的简称来看，前者的可能性更大；但是因为本来即是简称，又是书信所涉及，不排除一种不严格使用的情况。其二，但是根据这里的"十章"之数，如正文所说恰好与朱子就《论语》首篇回信涉及之章数而相合。同时查《书信》中涉及对于《孟子说》意见最集中的是《答敬夫孟子说疑义》（《文集》，第1352页），其中涉及之相关章数不满十章，因此关于《孟子说》之推测不能成立。

④ 朱熹：《答张敬夫语解》，《晦庵先生朱文公文集》卷三十一，《朱子全书》第21册，1343页、1344页。

论癸巳论语说》①，另在一些书信当中亦有关于《论语》疏释及思想的零散涉及②。但是前两者更是集中就《论语解》之文本而予以直接意见，因此下文的分析将以前两者为主。

关于如何治经，张栻曾经指出："如笺注、诂训，学者虽不可使之溺乎此，又不可使之忽乎此，要当昭示以用工之实，而无忽乎细微之间，使之免溺心之病，而无躐等之失。"③ 在这个表述当中，张栻强调了学者对待"笺注、训诂"所应当采取的态度：一方面，不可以如汉学一般沉溺此事，如是则会偏离大道，另一方面，亦不可完全忽视与废弃。那么儒学求道之路就应当两者兼采，方可毕达"用功之实"与"细微之间"，同时免除溺心之患与躐等之病。这里张栻在追求义理的前提下，一定程度上肯定了汉唐注疏之学的必要性；但是，他并没有明确地区分这种观点是针对读经的要求，还是注疏经典的要求。不过一般而言，二者应当在一定程度上是统一的。

另一方面，张栻自己的经解作品，在题材的选择上共有两种；而解经之作，按照记载当有五部：其中已经佚失的是《书说》与《诗说》。从题材上来说，前者不能完全确定，后者则为集注体。张栻曾在《与吴晦叔》中提到："日与诸人理会《诗》，方到《唐风》。向来元晦所编多去诸先生之说，某意以为诸先生之说虽有不同，然自各有意思，在学者玩味如何，故尽载程子、张子、吕氏、杨氏之说，其他诸家有可取则存之，如元晦之说多在所取也。此外尚或有鄙意，即亦附之于末。"④ 由此可见出这部书的特点：其一，它的具体形式是以集注而附以己解；其二，从集注诸位注家的选择来看，是以理学家的群体为主；其三，无论是张栻自己，还是他所借鉴之理学家解经，因为一般并不偏重名物训诂，因此这部书在此方面的内容可能亦不十分丰富。但是不同于《诗说》，《论语解》、《孟子说》、《南轩易说》这三部现存的且同时与张栻之义理思想关系更为密切的几部解经著作，则更多的是直接发挥见解，并不采用集注的形式，其中只是偶尔可见少数对于个别名词之训释，以及少

---

① 朱熹：《与张敬夫论癸巳论语说》，《晦庵先生朱文公文集》卷三十一，《朱子全书》第 21 册，1357—1387 页。
② 朱熹：《答张敬夫》，《晦庵先生朱文公文集》卷三十二，第 1404 页－1408 页；《答敬夫仁疑问》，《晦庵先生朱文公文集》卷三十二，第 1414－1417 页等。
③ 张栻：《答陆子寿》，《南轩集》卷二十六，《张栻全集》，第 920 页。
④ 张栻：《与吴晦叔》，《南轩集》卷二十，《张栻全集》，第 948 页、949 页。

数之援引。这样一种差别,也可能与《诗经》著作本身的特点相关,盖其文学之题材,古奥之来源,动植风物各类名词之充斥等特征,都与《论语》、《孟子》、《易传》而相区别,同时它可供发挥义理的空间也相对为少。但是这也只是推测之论。无论其选择之题材究竟为何,张栻解经,略于名物之训诂可能是一个更为稳妥的结论。以下就张栻对于《学而》的注释为例,具体浅析其基本特色:

第一,关于字词之训释。《论语解·学而》共十六章,涉及的字词解释计有九章,分别是第一章、第五章、第六章、第八章、第九章、第十章、第十二章、第十三章、第十四章。共十二处。其特点可以总结如下:其一,虽有名物与字词之释,但是这一章当中,并未有涉及音训的注例出现。其二,名物解释大约有两种情况:一,对于名物的直接训释,如"说者,油然内慊也"①;"文谓文艺之事"②;其二,对于名物的义理发挥,如"慎非独不忽之谓,诚信以终之也;追非独不忘之谓,久而笃之也","厚者,德之所聚而恶之所由消靡也"③,"重者,视听言动之际,不敢以易也","夫重者,严于外者也。忠信者,存乎中者也"④ 等等。这两种情况相对比,后者的比重更大些。其三,直接引用程子之注以做训释:"温,和厚也。良,易直也。恭,庄敬也。俭,节制也。让,谦逊也。"⑤ 这样一种做法,显示出南轩在名物之训方面更加灵活的态度。由此可见,一方面,张栻并不完全弃置汉学训诂的治经途径;另一方面,他对此的具体注解,鲜涉字音,总量有限,纯粹的名物之训亦居少数,多有的一些训例亦偏重于义理的疏释。

第二,关于引用。在《学而》一篇当中,涉及的引用情况有两例⑥:第一处,程子谓:"时复绎,浃洽于中也"⑦;第二处:如上文提及的,复引于此:程子曰:"温,和厚也。良,易直也。恭,庄敬也。俭,节制也。让,谦

---

① 张栻:《论语解》卷一《学而篇》,《张栻全集》,第68页。
② 同上书,第70页。
③ 同上书,第71页。
④ 同上书,第70页、71页。
⑤ 同上书,第71页。
⑥ 按,此篇第十一章后备注另一版本之行文,其中有"尹氏"之引:"谓孝子之心有所不忍也。"现暂时不将此例列入其中。
⑦ 张栻:《论语解》卷一《学而篇》,《张栻全集》,第68页。

逊也。"① 此两处，一处串讲句意，一处为释词；且皆是对于程子之引。就后者来看，在全章当中出现频率很低，可见这不是南轩主要的治经方法；就前者而观，南轩最为心契的更大可能仍是洛学一脉之义理。

第三，理学范畴的引入。从《学而》整章的情况来看，南轩之疏解，最明显的特色之一，在于以"理"解经，前后共见六处。略陈于下：其一，以"义理"释为"学"。张栻讲解"学而时习之"时，在引用程子之言的基础上进一步做出解读："言学者之于义理，当时绅绎其端绪而涵泳之也。"② 这里，他将"学"之内容具体以"义理"而落实之，不局限于经籍的研读，生活的实践，理学意味也更加浓厚；其二，"理"与"常"的一致。张栻在此篇的注解当中三次提到"悖理乱常之事"，其间所涉及的主要是父与子、臣与民之间的关系。那么在这里"理"的实际所指，即是三纲五常的社会常规；其三，"理"与"义"的统一。张栻说："或欲守其不可复之言，则逆于理，而反害于信矣"③。在他的理解中，显然"理"具有客观性，是行为真正的取舍标准和具体依归，从"信近于义，言可复也"这句话的语境来说，其实"理"即是对于"义"的具体注解；其四，趋"理"而去"欲"。张栻在注解"君子食无求饱"一章时说"则是人也，物欲不行，而惟理之是趋耳"④，引入"理"与"欲"之关系而对君子品行加以解释。"存天理，灭人欲"是宋明理学的核心价值观，张栻继承了这种对于理欲关系的理解，强调对欲望的克制和对理的选择与坚守。

第四，"拈出眼目"。张栻在给朱子的书信中曾经有一个实例，可以看做是他对于如何传达经文实旨的理解："《中庸》、《大学》中三义，复辱详示，今皆无疑，但截取程子之意，似不若只载云：'程子曰："此一节子思吃紧为人处，读者其致思焉"，则已是拈出此眼目，使人不敢容易看过矣。如《易传》中多有如此等意思，诚解经之法也'。"⑤ 从张栻这里的表述来看，他肯定了朱子对于《庸》《学》中相关观点的发明，认为它们正是体现了对于二程思想的继承。但是另一方面，就具体的表达方式来说，张栻认为仍有更好的途

---

① 张栻：《论语解》卷一《学而篇》，《张栻全集》，第71页。
② 同上书，第68页。
③ 同上书，第72页。
④ 同上书，第73页。
⑤ 张栻：《答朱元晦》，《南轩集》卷二十三，《张栻全集》，第875页。

径,比如二程在说明《中庸》之义时说:"此一节子思吃紧人处,读者其致思焉。"张栻认为这样一种表达方式的好处在于,"拈出此眼目",即更好地突出重点所在,防人轻忽之心。他还指出《程氏易传》中多所采用这种方式。而从张栻自己的注解来看,他亦将此运用到自己的解经实践当中。张栻训解"君子不重不威"章之"主忠信"时说:

> "主忠信","主"字有力。盖斯须而不忠信,则思虑言行皆无所据依,同于无物也。主乎忠信,则立于实地,德所以进也①。

张栻认为"主忠信",其关键之处还在于把握"主"之一字。而"'主'字有力"之训解,其实正是张栻自己说的"拈出眼目"的注经方法。从张栻的具体注解来看,他把"主"从两个方面而加以发明:其一,强调时间中的持续与坚持:"斯须"而不可不忠信;其二,与"立于实地"相发明,突出实践中的具体运用。这样一种"拈出眼目"的注经方法,更有利于读者更好地领会重点所在,并且留下更深的印象。

第五,"设问"与"反问"的运用。在《论语解·学而》中,南轩对于设问和反问句式的运用,全章超过十处;选择这样一种表达方式,可能有两个原因:其一,显示出南轩在解经过程中看重启发与实践的特点;其二,为了解语与原文更加连贯②。以下以南轩注解《学而》第十章为例,以见一斑:

> 《论语·学而》第十章:子禽问于子贡曰:"夫子至于是邦也,必闻其政,求之与?抑与之与?"子贡曰:"夫子温良恭俭让以得之。夫子之求之也,其诸异乎人之求之与!"
>
> 《论语解》:和顺积中,则英华发于外,而况于圣人乎?温良恭俭让,圣人之德容见于接人之际者。子贡亦可谓形容之至矣。想当时之人,望其仪形,固已盎然悦服,而况于聆其话言乎?"夫子之求之也,其异乎人之求之与",言在他人则求而得之,在夫子则人自乐告,不即人而人即之也。虽然,夫子至是邦必闻其政,而未有能委国而授政于夫子者,何与?盖见圣人之仪形而乐告之者,秉彝好德之良心也;而卒不能授以政者,

---

① 张栻:《论语解》卷一《学而篇》,《张栻全集》,第70页。
② 在《与张敬夫论癸巳论语说》中朱子对于南轩的回信中即有对于其使用"设问"的建议。比如"本文未有此意,恐不须过说。或必欲言之,则别为一节而设问以起之可也"。(《文集》卷三十一,第1361页)

则以夫私欲害之之故也。程子曰：温，和厚也。良，易直也。恭，庄敬也。俭，节制也。让，谦逊也①。

在张栻的这个注解当中，三次运用了问句，其中前两处是反问句："而况于圣人乎？""而况于聆其话言乎？"反问句式的特点一般用于加强语气，而张栻亦试图以此突出说明夫子诚于中而形于外的德容音貌，及其这样一种圣人气象对于常人所带来的影响。后一句则是张栻的设问自答："何与？盖见圣人之仪形而乐告之者，秉彝好德之良心也。"设问句式的出现，多为了启发读者的思考，将读者引入与作者同步的感受与思维脉络当中，并且一起着意探求和寻找答案。在这样两种的表达方式当中，可以看出张栻注经强烈的实践导向，不拘泥于一定的格式，选择最利于启人善思和发人善性的方法，循循而善诱之。这是因为《论语》之于张栻，绝不仅仅是一圣人之文本，更是大道的载体，而对于经典的注释，正是要助人向道。

由上可见，张栻对《学而》的注释一方面体现出经学理学化的特点；另一方面，在具体的注释当中，又体现出强烈的实践特色，即以"拈出眼目"突出重点，运用反问以张强调之意，引入自问自答，以启发读者的自我反思。这些特点，归纳起来，集中体现了其既重理又重行的特色。

（二）《论语集解·学而》之兼采汉宋

朱熹幼承庭训，"某自卯读《四书》，甚辛苦"②。而对于《论语》的研究从他青年时期起就已经十分留意，终其一生前后共著有如下六部相关的作品③：

书名	著作时间	特点	备注
（书名不详）	朱松去世后到朱熹拜师李侗前，即1143－1153年（朱熹14岁到24岁）。	"历访师友"，"遍求古今诸儒之说，合而编之"。	师从李侗后，朱熹深感此书有穿凿支离之病。

---

① 张栻：《论语解》卷一《学而篇》，《张栻全集》，第71页。
② 朱熹：《朱子一·自论为学工夫》，《朱子语类》，第2611页。
③ 具体的相关内容可以参看邱汉生：《四书集注简论》，北京：中国社会科学出版社，1980年，第26－31页，唐明贵：《论语学史》，中国社会科学出版社，2009年，第297－300页。

（续表）

书名	著作时间	特点	备注
《论语要义》	1163 年（朱熹 34 岁）。	把上书中不合二程之说的各种见解悉并删去，只保留二程及其同道、门人之说。	首次确定了以洛学为主要择弃标准的原则，也是《论语集注》较早的前身。
《论语训蒙口义》（后改名《论语详说》）	《论语要义》成书后，具体时间不详。邱汉生先生认为当在 1163 年之后不久。	"本之注疏，以通其训诂；参之《释文》，以正其音读。然后会之于诸老先生之说，以发其精微。一句之义，系之本句之下；一章之指，列之本经之左。"①	取二程及其门人的注解："取便于童子之习而已。"②
《论孟精义》③（后更名为《论孟集义》）	1172 年（朱熹 43 岁）。	包括二程及其十家同道与后学：张载、范祖禹、吕希哲、吕大临、谢良佐、游酢、杨时、侯仲良、尹焞、周孚先。	邱汉生先生认为这部书是《四书章句集注》中《论语集注》和《孟子集注》的最切近之前身。
《论语集注》	写成于 1177 年（朱熹 48 岁），成书后一直修改不辍。	在《论语集义》的基础上约其精义④，主要还是发明二程之说。	包含朱熹自我观点的阐发，较《精义》是新的突破。
《论语或问》	不知写成的具体时间，但写成后并无充分修改。	剖析诸说之异同，及《集注》于诸说去取之意，但因无暇修改，多含未定之论。	"其与《集注》实相表里，学者所当并观也。"⑤

从以上这个图表我们可以获得这样一些信息：首先，相比于《孟》、

---

① 朱熹：《论语训蒙口义序》，《晦庵先生朱文公文集》卷七十五，《朱子全书》第 24 册，第 3614 页、3615 页。

② 同上书，第 3615 页。

③ 与《孟子集解》合为一书。

④ "《集注》乃《集义》之精髓。"（朱熹：《论语一·语孟纲领》，《朱子语类》卷十九，第 439 页。）

⑤ 陈振孙语，参见朱彝尊：《经义考新校》卷二百十七《论语七》，林庆彰、蒋秋华、杨晋龙、冯晓庭主编，上海：上海古籍出版社，2010 年，第 3954 页。

《学》、《庸》，朱熹对于《论语》的探求从时间和数量上来看都更丰富：就数量上而言，切磋琢磨，前后成书六部，是四书当中作品最多的；就时间的持续性来看，从第一部作品于青年时期写成，到四十岁以后朱熹《论语》学思想日渐成熟，持续到临终之前仍旧修改不辍，几乎倾其毕生精力。其次，除去最早的一部不成熟的作品外，从《论语要义》开始，已经将注家的选择确定在二程及其同道和门人的范围中，在他以后的研究当中这种宗主洛学的原则一直不曾改变。最后，勤力探索、博取众家之长的努力使得朱熹的《论语》注解取得了很高的成就，其中《精义》《集注》与《或问》是朱熹《论语》学的代表作，三者之间显现出很大的逻辑相关性，《精义》最为详备，《或问》言其去取之因，《集注》存其保留之果，其中又尤以《集注》为其最高代表，朱熹自己对此亦非常自信："某《语孟集注》，添一字不得，减一字不得，公子细看。"又曰："不多一个字，不少一个字。"①

以下先通过具体例证对《论语集注》的经学方法作初步探讨：

> 有子曰："其为人也孝弟，而好犯上者，鲜矣；不好犯上，而好作乱者，未之有也。
>
> 弟、好，皆去声。鲜，上声，下同。
>
> 有子，孔子弟子，名若。
>
> 善事父母为孝，善事兄长为弟。
>
> 犯上，谓干犯在上之人。
>
> 鲜，少也。作乱，则为悖逆争斗之事矣。
>
> 此言人能孝弟，则其心和顺，少好犯上，必不好作乱也。
>
> 君子务本，本立而道生。孝弟也者，其为仁之本与！"
>
> 与，平声。
>
> 务，专力也。
>
> 本，犹根也。
>
> 仁者，爱之理，心之德也。为仁，犹曰行仁。
>
> 与者，疑辞，谦退不敢质言也。
>
> 言君子凡事专用力于根本，根本既立，则其道自生。若上文所谓孝弟，乃是为仁之本，学者务此，则仁道自此而生也。

---

① 黎靖德编：《朱子语类》卷十九，第437页。

程子曰:"孝悌,顺德也,故不好犯上,岂复有逆理乱常之事。德有本,本立而其道充大。孝悌行于家,而后仁爱及于物,所谓亲亲而仁民也。故为仁以孝悌为本。论性,则以仁为孝悌之本。"或问:"孝悌为仁之本,此是由孝悌可以至仁否?"曰:"非也。谓行仁自孝悌始,孝悌是仁之一事。谓之行仁之本则可,谓是仁之本则不可。盖仁是性也,孝悌是用也,性中只有个仁、义、理、智四者而已,曷尝有孝悌来。然仁主于爱,爱莫大于爱亲,故曰孝悌也者,其为仁之本与!"

　　以上取自《论语·学而》第二章,朱熹将其中的两句话分别作解。由以上具体的注解实例可以看出一个基本规律,即:以章分句,分别做解;每句的内容则根据具体情况从以下四个方面中选择而为:注音、字词义、句意、引用;前后顺序一般是注音+字词义+句意+引用等。

　　从注音来说,朱熹一般采用三种方式,其一,如以上例子所示,标明声调:"弟、好,皆去声。鲜,上声,下同"、"与,平声";其二,直音法,即同音之字互相标示的方法。例如第十五章"乐,音洛"。这种标示法在中国古代出现较早,方便但也有其弊端,一来必须找到同音之字,二来这个同音之字最好容易辨识,受制于这两个因素,有很多字其实反而不方便标示,因此更多的运用于注音中的还是反切法;其三,反切法。朱熹在《论语集注》当中对于反切法的运用很普遍,以《学而》篇为例,如第四章"省,悉井切",第十五章"磋,七多反",只是由于读音的变迁,一些字音在今天已经不能按照当时的标注来阅读。

　　从字词意义的注解上来讲,上文共八项,对它们进行分类,其中包括:其一,专有名词,如人名,"有子,孔子弟子,名若";还有哲学范畴,如"仁者,爱之理,心之德也"。其二,基本名词、动词、形容词、副词、语气词等,如"善事父母为孝,善事兄长为弟",这是对"孝"和"弟"两个动词的注解;"本,犹根也",是对名词"本"的解释;"鲜,少也",是对副词"鲜"的解释;"与者,疑辞,谦退不敢质言也",是对语气词"与"的解释;而从标注的方式来说,有时是标注意思,如:"善事父母为孝,善事兄长为弟。""鲜,少也。作乱,则为悖逆争斗之事矣。""本,犹根也。"有时也标注词性,如:"与者,疑辞,谦退不敢质言也。"而朱熹关于字词的训诂,其多出自陆德明《论语音义》和何晏的《论语集解》,但也并非一味继承,其中亦有改造①。

　　就引用而言，以上事例中引用的就是二程对于"孝悌"和"仁"关系的发明。按照二程的观点二者之间的关系应当从两个角度来看：从本义上来说，"仁"是"性"，"性"中只有"仁义礼智"并无"孝悌"，"孝悌"是"仁之用"，换言之，二者是"体"与"用"的关系，从这个角度上说"仁"是"孝悌"之本；但是从实际践行来看，"仁"的主要表现是"爱"，"爱"的主要内容是"爱亲"，所以应当首先从孝悌行于家做起，才可以达到仁爱及物，从这个角度说则"孝悌"是"为仁"之本，所以朱熹引用程子之言"所谓孝悌，乃是为仁之本，学者务此，则仁道自此而生也"，二者其实是相互发明、互为表里。关于朱熹对于各位注家的引用，列表如下②：（表格中两个横列分别代表《学而第一》和整个《论语集注》对于各位注家的引用次数）

注家	二程	尹氏	谢氏	游氏	马氏	杨氏	胡氏	张栻	洪氏	吴氏	范氏	或曰
《学而》	12	6	3	3	1	1	1	1	1	1	1	1
《四书集注》	159	67	47	5	4	49	42	8	8	12	54	15
备注	《集注》中引用各家共计536处，其中直接有姓名的有26家521处。在引用的各家注解当中，二程之说所占比重最高，计29.7%；其次程门弟子与后学，二者合计450处，占总数的83.95%。从《学而》篇来看的话，引用各家32处，其中有姓名者11家31处；二程在所有引注中比例亦是最高，12处共占37.5%。											

　　正如之前所述，从以上的表格可以看出，无论是在《学而》章，还是整个《论语集注》中，朱子对于各注家的选择都是以二程洛学学派为主体，其实这是从他34岁时著述《论语要义》就已经确立的原则，盖朱熹24岁拜师李侗而学归伊洛，因此宗于洛学就是很自然的原则。

　　以上皆是对于朱熹《集注》格式的探析，若是从朱熹注解的具体内容来看，其典型的特点在《学而》中的体现可以由下而见：

　　第一章："人性皆善，而觉有先后，后觉者必效先觉者之所为，乃可以明

---

① 参看唐明贵：《朱熹〈论语集注〉探研》，《中华文化论坛》，2006年第3期。
② 在此关于《论语集注》的各种具体数据多来自唐明贵：《论语学史》。

善而复其初也。"①

第二章:"仁者,爱之理,心之德也。"②

第五章:"敬者,主一无适之谓。"③

第十二章:"礼者,天理之节文,人事之仪则也……盖礼之为体虽严,而皆出于自然之理。"④

第十四章:"凡言道者,皆谓事物当然之理。"⑤

从以上五个例证中可以看出,朱熹的注解引入了一些新的理学概念,无论是就这些概念本身,还是它们所蕴含的意义都超出了《论语》文本的本身,以"天理"和"理"为例,第十一章"礼者,天理之节文,人事之仪则也……盖礼之为体虽严,而皆出于自然之理",就是以"天理"来解释"礼"。天理一词见于《礼记》,《论语》中并无提及,如前所论,它的本体地位到二程才得以实现,实际上以理来解释"礼"亦可追溯到二程⑥,朱子继承这样一种做法,作为结果,"礼"不再仅仅是一种外在化的制度,它同时拥有了自己的本体论的依据,这是朱子对于《论语》中关于"礼"的思想的深化。第十四章"凡言道者,皆谓事物当然之理",即是以"理"解"道"。这样做可以收到两个效果,一方面用"理"说明"道"的内容,避免了"道"的虚位,另一方面也以"道"来发明"理",因为道的本体地位早已成为共识,于是把二者并列就意味着对于理之本体地位的突出。换言之,通过这样一种解释,《论语》中道的内涵进一步清晰化了,而朱子理的概念亦实现了其本体论的证明。不仅于此,通过运用这些新的理学概念,一些原本在《论语》中并不属于核心哲学范畴的概念得到新的发掘,比如以"主一无适"来解释"敬"。本来"敬"在《论语》中只是一种表明心理和外在状态的摹状词,并不具有显著的工夫论地位,但是朱熹在这里延续了二程对于"敬"的重视和以"主一无适"训解"敬"的做法,通过这种理学化的注解使得"敬"的含义得到新

---

① 朱熹:《四书章句集注》,第 47 页。
② 同上书,第 48 页。
③ 同上书,第 49 页。
④ 同上书,第 51 页。
⑤ 同上书,第 52 页。
⑥ 二程:"礼者,理也"(程颢、程颐:《河南程氏遗书》卷十一《明道先生语一》,《二程集》,第 125 页)。

的界定并获得了重要的工夫论意义。

综而言之,就对《论语》的注解内容而言,朱子一方面对《论语》本身重要的概念运用理学的范畴来解读,另一方面,对于原来不重要的概念,因为理学的需要在理学化的注解中突出它们的价值。由此,一来为《论语》的伦理和政治思想提供了形而上学的基础,另一方面理学的概念也借助经典体系得以说明,从而实现了经学理学化和理学经学化两个结果,这正是《论语》作为理学文本的实现。

(三) 张、朱二人就《学而》注解的讨论

张、朱二人关于《论语》经学特点的不同,当有三点:首先,最为明显的是二者所选题材的差异,这一点从上文的分析当中亦可显见。张著为说解体,朱著则为集注体。单就此而言,已见二者之分殊。

其次,从朱子来讲,他曾经说过:"至于文字之间,亦觉向来病痛不少。盖平日解经最为守章句者,然亦多是推衍文义,自做一片文字,非惟屋下架屋,说得意味淡薄,且是使人看者将注与经做两项工夫做了,下稍看得支离,至于本旨,全不相照。以此方知汉儒可谓善说经者,不过只说训诂,使人以此训诂玩索经文,训诂、经文不相离异,只做一道看了,直是意味深长也"①,朱子在这段话当中表达了自己经学观点的变化:起先,他的做法是"推衍文字",后来则渐悟此方之弊在于"说得意味淡薄",盖若不能紧密联系原文而发,则容易陷入一己意思之阐扬,失去经典原先之深厚意味;二在于使读者将"经"与"注"看做两不相关的部分,不能很好地照看本旨。因此后来,朱子对于汉儒解经的方式多持有肯定的态度,认为"以此训诂玩索经文",正是避免经文与注解离异的方法所在。将这一观点落实在各自对《论语》的注解当中,如本文前两部分所示,张著比朱著在字词名物之训诂上,数量明显要少很多;盖对于张栻而言,这本不是他真正关注的所在,他更倾向于更快捷和简明的进入对于义理直接的分析和说明。而以上两点,其实皆源于一个原因,即在朱子看来,字词、名物、引用,都是为了更大程度上保证注文与经典之间的紧密性,避免己意另衍一套的弊端。从朱子对于这种方法的理解

---

① 朱熹:《答张敬夫》,《晦庵先生朱文公文集》卷三十一,《朱子全书》第21册,第1349页。

来看，张栻之注在选择注解形式之先，可能已经有所不稳。

其三，除去这种形式上的差别，张、朱二人就南轩《论语解》中的具体注疏，彼此进行了往复讨论。二人之间的不同，在此过程当中得到具体的展现。四库馆臣对此有一总结：

> 考《朱子大全》，集中备载与栻商订此书之语，抉摘瑕疵多至一百一十八条，又订其误字二条。以今所行本校之，从朱子改正者仅二十三条，余则悉从旧稿，似乎断断不合。然"父在观其志"一章，朱子谓旧有两说，当从前说为顺。反覆辨论，至于二百余言。而后作《论语集注》，乃竟用何晏《集解》所引孔安国义，仍与栻说相同。盖讲学之家，于一字一句之异同，务必极言辨难，断不肯附和依违。中间笔舌相攻，或不免于激而求胜。迨学问渐粹，意气渐平，乃是是非非，坦然共白，不复回护其前说。此造诣之浅深，月异而岁不同者也。然则此一百一十八条者，特一时各抒所见，共相商榷之言，未可以是为栻病。且二十三条之外，栻不复改，朱子亦不复争，当必有涣然冰释，始异而终同者。更不必执《文集》旧稿，以朱子之说相难矣①。

按照这种观点，朱熹为张栻提出修改意见共计118条，张栻听从者23条，仅占19.49%，不足五分之一，但是重要的是，四库馆臣认为不必以朱子之辩难而对南轩的理学见解或者《论语说》的成就轻易相难，这是因为，一方面，以"父在观其志"一章来看，朱熹起先不满张栻之说，反复辩难二百余言，但是最终所采之说依然与张栻相同；另一方面，对于张栻不曾听从的95条意见，"栻不复改，朱子亦不复争，每必有涣然冰释，始异而终同者"。以这两条论据来看，我们甚至不妨推论朱熹对于《论语说》有实际意见者只是23条，占张栻全部注解的比例甚小。以下仍以《学而》篇为例，分析朱熹之建议与张栻对此的斟酌和选择。

本节开篇时已经提及，现存《朱子文集》当中有两封书信是朱子与南轩就《论语解》的相关注解进行的讨论，分别是《答张敬夫语解》②《与张敬夫

---

① 永瑢等：《经部三五·四书类一》，《四库全书总目》卷三十五，影印文渊阁全书，第1册，第719页、720页。

② 朱熹：《答张敬夫语解》，《晦庵先生朱文公文集》卷三十一，《朱子全书》第21册，第1343页、1344页。

论癸巳论语说》①。按这两封书信,从时间上来看,应是前者在先;盖将两封书信对照之于现在的《论语解·学而》,前者提及之建议张栻多有所从,而后者虽亦有各种之意见,但是张栻只是做过一次更正;另外陈来先生对于两封书信的具体时间亦作了考证:前者为乾道九年(1173),后者为淳熙四年(1177)。还需要说明的是,根据前文已经提到的,第一封书信,更有可能是朱子回复相关十章疏解的意见,是因为南轩本来就未曾寄予《论语解·学而》全篇,而是只寄送了这十章。下面首先具体就《答张敬夫语解》朱子书信与张栻对于朱子意见的反应予以介绍和分析:

朱熹提出修改意见的章次(共16章)	张栻是否听从②	意见类型
1	√	语义有误:《语解》云:"学者工夫固无间断,又当时时绎其端绪而涵泳之。"此语恐倒置,若工夫已无间断,则不必更言时习。时习者,乃所以为无间断之渐也。
3	√	语义不充分③:"巧言令色"一段,自"辞欲巧"以下少曲折。近与陈明仲论此,说具别纸。
4	√	语义有误:"三省者,曾子之为仁",恐不必如此说。盖圣门学者莫非为仁,不必专指此事而言,意思却似浅狭了。大抵学者为其所不得不为者,至于人欲尽而天理全,则仁在是矣。若先有个云我欲以此去为仁,便是先获也。(昨于《知言疑义》中尝论此意矣)。"传不习乎",疑止当为传而不习之意,则文理顺,亦是先孝弟而后学文之类。
5	不明	语义有误:"道千乘之国","道"字意恐未安。
8	○④	语义有误:"友不如己",恐只是不胜己,胡侍郎说得此意思好。

---

① 朱熹:《与张敬夫论癸巳论语说》,《晦庵先生朱文公文集》卷三十一,《朱子全书》第21册,第1357—1387页。
② 以"√"标示代表"听从",以"○"标示代表"未听从"。
③ 按朱熹的意见,"自'辞欲巧'以下少曲折",但张栻原文不得见,以此不能断定朱熹所提意见是针对什么而发,但从"少曲折"这种表述方式来看,似乎是指缺少义理疏通之故,因此归为"语义不充分"一类。
④ 按《与张敬夫论癸巳论语说》中关于此条,朱子的意见是反对南轩把"不如己者"之外分为"如己"与"胜己"两类,这里则说"不如己"只是"不胜己"一种情况,那么显然南轩未听从朱子的意见。

（续表）

朱熹提出修改意见的章次（共16章）	张栻是否听从	意见类型
9	○	语义有误："慎非独不忽，追非独不忘，"恐不必如此说。上蔡多好如此，似有病也。"厚者，德之所聚而恶之所由消靡"，此句亦未安。
11	○①	语义有误："父在观其志"一章似皆未安。
13	○	语义不充分："信近于义，则言必可复矣；恭近于礼，则可远耻辱矣。因是二者而不失其所亲，则亦可尚也已。"熹旧说此章只如此，似于文意明顺，与上文孝弟谨信而亲仁，下文笃敏慎而就正，意亦相类。不审尊意以为如何？
15	√	语义有误："乐与好礼视无谄无骄，正犹美玉之如碱砆"此句与后面"必也无谄无骄，然后乐与好礼可得而进焉"者似相戾。盖玉、石有定形而不可变，唯王、霸之异本殊归者乃得以此为譬耳。熹又尝说此所引《诗》正谓孔子以无谄无骄为未足，必至于乐而好礼而后已，有似乎治骨角者既切之而复磋，治玉石者既琢之而复磨之，盖不离是质而治之益精之意也。如何如何？

---

① 按另外参考《与张敬夫论癸巳论语说》，其中亦有朱子的相关说明，盖南轩于《论语》此章的注释有三次前后的变化：其一，即现在《南轩集》中备注之说："为人子者，父在则能观其之志而承顺之，父没则能观其父之行而继述之，又能三年无改于父之道，则可谓孝矣。"（《文集》卷三十一，第1359页）其二："欲观人子之贤否者，父在之时，未见其行事之得失，则但观其志之邪正。父没之后，身任承家嗣事之责，则当观其行事之得失。若其志与行皆合于理，而三年之间又能无改于父之道，则可谓孝矣。"其三，即今本《论语解》所备之说。按照朱子的意见，这三种说法依次显示了张栻在不同时间中对此章的注释。而在1177年的这封书信里，朱子提到"此章旧有两说"，从表达上来看，应当就是指的前两种。同时朱子指出："愚意每谓当从前说所解为顺。"而朱子在1173年的这封书信当中则指出：这一章"似皆未安"，那么更有可能的是，这时候张栻的注解是第二种。而第二种与第三种的注释之间，朱子认为彼此相近："今详此解盖用后说。"因此可以推断，更大的可能应该是这样一种情况：在这封信当中，朱子反对南轩此章之注，南轩后来确有调整，但是并不是与朱子一致意见的调整。而朱子是"每谓当从前说所解为顺"，那么笔者更倾向于推测，朱子这封书信的"一章似皆未安"，南轩是清楚朱子之所反对的，但南轩即使后来又有第三种说法，也并不是从朱子当时意思所改，而是自我的修正。

（续表）

朱熹提出修改意见的章次（共16章）	张栻是否听从	意见类型
16	√	语义不充分："患不知人"，恐未合说到明尽天理处，正为取友用人而言耳。大率此解虽比旧说已为平稳，尚时有贪说高远、恐怕低了之意。更乞平心放下，意味当更深长也。（首章便如此矣）①
共10章	听从意见5章，未听从4章，不明确的情况1章	语义不充分：3处 语义有误：7处 理学问题②：0处

从以上的统计来看，可以得到如下的总结：其一，最为明显的是，朱子这一次对于张栻注解《论语》的各种建议，主要涉及的都是一些具体表述的问题，二者之间并没有巨大的理论分歧于其中；其二，张栻在半数的讨论当中都听从了朱子关于具体表述不够精确的建议。盖论表义之准确，则朱子确乎更胜一等。

根据朱、张二人书信的情况来看，至少四年之后，二人对于《论语解》又有一次比较细致的交流。在朱子的《与张敬夫论癸巳论语说》中，涉及朱子对于《论语解》的意见百条左右，相关于《学而》篇的共11处，分别是就第一章、第二章、第三章、第四章、第五章、第八章、第九章、第十一章、第十三章、第十四章、第十五章。其中意见的类型，几乎亦不相涉两人重大的理论分歧，而是更多地对于具体表述是否准确、恰当，是否更符合原文和传达圣人之意。而张栻最后所听从的只是十之二三。

综合这两封书信当中朱张二人关于《论语解·学而》的讨论可以看出：

---

① 以上表格"意见类型"一栏中的各处引文均出自朱熹：《答张敬夫语解》，《晦庵先生朱文公文集》卷三十一，《朱子全书》第21册，第1343页、1344页。另外，这里之所以判断南轩听从了朱子的意见在于，按现在南轩对于此章之注释："有患人不己知之心，则外驰而非为己者矣。夫学本为何事，而患人不己知乎？而其患不知人者，以夫取友之差，用人之失，正以在己之未名故尔，盖所用力者也"（《南轩全集》，第74页）从南轩之注来看，并未见"谈说高远，恐怕低了之意"，因此判断，这一次南轩听从了朱子的建议。

② 这里的"理学问题"是指宋明理学所特有的概念或者命题，前者如天理，后者如"心性之辩"，也或者是对古老范畴或者问题的理学化探讨方式，如以"心之德，爱之理"解释"仁"。

首先，朱子之建议虽多，但是其中并不见二人对于理学重要观点理解的分歧。其次，南轩对朱子的建议，在第一次书信的讨论后，所采较多，但是第二次，大多数最终未被采用。最后，朱子对南轩的建议主要体现在两方面，一是具体表述和行文是否足够恰当，二是是否能更加准确地传达圣人之本意，而这样一种建议本身，正说明他们都把《论语》本身看做圣人之道。

三、超越经典——陆九渊的经典观

陈来先生在追溯朱陆之辩的过程中对于陆九渊学说的演变脉络曾有一个简要的介绍，即陆九渊经历了一个由早期不成熟的轻视经典和传注的意义到后期"转步而未曾移身"①，在"尊德性"的前提下亦提倡"道问学"的过程。从历史线索来看，鹅湖之辩的时候陆九渊还处于早期排斥读书的阶段，而其思想转变则发生在鹅湖之会后大约南康再会之前。伴随陆九渊观点的变化，朱陆之辩的议题也从是否需要读书转变为是"尊德性"为主，还是"尊德性"与"道问学"并重②。当然，陆九渊的思想虽然有前后的差异，但是其立足"本心"的立场却是始终的。具体来看，从其前期来说，他认为尧舜之前无书可读一样不妨碍圣人境界的实现，这意味着：其一，读书对于道德修养没有必要的价值；其二，而之所以不读书亦可至圣人，正见本心之所在。从其后期来说，陆九渊虽然承认了读书问学路径具有一定的效果，但是依然把"尊德性"作为"博学"的基础，而这里所谓"尊德性"实际所指无非是说"道问学"的前提、目的和效果都在于发明本心，换言之他对于经典阅读只是持有限的肯定，依然与程朱显示出明显的距离。故笔者将陆九渊对待经典的态度概括为"超越经典"，并且在本节当中试图就其历史发展、思想根源两个角度提供一些简要的分析。

---

① 鹅湖之会后大约南康再会之前，陆九龄已经从原来的立场上有所后退，陆九渊虽有转变但是依然坚持本来的根本立场，这里的引文是陆九龄形容陆九渊所说的话，见朱熹：《答吕伯恭》，《晦庵先生朱文公文集》卷三十四，《朱子全书》第21册，第1504页。

② 关于此节当中相关历史脉络的追索还可具体参看陈来：《朱子哲学研究》，第341页、421页。

（一）直趋本根，脱略文字

陆九渊乾道八年（1172）中进士，此后一两年间影响就已扩展开来，据杨简为陆九渊所作的《行状》："其始至行都，一时俊杰咸从之游。先生朝夕应酬答问，学者踵至，至不得寐者余四十日。所以自奉甚薄，而精神益强，听其言，兴起者甚众。还里，远迩闻风而至，求亲炙问道者益盛。"[1] 鹅湖之会前朱熹曾有两封给吕祖谦弟弟吕祖俭的信，根据他的听闻对于陆氏兄弟实践之方进行了概括：

> 陆子静之贤，闻之盖久，然似闻有脱略文字、直趋本根之意，不知其与《中庸》学问思辨然后笃行之旨又如何耳[2]。

> 近闻陆子静言论风旨之一二，全是禅学，但变其名号耳。竞相祖习，恐误后生。恨不识之，不得深扣其说，因献所疑也[3]。

这时朱熹与陆九渊还不曾面识，只是在其声名鹊起时对其实践操行之方略有耳闻，按照朱熹的理解，陆九渊的主要特点在于"脱略文字，直趋本根"。他认为这样一种工夫路径有两个主要问题：其一，与《中庸》以来的学问思辨之说相矛盾；其二，又染上了禅宗一念超悟的风气，这也是后来朱熹诟病陆学的一贯论据。而这样一种方式被后生"竞相祖习"，很可能导致学子们误入歧途。故朱熹希望有机会与陆九渊面陈疑虑，而这个机会很快在吕祖谦促成的鹅湖之会中实现了。鹅湖之会发生在淳熙乙未（1175）的夏天，主要参加者有吕祖谦、朱熹、陆九渊、陆九龄，另外其他一些江西学者、福建学者、浙江学者等亦有参与。二陆六月三、四日到达鹅湖，六月八日离开，前后约五六日。按照这次集会本来的意图来说："伯恭盖虑朱与陆犹有异同，欲令归于一，而定其所适从。"[4] 由此可见作为召集者的吕祖谦在鹅湖之会前也已明确感受到朱陆之间的差异。但就其气氛而言，朱熹指出："始听莹于胸

---

[1] 杨简：《象山先生行状》，陆九渊：《陆九渊集》卷三十三，第389页。
[2] 朱熹：《答吕子约》，《晦庵先生朱文公文集》卷四十七，《朱子全书》第22册，第2190页。
[3] 朱熹：《答吕子约》，《晦庵先生朱文公文集》卷四十七，《朱子全书》第22册，第2191页。
[4] 王懋竑纂订：《朱子年谱》卷二上，北京：中华书局，1985年，第59页。

次，卒纷缴于谈端。"① 陆九渊亦认为"粗心浮气，徒致参辰"②，显然这次的学术交流并没有在平心静气的友好氛围中实现，而这种互相龃龉的局面从一个侧面反映了双方主要观点的严重分歧。鹅湖论辩没有留下详细的记载，但是根据现有的资料，陆九渊在其"本心论"的观点之下，与朱熹相比至少有两处明显的不同：其一，轻视书册学习；其二，反对经典传注。以下分别论述。

首先，虽然鹅湖之会没有留下具体的材料记载，但是吕、朱、陆三方后来都有一些简单的追忆性文字可备参考；从陆方的自我陈述来看，陆九渊语录中列举了他和陆九龄的两首诗：

> 孩提知爱长知钦，古圣相传只此心。大抵有基方筑室，未闻无址忽成岑。留情传注翻蓁塞，着意精微转陆沉。珍重友朋相切琢，须知至乐在于今③。

> 墟墓兴衰宗庙钦，斯人千古不磨心。涓流滴到沧溟水，拳石崇成泰华岑。易简工夫终久大，支离事业竟浮沉。欲知自下升高处，真伪先须辨古今④。

这两首诗，前一首是陆九龄所做，后一首则是陆九渊所做。两诗对比，陆九渊将陆九龄原句中的"古圣相传只此心"修改为"斯人千古不磨心"，而这样做的好处在于，将"本心"的范围由圣贤扩大到所有人，由此更便于突出"本心"所具有的时空普遍性。再者，从诗句的原文来看，陆九龄明确否定了"留情传注"的做法。陆九渊讲"易简工夫终久大"，那么否定"传注"也应当是确然的，但是否意味着也同时否认研读经典的必要性？从陆九渊的诗中并不能直接得出确定的答案。对此陆氏门人朱亨道也有一段回忆：

> 鹅湖之会，论及教人，元晦之意，欲令人泛观博览，而后归之约，二陆之意，欲先发明人之本心，而后使之博览。朱以陆之教人为太简，陆以朱之教人为支离，此颇不合。先生（陆九渊）更欲与元晦辨，以为

---

① 朱熹：《祭陆子寿教授文》，《晦庵先生朱文公文集》卷八十七，《朱子全书》第 24 册，第 4077 页。

② 黄宗羲着，全祖望补修：《宋元学案·象山学案按语》，陆九渊：《陆九渊集·附录三》，第 565 页。

③ 陆九渊：《语录上》，《陆九渊集》卷三十四，第 427 页。

④ 同上书，第 427 页、428 页。

尧舜之前何书可读？复斋止之①。

从他提供的陈述来看，陆九渊主张先发明本心然后博览，换言之，一方面发明本心是基础，另一方面在这个前提之下，并不完全否定或者取消博览在实践工夫中的地位，但是因为发明本心已经在前，那么作为后者的博览究竟是在哪一种意义上讲的，仍然显得不够明确。而陆九渊提出的另外一个论据，即尧舜之前无书可读，恰好旁证了他实质上认为"博览"相对于发明本心并没有不可或缺的价值。由上可见，陆九渊不仅反对传注之学，实际上包括经典本身对于发明本心亦不具有真正独立的价值，这才是他对于"易简工夫"的看法。鹅湖之会后，张栻与朱熹曾经就此往来书信：

陆子寿兄弟如何？肯相听否？②

子寿兄弟气象甚好，其病却是尽废讲学而专务践履，却于践履之中要人提撕省察，悟得本心，此为病之大者③。

从张栻的提问方式来看"肯相听否"，至少鹅湖之会前朱熹与张栻就陆九渊学问的判断和观点已经取得了共识。朱熹在回复中明确将陆九渊的工夫特点概括为"尽废讲学而专务践履"，所谓"讲学"，如上所述，实际上已经把经典与传注都包含在内了。事后吕祖谦在给邢邦用的信中也有所评述：

讲贯诵绎，乃百代为学通法。学者缘此支离泛滥，自是人病，非是法病。见此而欲尽废之，正是因噎废食④。

也就是说，陆九渊持有异议的正是"讲贯诵绎"，而吕祖谦认为"讲贯诵绎"作为百代通法本身并无问题。同时，吕祖谦为朱熹的"支离"辩护，即程朱学派的"支离"之病是"人病"而非"法病"，不能因噎废食。那么吕祖谦实际上也对陆九渊的观点进行了否定。

综合以上各位当事人对于鹅湖辩论的追忆，可以得出陆九渊早期观点的两个特征，其一，他以发明本心为一切工夫的根基，在这个前提下，泛观博览的经典研习实际上并无独立的价值；其二，同样的，一样属于道问学的经

---

① 王懋竑纂订：《朱子年谱》卷二上，第59页。
② 张栻：《南轩集》卷二十二《答朱元晦》，《张栻全集》，第866页。
③ 朱熹：《答张敬夫》，《晦庵先生朱文公文集》卷三十一，《朱子全书》第21册，第1350页。
④ 吕祖谦：《东莱吕太史别集卷第十·与邢邦用》，《吕祖谦全集》，黄灵庚、吴战垒主编，杭州：浙江古籍出版社，2008年，第500页。

典注疏学,陆九渊对此亦持有谨慎和批判的态度。陆九渊的这种观点受到了当时"东南三贤"即朱熹、张栻、吕祖谦的一致反对,概尽废讲学违背了儒家自孔子以来看重文献资源的一贯传统,孟子虽然讲"反身而诚",要之并没有对于经典的研习提出明确的异议,陆九渊因为看重本心,因此取消了博学对于道德实践的必要意义,难免有矫枉过正之嫌。而这样一种相异性,一方面使他与儒家的传统修养观产生了距离,另一方面因为接近于禅宗一念超悟、直指本心的特点,因此与佛教显示出一定的相似性,所以朱熹始终以杂染禅学视之。平心而论,陆九渊与朱子一样"同植纲常,同扶名教,同宗孔孟"①,径直以禅学视之,亦有失真之弊。

(二)"转步而未曾移身"

经过鹅湖之会的激烈辩论,在一段时间的沉潜回味之后,二陆的观点都发生了一些变化:二陆丧母的次年,朱熹致书吕祖谦"近两得子寿兄弟书,却自讼前日偏见之说"②,相比于陆九龄"负荆"的态度③,"闻其门人说,子寿言其虽已转步而未曾移身,然其势久之亦必自转"④,虽然朱熹保持着乐观的态度,但就当时的实际来说陆九渊尽管已经"转步",但是毕竟不曾"移身",事实上陆九渊最终也没有像朱熹预料的那样完全同意他的见解,"转步而未曾移身"之后他的立场不曾再有后退。而具体来说,陆九渊的"转步"表现在他对于鹅湖之会上两个重要的观点,即反对传注和经典研读都转变为一种更为宽容的态度。

陆九渊在开始时是反对传注的,对此有很多文字资料可作旁证:

圣哲之言,布在方册,何所不备。传注之家,汗牛充栋⑤。

今讲学之路未通,而以己意附会往训,立为成说,则恐反成心之蠹

---

① 黄宗羲著,全祖望补修:《宋元学案象山学案按语》,陆九渊:《陆九渊集·附录三》,第566页。
② 朱熹:《答吕伯恭》,《晦庵先生朱文公文集》卷三十四,《朱子全书》第21册,第1476页。
③ 参见朱熹:《答叶味道》,《晦庵先生朱文公文集》卷五十八,《朱子全书》第23册,第2780页、2781页。
④ 朱熹:《答吕伯恭》,《晦庵先生朱文公文集》卷三十四,《朱子全书》第21册,第1504页。
⑤ 陆九渊:《与颜子坚》,《陆九渊集》卷七,第92页。

贼，道之榛棘，日复一日而不见其进①。

周道之衰，文貌日盛，事实湮于意见，典训芜于辨说，揣量模写之工，依仿假借之似，其条画足以自信，其习熟足以自安②。

就以上引文而言，陆九渊之所以反对经典传注有三个理由：第一，圣者之言已尽具足，没有再行传注的必要；第二，传注之作，汗牛充栋，所谓"多则惑"，浩如烟海的注疏难免有"劳而少功"之弊；第三，这样做的后果不仅会事倍功半、事与愿违，更重要的还在于附会己意，既造成了不良的学术风气，更使得圣人之意淹没在这种无益而繁杂的论说当中。如果仅从以上第三条引文来看，这种对于传注的批评也许可以当做只是对于一般汉唐注疏的不满，但就第二条引文中"今讲学之路未通，而以己意附会往训"，显然就不仅是针对汉学而来，其中明显含有对于当时不正学风甚至朱学的批判。从朱熹的经历来看，他早年跟随李侗学习时就已经窃好章句之学，因此传注文字尤多，所以陆九渊这种极端而激烈的态度会遭到朱熹的反对是情理之中的。但是与此形成对比的，陆九渊还有另一种发明：

后生看经书，须着看注疏及先儒解释，不然，执己见议论，恐入自是之域，便轻视古人。至汉唐间名臣议论，反之吾心，有甚悖道处，亦须自家有"征诸庶民而不谬"底道理，然后别白言之③。

先生云："须先精看古注，如读《左传》则杜预注不可不精看。大概先须理会文义分明，则读之其理自明白。"④

以第一段引文为例，可以看出，陆九渊肯定了经典阅读的必要性，而且主张看经须看注，这既反映了他对于经典的认真态度，也反映出他对于传注价值的肯定。而对于汉学，陆九渊既不一味否定，也不一味肯定，这比之很多理学家"视汉学如土埂"的观点显示出更多的客观性。当然，对于传注的最终评判标准仍然是"本心"，所谓"六经皆我注脚"⑤，"六经注我，我

---

① 陆九渊：《与彭子寿》，《陆九渊集》卷七，第91页。
② 陆九渊：《与曾宅之》，《陆九渊集》卷一，第5页。
③ 陆九渊：《语录下》，《陆九渊集》卷三十五，第431页。
④ 陆九渊：《语录上》，《陆九渊集》卷三十四，第408页、409页。
⑤ 同上书，第395页。

(安)①注六经"②。这里还需要注意的是,陆九渊虽然强调"本心"的伦理本能特征,但他也已经认识到由此"入自是之域"的危险,因此读经要读注以纠偏。朱熹有两段话恰好可以说明这种"本心"说的弊端:"心未能若圣人之心,是以烛理未明,无所准则,随其所好,高者过,卑者不及,而不自知其为过且不及也"③,"此心固是圣贤本领,然学未讲、理未明,亦有错认人欲作天理处,不可不察。"④虽然以上引文的出处时间无法具体证明,但是这里对于传注的态度已经明显区别于二陆在鹅湖时的"留情传注翻榛塞",应当是鹅湖之后陆九渊沉潜反思的调整。

如果说陆九渊反对传注尚且包含针砭时弊的初衷,但是取消经典研读的基础作用和必要性更是对儒家传统实践方法的一种颠覆,因此实际上后者才是朱陆论证的焦点所在。虽然陆九渊也认同先发明本心然后博览,但是尧舜之前无书可读的例证显示出他明显的轻视经典学习的倾向。受他的影响,陆氏门人也往往于"道问学"上不足,甚至表现出某种极端的态度:包显道以读书为充塞仁义,詹阜民尽摒诸书等⑤。但是鹅湖之会后陆九渊对于读书的观点亦有所改观:

> 自《大学》言之,固先乎讲明矣。自《中庸》言之:"学之弗能,问之弗知,思之弗得,辩之弗明,则亦何所行哉?"未尝学问思辩,而曰吾唯笃行之而已,是冥行者也。自《孟子》言之,则事盖未有无始而有终者。讲明之未至,而徒恃其能力行,是犹射者不习于教法之巧,而徒恃其有力,谓吾能至于百步之外,而不计其未尝中也⑥。

> 博学、审问、慎思、明辨、笃行,博学在先,力行在后。吾友学未博,焉知所行者是当为?⑦

陆九渊明确肯定了读书与博学的重要性,因为不如此,则只能是"冥

---

① 引文括号中的"安"字系陈来先生根据语义所补,本文赞同陈先生之见。
② 陆九渊:《语录上》,《陆九渊集》卷三十四,第399页。
③ 朱熹:《答石子重》,《晦庵先生朱文公文集》卷四十二,《朱子全书》第22册,第1920页。
④ 朱熹:《答项平父》,《晦庵先生朱文公文集》卷五十四,《朱子全书》第23册,第2541页。
⑤ 参看陈来:《宋明理学》,第三章第四节(四)页下脚注。
⑥ 陆九渊:《与赵咏道》,《陆九渊集》卷十二,第160页。
⑦ 陆九渊:《语录下》,《陆九渊集》卷三十五,第443页。

行",不能保证"所行者当为",那么"博学"就获得了在鹅湖辩论时不曾有的必要价值和意义,即必须经过学问思辨才能收到"笃行"之效,这也显示了陆九渊在思想转变过程中不仅是从《孟子》出发,而是将《中庸》包括《大学》的资源都整合到《孟子》的体系当中。其实上文谈到陆九渊对于传注态度的变化亦当是以首先肯定经典学习的必要性为基础的,否则原文尚且摒弃,又怎会强调对于传注的关注。而陆九渊之看重经典研读的具体表现可以包括两个方面:其一,他自己对于四书五经等儒家资源本来就有颇多用功的经历;其二,他对于读书为学的方法做了细致全面的发明①;就第一个方面来看,笔者试举几例:

《孝经》:"《孝经》十八章,孔子于曾子践履实地中说出来,非虚言也。"②

《尚书》:"《尚书》一部,只是说德,而知德者实难。"③

《周易》:"后世言伏羲画八卦,文王始重之为六十四卦。其说不然。"④

《诗经》:"《大雅》是纲,《小雅》是目,《尚书》纲目皆具。"⑤

《春秋》:"圣人作《春秋》,初非有意于二百四十二年行事。"⑥

《周礼》:"夫《周官》一书,理财者居半,冢宰制国用,理财正辞,古人何尝不理会利,但恐三司等事,非古人所谓利耳。"⑦

《礼记》:"且如一部《礼记》,凡'子曰'皆圣人言也。子直将尽信乎?抑其间有拣择。"⑧

《论语》:"观《春秋》《易》《诗》《书》经圣人手,则知编《论语》者亦有病。"⑨

---

① 更详细的内容可参照张立文:《走向心学之路——陆象山思想的足迹》,第369—380页。
② 陆九渊:《语录下》,《陆九渊集》卷三十五,第432页。
③ 同上书,第431页。
④ 陆九渊:《语录上》,《陆九渊集》卷三十四,第403页。
⑤ 陆九渊:《语录下》,《陆九渊集》卷三十五,第434页。
⑥ 陆九渊:《语录上》,《陆九渊集》卷三十四,第405页。
⑦ 陆九渊:《语录下》,《陆九渊集》卷三十五,第442页。
⑧ 同上书,第446页。
⑨ 同上书,第434页。

《孟子》:"见到《孟子》道性善处,方是见得尽。"①

由此可以看出,陆九渊并不否认经典研读的必要性;相反,从他自己的读书经历来看,必然对于儒家各部经典都曾深入用力而各有所见。但是陆九渊这种对于经典态度的转变并不意味着最后取得了与朱熹一致的共识,因为对他而言,"发明本心"依然是"道问学"的前提,而且从总体特征上来看是着重"减担"而非"加担",这也是区别于程朱的一个特点。在此基础上陆九渊对于为学的具体方法进行了发明:

> 读书固不可不晓文义,然只以晓文义为是,只是儿童之学,须重意旨所在②。

> 读书之法,须是平平淡淡去看,子细玩味,不可草草。所谓优而柔之,厌而饫之,自然有涣然冰释,怡然理顺底道理③。

> 学者读书,先于易晓处沉涵熟复,切己致思,则他难晓者涣然冰释矣。若先看难晓处,终不能达④。

> 为学患无疑,疑则有进⑤。

也就是说,陆九渊认为读书的基础是通晓文义,这也是经传注疏存在的原因,但是读书的目的却不是徒为解说与文字,须要自得圣人本意所在,做到"须是血脉骨髓理会实处始得。凡读书皆如此"⑥;就具体的操作方法而言,则在于"平平淡淡",换言之,要戒除贪多欲速之病,在此基础上"仔细玩味",以收熟读精思之效;从读书顺序上来看,应遵循先易后难的原则,循序渐进;就求真精神而言,陆九渊继承《孟子》言"尽信书则不如无书"的精神,进而强调"小疑则小进,大疑则大进"⑦,始终保持独立思考的态度和批判的立场。

---

① 陆九渊:《语录上》,《陆九渊集》卷三十四,第410页。
② 同上书,第432页。
③ 陆九渊:《语录下》,《陆九渊集》卷三十五,第432页。
④ 陆九渊:《语录上》,《陆九渊集》卷三十四,第407页、408页。
⑤ 陆九渊:《语录下》,《陆九渊集》卷三十五,第472页。
⑥ 同上书,第445页。
⑦ 陆九渊:《年谱》,《陆九渊集》卷三十六,第482页。

（三）发明本心与超越经典

前文已述，在陆九渊思想的前期，他为了突出"本心"的作用，对经典研习和经传注疏都持有一种较为极端的轻视态度，但这样一种观点一方面背离了儒家重视经典文献的一贯传统，取消了"经学"的合法性，另一方面因为与禅宗不立文字、直指本心的观点十分相似而惹来诸多非议，经过鹅湖之会的激烈辩论和反思，陆九渊开始从原有的立场上有所让步，成熟的陆九渊思想亦看重博学的必要性、重视发明各种读书方法、肯定经传注疏的价值，从而使得"道问学"思想在陆九渊的体系当中也丰满起来；但是陆九渊作出这种改变并不意味着他把"道问学"看成与"尊德性"同等重要的另一种工夫，所谓："既不知尊德性，焉有所谓道问学？"① "道问学"的价值是以"尊德性"为基础确立的，而所谓"尊德性"其实就是"先立乎其大"或者"发明本心"的另外一种言说方式。陆九渊指出："未知学，博学个甚么？审问个甚么？明辨个甚么？笃行个甚么？"② "今日向学，而又艰难支离，迟回不进，则是未知其心，未知其戕贼放失，未知所以保养灌溉。此乃为学之门，进德之地。得其门不得其门，有其地无其地，两言而决。得其门，有其地，是谓知学，是谓有志。既知学，既有志，岂得悠悠，岂得不进。"③ 要之，"本心"说才是陆九渊心学一以贯之的血脉，这种结论的得出是建立在他对于"本心"概念及其特征的理解之上的：

> 人非木石，安得无心？心于五官最尊大。《洪范》曰："思曰睿，睿作圣。"《孟子》曰："心之官则思，思则得之，不思则不得也。"又曰"存乎人者，岂无仁义之心哉？"又曰："至于心，独无所同然乎？"又曰："君子之所以异于人者，以其存心也。"又曰："非独贤者有是心也，人皆有之，贤者能勿丧耳。"又曰："人之所以异于禽兽者几希，庶民去之，君子存之。"去之者，去此心也，故曰："此之谓失其本心。"存之者，存此心也，故曰："大人者，不失其赤子之心。"四端者，即此心也；天之所以与我者，即此心也。人皆有是心，心皆具是理，心即理也，故曰：

---

① 陆九渊：《语录上》，《陆九渊集》卷三十四，第400页。
② 同上书，第428页。
③ 陆九渊：《书·与舒西美》，《陆九渊集》卷五，第64页。

"理义之悦我心,犹刍豢之悦我口。"所贵乎学者,为其欲穷此理,尽此心也①。

在这段话当中,陆九渊交代了"本心"的四个特征:其一,从来源上说是"天之所以与我者",这是"本心"先天性的说明,也是其正当性与合理性的根本保证;其二,从内容上说是"仁义之心""赤子之心""四端";其三,从它与"理"的关系来看,"心即理",那么"理"的普遍性特征就决定了"本心"的普遍性,所以说"人皆有是心,心皆具是理";其四,从其功能上来说,它具有"思"的作用,而"思曰睿、睿作圣",那么成圣工夫就需要在"心"上实现,因此"君子之所以异于人者,以其存心也"②。而本心的特点除了普遍性、正当性、合理性和"思"的功能,还表现在它与伦理本能之间的关系:

> 万物皆备于我,有何欠阙。当恻隐时自然恻隐,当羞恶时自然羞恶,当宽裕温柔时自然宽裕温柔,当发强刚毅时自然发强刚毅③。

> 苟此心之存,则此理自明,当恻隐处自恻隐,当羞恶,当辞逊,是非在前,自能辨之④。

> 多告学者云:"汝耳自聪,目自明,事父自能孝,事兄自能弟,本无欠缺,不必他求,在乎自立而已。"⑤

对于"本心"的存在和发挥作用的方式,陆九渊曾经通过两个事例进行了深入浅出的发明:一是还在杨简当富阳县主簿时,陆九渊有一次路过富阳,杨简向他询问:"如何是本心?"陆九渊回答说孟子讲的四端就是本心。杨简又问,四端是本心,我自幼时已晓得,究竟什么是本心?正值此时,有一桩卖扇子的纠纷告到县衙,杨简随即当庭断其曲直,陆九渊便说,刚才你断此讼,是者知其为是,非者知其为非,这就是你的本心。杨简闻此忽觉大悟⑥。另一个事例是一次陆九渊在座,弟子詹阜民陪侍,陆九渊突然站起,詹阜民

---

① 陆九渊:《书·与李宰》,《陆九渊集》卷十一,第149页。
② 陆九渊:《书·与杨守》,《陆九渊集》卷九,第125页。
③ 陆九渊:《语录下》,《陆九渊集》卷三十五,第456页。
④ 陆九渊:《语录上》,《陆九渊集》卷三十四,第396页。
⑤ 同上书,第408页。
⑥ 陆九渊:《年谱》,《陆九渊集》卷三十六,第487页、488页。

也赶忙站起，陆九渊对他说："还用安排否？"① 所以陆九渊认为一旦发明本心，那么就会达到一种自然合乎仁义礼仪的效果，这就是"易简"的工夫：

> 学问之要，得其本心而已。心之本真，未尝不善，有不善者，非其初然也②。

> 学者问："荆门之政何先？"对曰："必也正人心乎。"③

> 近有议吾者云："除了'先立乎其大者'一句，全无伎俩。"吾闻之曰："诚然"。④

强调本心的重要性本毋庸置疑，实际上由本心而见伦理本能的生发这样一种思路不仅符合《孟子》的心性论说，也很类似《中庸》"自诚明"的路径。但是问题在于，就发明本心而言，工夫是怎样的，具体来说一个由于先天气禀和后天积习的影响而已经放失的现实之心是否可以通过"反身而诚"的心上工夫直接回到本心状态，又如何回到这种本心的状态？对此陆九渊提供了三条具体的入径：

> 先生谓曰："学者能常闭目亦佳。"某因此无事则安坐瞑目，用力操存，夜以继日，如此者半月，一日下楼，忽觉此心已复澄莹。中立窃异之，遂见先生。先生目逆而视之曰："此理已显也。"某问先生："何以知之？"曰："占之眸子而已。"因谓某："道果在迩乎？"某曰："然。"⑤

> 人心有病，须是剥落。剥落得一番，即得一番清明，后随起来，又剥落，又清明，须是剥落得净尽方是⑥。

> 今吾友既得其本心矣，继此能养之而无害，则谁得而御之。如木有根，苟有培浸而无伤戕，则枝叶当日益畅茂；如水有源，苟有疏浚而无壅室，则波流当日益充积。所谓："源泉混混，不舍昼夜，盈科而后进，放乎四海。"有本者如是⑦。

陆九渊提出了三种发明本心的方法：静坐、剥落和涵养扩充；其中第三

---

① 陆九渊：《语录下》，《陆九渊集》卷三十五，第470页。
② 陆九渊：《陆九渊集·附录一·袁燮序》，第536页。
③ 陆九渊：《语录上》，《陆九渊集》卷三十四，第425页。
④ 同上书，第400页。
⑤ 陆九渊：《语录下》，《陆九渊集》卷三十五，第471页。
⑥ 同上书，第458页。
⑦ 陆九渊：《与邵中孚》，《陆九渊集》卷七，第92页。

种方法表现出对于孟子思想的直接继承，与湖湘学派的省察涵养也有相通之处，但是湖湘学派和程朱都明确以"敬"来发明"涵养扩充"的具体工夫，陆九渊则缺少其他具体发明，这是他理论上不够圆满之处。后期的陆九渊以更加积极的态度看待经典学习的意义，这样一种转变使得他的理论与儒家重视文献整理和学习的传统达成一致；但是如前所述，肯定道问学的前提仍然在于尊德性的基础，换言之无论是静坐、剥落、涵养扩充、阅读书册最终的落脚点还是在于"发明本心"，而"道问学"对于本心的实现并不是一种必由的路径，从这个角度上说陆九渊实际上始终保持着一种"超越经典"的态度。

结语：理学的新经典与话语系统的形成

宋明理学的生发和展开除了有佛道思想作为外缘的相佐，更重要的是在与儒家传统经典的深入互动当中实现的。从宋初开始，道德性命之际已经成为士人们的普遍关怀，为了回应这个时代课题，一方面疑经惑传和探求圣人本意的经学风气已经渐次兴起，另一方面，伴随于此，理学家们对于传统经学资源从方法到思想主旨的把握上都展开了新的尝试；而这种尝试的结果，不仅在于理学创生的实现，反映到经学上则是新的经典体系的形成，这至少包括两个方面的意涵：其一，对于各种经典的重新定位和选择，尤其是"四书"的发掘和结成，并最终实现以"四书"统领"五经"的理学经典新格局；其二，运用理学的观点解释并协调各部经典，最后统合其为一个完整的有机体系，这也正是理学经典体系对比于五经正义系统的主要特点所在，因为后者是以每部经典为单位，选用不同注家的解释，看重每部经典内部注疏的统一性，但是不同经典之间可能出现的龃龉却并不予以考虑[①]。本文则从第二点出发，着眼于"经典系统"的意涵，虽然不同的理学派别之间对于经典的利用又有具体的区别和侧重，但是程朱对于经典的理解和注疏无疑是影响最为深远的，因此择其为例以作浅析，以此呈现理学对于经典系统的影响，同时得以展现的也包括理学家如何具体运用经典创生理学。

一、经典内部的统一

一般而言，同一经典内部的观点应当是协调一致的：虽然有些经典乃集

[①] 参考土田健次郎：《道学之形成》，上海：上海古籍出版社，2010年，第231页。

体合作的结果,从而可能包含有多个主体的观点,比如《诗》《礼》《易》《论语》等,但是它们结集的前提正是对于儒家基本观念的认同;至于由独立作者完成的经典,一般也并不体现时间脉络中观点的流变性,而是更多地表达一种稳定的理解。于是这里所谓的"不一致"就主要指理学家在怀疑经传和探求圣人本意的精神下,发现的经典内部在具体表述中所包含的表面上的"不合理"之处;而反过来说,只有理解这种自相龃龉现象的背后之因,才能真正把握圣人之义,并深化对于经典意涵的理解。兹举一例:

> 孟子言尧完廪浚井之说,恐未必有此事,论其理而已。尧在上而使百官事舜于畎亩之中,岂容象得以杀兄,而使二嫂得以治其栖乎?学《孟子》者,以意逆志可也①。

这段话中,二程对于《孟子》中记载"尧完廪浚井之说"的真实性提出质疑,因为按照常理推断,在当时的具体情境之下,不可能会出现象"得以杀兄"的状况,《孟子》在这里极有可能只是塑造出一种极端"困于内"的状况,以凸显舜的孝悌之德,因此二程最后指出"学《孟子》者,以意逆志可也",即不局限于语言叙述的表层,而是能够深知其人,深知其意。二程的这样一种解读具有两个特点:其一,在疑经惑传的风气影响下,对于《孟子》中具体的史实记载保持独立的判断和怀疑;其二,但是反过来说,虽然具体的史实有待商榷,不过"以意逆志",当知并不存在真正的矛盾,于是又维护了经典内部的统一与协调。

二、经典之间的协调

四书和五经都是宋明理学的经典。但是因为它们各自成书于不同的时间以及作者的差异,彼此之间无论是在具体理路上,还是在针对一些观点的具体表述上都呈现出一定的差异性,比如:欧阳修在《问进士策》中指出,《中庸》中有"自诚明谓之性"等语,与孔子自称"学而知之者"不符:"孔子必须学,则《中庸》所谓自诚而明、不学而知之者,谁可以当之欤?"②,那么如

---

① 程颢、程颐:《河南程氏遗书》卷四,《二程集》,第71页。
② 欧阳修:《策问十二道》,《居士集》卷四十八,《欧阳修全集》,第675页。

果根据《论语》判断,《中庸》之说却有难以成立之嫌;另外,从对于"天"的观点来看,《论语》当中"天"依然有外在、难以把握、神秘性的特质,但是到了《孟子》《中庸》《易传》则渐褪此意,更加凸显天的自然意蕴或者道德意涵。类似这样的差异还很多,但是既然理学要从经典中寻求其成立的依据,而单一的经典亦难以支撑理学的话语系统,那么为了能够解释圣人之道"一以贯之"之意,就必须对它们之间的这种不相类的情况提供一个合理的解释,所谓的经典体系亦正是以此为前提的。

(一)《周易》《中庸》之言天道与人事

儒家的各部经典在进入宋明理学的过程中其实亦有先后和轻重之别,从理学创生的具体过程来看,《周易》和《中庸》都较早就受到关注,并且与理学理论之创建发生直接的关系;以周敦颐为例,他作为理学宗主,其理论本身正是依托于《易》和《庸》而建立起来的;相较而下,对于其他经典的理论价值,充分的挖掘和展开则在此之后。究其原因,宋明理学的发展呈现出一个心性论和工夫论越加细致和分化的过程,而各部经典重要性的浮沉正是与此相应的:最先受到关注的《周易》擅言天道,"四书"则重在人事。这种不同的面向,从二程的时候起已经有学者注意到:

> 或问:"《系辞》自天道言,《中庸》自人事言,似不同。"(明道)曰:"同。《系辞》虽始从天地鬼神阴阳言之,然卒曰:'默而成之,不言而信,存乎德行。'《中庸》亦曰:'鬼神之为德,其盛矣乎!视之而不见,听之而不闻,体物而不可遗,使天下之人齐明盛服以承祭祀。洋洋乎如在其上,如在其左右。《诗》曰:'神之格思,不可度思,矧可射思'。夫微之显,诚之不可揜,如此夫!'是岂不同?"①

这是程颢与刘绚的一段对话。刘绚认为《系辞》与《中庸》在论说的思路上存在差异,前者是自天道而言,后者则自人事而言。明道对这种质疑做了回应:即《系辞》虽是从天地鬼神说起,但是所谓"默而成之,不言而信,存乎德行"最终亦落实于人道;而《中庸》虽重言人道,不过如同它对于鬼神的言说,亦没有完全忽视天道的一面。换言之,两部经典其实都是贯通天道人事而言的,质夫之问则在于对《易》《庸》都只是偏颇于一面看待,因此

---

① 程颢、程颐:《河南程氏遗书》卷十四,《二程集》,第141页。

才会得出"不相似"的错误结论。程颢的回答揭示了这两部经典的一致性所在，但是刘绚的理解虽有偏颇，不过较之《易》，《庸》则更重在发明人事，这则是程颢的解答中回避的一面。

（二）忠恕"贯道"与"违道不远"

对于经典之间彼此关系的协调本质上其实是对于两种问题的回应：其一，如上一条所示，不同的经典其实在言说的总体思路上就存在差异；其二，关于某一具体问题，不同的经典可能给出彼此不同甚至相互矛盾的解释；后者其实更容易引起质疑，处理起来也更有难度：

> 问："忠恕可以贯道否？"曰："忠恕固可以贯道，但子思恐人难晓，故复于《中庸》降一等言之，曰'忠恕违道不远'。忠恕只是体用，须要理会得。"又问："恕字，学者可用功否？"曰："恕字甚大，然恕不可独用，须得忠以为体。不忠，何以能恕？看忠恕两字，自见相为用处。孔子曰：'君子之道四，丘未能一焉。'恕字甚难。孔子曰：'有一言可以终身行之者，其恕乎！'"①

这是伊川与学生的一段对话，疑问主要围绕《论语》和《中庸》对于"忠恕"问题的不同言说而展开。就二程而言，《论》《孟》皆为其所重，但是二者在这个问题的表述上却显示出一种直接的矛盾。伊川在这里提供的解释是："忠恕"确实是可以贯道的，而子思担忧这一点却不易为人所知，因此才选择了一种更为浅显的表述："违道不远"；换言之，这种差异仅仅是一种"方便之门"，无关宏旨，那么两部经典之间关于"忠恕"的不同说法其实并不是一种本质上的冲突；他进一步论述体用二者之间的互动，这则是对于传统忠恕观的创新和充实。其实从宋初开始，疑经惑传的风气已经展开，在经典之间彼此言论直接矛盾的情况下，伊川的解释显示出宋代经学不被表面语言束缚，探求圣人本意的学风，这也是他自身理论得以成立的前提。

（三）圣贤气象与言有异处

宋儒喜欢谈论圣人气象，这也是学以至于圣人的题中之义，孔、孟、颜、思气象各不相同；这种不同的气象使得他们同样在叙述一个道理之时亦能体

---

① 程颢、程颐：《河南程氏遗书》卷十八《伊川先生语四》，《二程集》，第184页。

现出差异；那么反过来说，孔孟对一些问题的言说不同，亦不直接意味着他们彼此观点的殊异，而可能是因为境界差异而带来的不同表述：

> 又曰："圣人之道，知之莫甚难？"曰："圣人之道，安可以难易言？圣人未尝言易，以骄人之志；亦未尝言难，以阻人之进。仲尼但曰：'未之思也，何远之有？'此言极有涵畜意思。孟子言'夫道若大路然，岂难知哉？'只下这一个岂字，便露筋骨，圣人之言不如此…孔、孟言有异处，亦须自识得。"①

这段话中涉及程颐对于圣贤境界的点评，关于"圣人之道，知之莫甚难"的疑问，伊川以孔孟对这个问题的相关评论做出回应，问题包括两个方面：首先，孔、孟对此的观点实际上是一致的，即都否认了"难"的判断；其次，但是因为圣人与贤人境界的不同，因此虽然观点一致，但是二者在表述中所体现的气韵风貌自不相同。那么，换而言之，《论语》与《孟子》之间所存在的差异，其实很多也就可能不是观点层面上的不同，而只是缘于圣贤气象的区分。这样一种解读方式，从另外一个角度为《论语》与《孟子》作为两部不同的儒家经典彼此之间的协调性提供了证明。

三、对经典的超越

理学之作为新儒学就已经意味着它既是对之前儒学思想的继承，同时又包含有超出传统儒学的新内容。但是理学因为是以基本经典来确认其正统性和合法性的，因此这种超出旧内容的"新意"想要确证自己，就必须与经典文本之间形成一种协调和顺遂，这样一种现象其实就是协调经典与自己理学观点之间的关系。而且进一步来说，所谓协调经典之间的不同本可以分为三种情况：其一，肯定其中一种说法，而对于另外一方做出调适；其二，同时肯定两种说法，而以不同的言说者、不同的言说背景等协调之；其三，中和两者之不同，创造新的观点，并以此为标准对另外两种表述做出新的解读。从这个角度来说，第三节的内容其实可以看做第二节内容的延伸。而反过来

---

① 程颢、程颐：《河南程氏遗书》卷十八《伊川先生语四》，《二程集》，第209页、210页。

说，理学之作为区别于汉唐的新的儒学模式得以创生和存在，首先就在于它能整合不同的经典。下面以程朱人性论的观点为例加以说明。

人性论是宋明理学的重要内容，这不仅是因为它是本体论落实于人身的自然结果，同时它也是成圣工夫的前提和具体确定的依据。但是从宋明理学所依据的几部经典来看，其中对于"性"的发明并不一致，一些说法甚至看起来彼此矛盾，这是导致儒家人性论长期以来争论纷纭的原因之一。而且，儒家在工夫论上不能进一步深化，也与人性论上不能形成稳定深入的观点有关。至于这些矛盾，具体来说：首先，从"性"范畴的含义上来讲，《论语》当中并无明确或者特殊的所指，孟子对"性"的定义则在人之为人而区别于禽兽的不同，后来荀子明确表达了对于"性"的一般定义："凡性者，天之就也"①，"生之所以然者谓之性"②，"不事而自然谓之性"③，《中庸》也在开篇说"天命之谓性"。四家相较，孟子对于"性"的定义有其特殊性，而宋儒因为已经打通天地万物的关联，所以对"性"的定义实没有直承《孟子》，但是人性与物性的不同还是可以收归到二元性论和理一分殊当中，被机智的保留；其二，从对于"性之善恶"的具体说明来看，《论语》中提供的重要观点有两个："性相近也，习相远也"，"唯上智与下愚不移"；《孟子》则于四端而见人性之善，并否定"生之谓性"；《易传》主张"继之者善也，成之者性也"。因此问题争论的核心在于，必须同时为人之为善与人的现实之恶或者不完善提供理论说明，而且同时与以上各部经典的说法相容，从而圆融各部经典表面的分歧而为一有机的体系。从程朱而言，则是以"二元性论"的基本模式来解决这一矛盾的。

(一)《论语》与《孟子》之性"近"与"性善"

《论语》中对于"性"的言说其实很有限，这也正是子贡感慨"性与天道不可得而闻"的原因所在；而《孟子》论性已经是详了。只从这一点上来说，已经是《论》《孟》在言说"性"的观点上的第一个差异。但是就在《论语》有限的言说"性"的材料中，亦与《孟子》显示出明显的不同：

---

① 《荀子·性恶》。
② 《荀子·正名》。
③ 同上。

棣问:"孔、孟言性不同,如何?"曰:"孟子言性之善,是性之本;孔子言性相近,谓其禀受处不相远也。人性皆善,所以善者,于四端之情可见,故孟子曰:'是岂人之情也哉?'至于不能顺其情而悖天理,则流而至于恶,故曰:'乃若其情,则可以为善矣。'若,顺也。"①

孔、孟言性的不同,显然已经被二程的弟子注意到:孟子始道性善,即人性皆善、人性本同,在这之前,孔子所说则是"性相近"也,后者即承认一定的差异性并且未对人性善恶下判词。二程站在维护孟子的立场,就必须对于《孟子》与《论语》的这种距离做出合理的解释,这也是《孟子》作为经典其合法性的前提。从伊川的具体回答来看,协调二者的不同首要在于对"二元论性"的肯定:孟子所言是"性之本",孔子言性则是谓其"禀受",于是二者非但不相矛盾,反而互为补益:本性为善,于四端即可见之,于是即使有现实之恶,但"乃若其情,则可以为善矣";禀受而有恶,所以即使不能顺其情而悖天理,但是这种情形"岂人之情也哉?"这样一种理论构造,就能同时兼容"善"于人性的先天依据以及对于现实人性之"恶"的具体解释,从而成为以后宋明理学发展的主流,并在一定的时期内暂息了对于人性论的诸种争论。但是如果再做深究,程颐的解释亦有不够圆满的一面,即:何以孔子难得言"性",却亦仅从后天论之,而不言其先天之善?虽然孔子之言说必有其具体语境之范围,但是从整个文本的角度来审视,既然已是言"性",却独缺对其本质的言说,这种判断亦有不稳之嫌。

(二)《论语》之"上智下愚不可移"

《论语.阳货》中记载孔子说:"惟上智与下愚不可移也",但是无论是按照《孟子》"人皆可以为尧舜"而言,还是按照人性善来推论,都足以与孔子的判断形成一定的矛盾:

性出于天,才出于气,气清则才清,气浊则才浊。譬犹木焉,曲直者性也,可以为栋梁、可以为榱桷者才也。才则有善与不善,性则无不善。"惟上智与下愚不移",非谓不可移也,而有不移之理。所以不移者,只有两般:为自暴自弃,不肯学也。使其肯学,不自暴自弃,安不可

---

① 程颢、程颐:《河南程氏遗书》卷二十二上,《二程集》,第291页。

移哉?①

为了协调孔、孟在此问题上彼此矛盾的表述,程颐以《孟子》中"性"和"才"的概念分别言之,即:性出于天,而性无不善;才出于气,随气清浊而善恶。那么孔子的"唯上智与下愚不移"就包含两个层面的内容:其一,"不是不可移",按照其本性而言,性既为善,因此"使其可学,不自暴自弃,安可不移哉"? 其二,"有不移之理":以"下愚"为例,禀浊气而才恶,"自暴自弃,不肯学也",所以"不可移"。大体来说,程朱是以二元性论来取代之前单一言性的做法,如是,先天之善与现实之恶皆有所由出而获得合理的解释,并因此获得最大的理论包容性,之前儒家内部各种不同的对于善恶的追溯几乎都可以被包容于内。

(三) 再论《孟子》言"生之谓性"

二程的人性论并非直接从《孟子》而来,这不仅是因为二程言"性"已经不是孟子所定义的人与动物区别之所在,而且亦在一定的意义上对于孟子所反对的告子"生之谓性"的观点进行了一定程度的肯定:

> 生之谓性。凡言性处,须看他立意如何。且如言人性善,性之本也;生之谓性,论其所禀也。孔子言性相近,若论其本,岂可言相近?只论其所禀也。告子所云固是,为孟子问他,他说,便不是也②。

"生之谓性"正是孟子反对告子的观点,因为告子之说否认了人性与物性的区分。但是二程则在一定程度上对这个观点进行了肯定,因为他们认为关键是要看在怎样的一种意义上来解释这个命题:孟子所强调的"人性善"当是性之"本",而"生之谓性"则对应气禀而言,这与孔子之言"性相近"亦是同样的道理。这样,二程因为二元性论的架构方式,得以同时肯定"人性善"与"生之谓性"两个命题,从而与《孟子》本身的表述形成一定的差距。

(四)《孟子》言性善与《周易》之"继善成性"

《孟子》与《易传》言"性"本有不同,两个最明显的例子是:其一,孟子之"性"是指人之为人而区别于其他万物的特质所在,《易》之言"性"却

---

① 程颢、程颐:《河南程氏遗书》卷十九,《二程集》,第252页。
② 程颢、程颐:《河南程氏遗书》卷十八,《二程集》,第207页。

并没有这样一种对于性的特殊规定；其二，《孟子》中对于本性的推证是从具体的事例中得以说明的，虽然后来亦讲"尽其心者，知其性也，知其性，则知天矣"，因而在一定程度上显示了天、性、心的一致，但是毕竟并没有确切地从天而性而心的脉络说明；相较之下，《易传》"一阴一阳之谓道，继之者善也，成之者性也"，却明确地肯定了自道（天）而性的统一，换言之，《易传》的说法更明确地提示出"性"的先天依据。《孟》与《易》之间的这种相互区别，其实正足以提示二者的协调可能恰好可以形成有益的互补，这也正是理学家们所选择的思路；但是由于二者之间毕竟表面相殊，因此亦带来一些质疑，而理学家的观点也在对这些质疑的回应过程中更加清晰。

以苏东坡为例，他曾经就"性"之观点评论说："昔者孟子以为性善，以为至矣。读《易》而后知其未至也。孟子之于性，盖见其继者而已矣。夫善，性之效也。孟子未及见性而见其性之效，因以所见者为性。犹火之能熟物也。吾未见火，而指天下之熟物以为火。夫熟物，则火之效也。"① 东坡这种解释的特点在于认为《孟》与《易》所言之"性"并非同一个层面的，孟子之说相当于只是看到了《易传》所说的"继者"，这是性之"效"，而非"性"之本身；那么作为"性之效"的"善"也就不能直接用来命"性"。朱子则并不赞同东坡的这种理解：

  愚谓继之者善，言道之所从出无非善也，所谓元也。物得是而成之，则各正其性命矣，而所谓道者固自若也②。

  夫善之与性，不可谓有二物明矣。然继之者善，自其阴阳变化而言也；成之者性，自夫人物禀受而言也。阴阳变化流行，而未始有穷，阳之动也；人物禀受一定，而不可复易，阴之静也③。

按照朱子所说，"继之者善"首先说明的正是道之所从出就在于"善"，其实就是《易传》中所说的"元者，善之长也"；而"继善"与"成性"则分别从阴阳变化和人物禀受的阳动与阴静而言，二者之间前后相承，但是本体未离，"善"是一以贯之的，所以"善"与"性""不可谓有二物明矣"。因此

---

① 朱熹：《杂学辨·苏氏易解》，《晦庵先生朱文公文集》卷七十二，朱熹：《朱子全书》第24册，第3466页。
② 同上。
③ 朱熹：《太极图说解》，《朱子全书》第13册，第77页。

朱子最后得出结论:"愚谓孟子道性善,盖探其本而言之,与《易》之旨未始有毫发之异,非但言性之效而已也。苏氏急于立说,非特不察于《易》,又不及详于《孟子》,故其言之悖如此。"① 以此不仅解释了《易》和《孟》关于"性"之言说之间的关系,而且也维护了《孟子》的经典地位。

四、核心范畴的贯通

理学的形成相较于前代的儒学,一个典型的特征是其话语系统的转换,提出了一套新的概念体系,而其中尤为引人瞩目的比如程朱"天理论"② 的提出和建构。而他们之所以特别看重"天理"这个概念,一个重要的原因是,"天理"乃天地万物的"所当然之则"与"所以然之故"。而借助这个概念,几乎可以贯通所有对于其他概念的解释并同时为它们提供形而上学的基础,由此建立起概念之间的具体联系,从而最终使得本体论、心性论和工夫论的贯通更加顺遂;同时,就经学来说,相比于汉学之名物训诂,理学对于概念的诠释由此也更加义理化和哲学化了:

  礼者,理也,文也。理者,实也,本也。文者,华也,末也③。

  理当然者天也,众所同者时也④。

  伯温又问:"孟子言心、性、天,只是一理否?"曰:"然。自理言之谓之天,自禀受言之谓之性,自存诸人言之谓之心"⑤。

二程这三段话涉及对宋明理学中四个重要概念的解释:礼、天、心、性,而其解说的特点则在于皆以"理"诠之,这样不仅这四个范畴都获得了形而

---

① 朱熹:《杂学辨·苏氏易解》,《晦庵先生朱文公文集》卷七十二,《朱子全书》第24册,第3466页。

② 在下文当中,对于程朱"天理"与"理"的使用将不再做具体区分,因为按照"理一分殊"的理论架构来说,二者之间的涵义实有统一之一面;退一步说,如果在朱子,"天理"较"理"更偏重于对人事的运用,尤其体现在"天理"与"人欲"的对立言说当中,但即便如此,这也可能仅仅是因为更接近一种固定搭配的使用,"天理"与"理"仍然在更大的意义上是统一的,而在二程则根本没有体现出这种区分。

③ 程颢、程颐:《河南程氏遗书》卷十一,《二程集》,第125页。

④ 程颢、程颐:《周易程氏传》卷一,《二程集》,第757页。

⑤ 程颢、程颐:《河南程氏遗书》卷二十二上,《二程集》,第296页、297页。

上的说明，同时以"理"为中介，这四个概念彼此之间亦获得一种意义的贯通。完善心性论的先天根据和为工夫论提供本体论之基础，这正是汉唐儒学所没能完成的任务，亦是宋明理学的新贡献。而隐含于在这之后的则是，既然能够以"理"贯通这些主要的概念，那么作为其来源的经典系统，也就有利于借助"理"的线索完成其整合，这正是程朱理学经典系统的一个重要特点。

五、经典的作用和彼此互补

宋明之前，儒家的经典主要是五经正义的系统；进入宋朝之后，《学》《论》《孟》《庸》的地位渐被看重，后来更是逐渐超越五经，并最终形成以四书统领五经的新的经典格局；而经典的这种变化，实际上正是与理学的创生和深化同步而相应的。就四书来看，虽然到朱子之时，它们才正式集结在一起而成为一个有机的整体，但是实际上，在二程的时候，它们不仅已经进入二程的视野，而且"天理论"的建立亦是在它们的交互诠释中得以实现的；只是在整个北宋时期，《周易》仍然处于核心经典的地位，因此二程的理学实际上是在以《易》统领《学》《论》《孟》《庸》的基础上而完成的。审视这五部经典，简单而言，《易》《庸》中多含有对于本体的探求，《孟》《庸》中富含心性论资源，而《易》《论》《孟》《学》《庸》各有不同的工夫论发明。这样的一种特点，最直观的结论就是如果只是依靠单一的某一部经典，无法完成对于时代课题的回应；因此为了实现本体论、心性论和工夫论的整体建构，以回应佛道的挑战和完成返本复性的解答，就必须通过经典的整合来实现理论的创新。而整合经典，亦从两个方面来看：其一，横向来说，通过不同经典之间的相互配合、协调或折中以实现理论的创新，其中典型的代表比如跨文本诠释；其二，纵向来说，同一部经典在理学的发展过程当中，它的具体作用亦会发生变化，或者换言之，在经典的整合当中，同一部经典的地位会发生变化，而这正是与理学的深化同步而行的。以下就这两个方面分别展开，再做简述。

（一）《周易》之"穷理"与《大学》之"格物"

《易·说卦》中说："穷理尽性以至于命"，这句话的特点在于将"理"与性命问题直接联系在了一起。二程一定要在儒家已经有众多重要概念的前提下，重新引进"理"这样一个更为佛道所盛言的范畴，并将其作为自己全部理论的基础，可能就是从这句话中获得的灵感，因为在二程时，性命之际已经是当时士大夫广泛议论的话题，这无论是从司马光的《论风俗札子》，还是程颐早年所做的《颜子所好何学论》中都可以窥见一斑，而《易传》的这句话则明确地将性命问题的解决还原到"穷理"上来。但是问题在于，如果《易传》已经给出了明确的工夫入手之处，那么二程又为何要一定再引进《大学》的文本，而周折地在《易》与《学》之间再做协调？一方面，从《易传》本身来看，"穷理尽性以至于命"虽然提示了"穷理"作为工夫的入手处，但是对于"理"的言说却仍然稀少，关于如何"穷理"，何为"穷理"又缺乏具体的发明，"穷理"在整个工夫中的首要性亦没有得到明确的凸显，这也是在漫长的汉唐时期它一直没有被充分重视的重要原因；另一方面，从《大学》来看，它具有两个明显的特点：其一，完整地勾画了儒家内圣外王的人生理想，这既是儒家区分于佛老的所在，也体现着当时内忧外患的时局下儒者强烈的关怀；其二，它为此提供了明确的工夫次第，而格物致知则是"八目"的基础和工夫的入手处，尤其是后者，相较于其他经典各种不同的工夫发明，要更为明确和具体。这两者应当是二程看重《大学》的原因所在，但是《大学》这种工夫说明亦有其弊端，即工夫落实于"格物致知"，但是对此却没有更细致的发明，尤其是没有为其提供本体论和心性论的支撑，从而使得这种工夫既不够清晰，也缺乏更加有力地说明。在这种情形下，二程的做法则是以《易》之"穷理"来解《学》之"格物"，通过这样一种跨文本诠释，工夫论的入手处显得更加可靠和清晰：

> 所谓致知在格物者，言欲致吾之知，在即物而穷其理也。盖人心之灵莫不有知，而天下之物莫不有理，惟于理有未穷，故其知有不尽也。是以《大学》始教，必使学者即凡天下之物，莫不因其已知之理而益穷之，以求至乎其极。至于用力之久，而一旦豁然贯通焉，则众物之表里

精粗无不到，而吾心之全体大用无不明矣。此谓物格，此谓知之至也①。

对于"格物"的训释，历来纷争不息；二程的解释核心在于以"穷理"而释"格物"，如此一来，一方面使得工夫论与本体论相贯通，如是，既为工夫论之开展提供了更为确切的依据，也使得工夫的操作更加具体和深化；另一方面，从文本上说，跨文本诠释的运用，也使得这种理论的发明在合法性上获得了足够的支撑，而作为结果，《易》与《学》亦以此为纽带而获得一种整合之效。

（二）"《易》非学者之急务"

理学的经典体系是一个稳定与动态同时并存的结构，"稳定"体现在它的核心经典一直都是四书和五经，动态则是伴随着理学的发展和深化，尤其是四书和《易》，在整个理学发展的脉络中，在不同时期它们的重要性都是变化的：大体来说，宋明理学的发展是与心性论、工夫论的细致和分化同步而行的，因此从经典上来说，偏重于本体论的经典其重要性在理学之初会十分显著，但是随着理学的深化，其重要性反而会下降，而偏重心性和工夫论的经典，其重要性会越加突出。下面以《易》为例而做简述：

与四书之渐受推重相反，《易》的作用在宋学的开展过程中则是逐渐下降的：一方面新儒学开展之初，五经的影响力还非常显著，加之为了抗衡佛老精致的形上世界，《易》盛言天道，因此在整个北宋时期，《易》几乎是各家理论建立的基础而处于核心经典的地位；另一方面，因为周、程、张等人虽然都利用《易》来建构自己的宇宙论或者本体论，但是到了比如朱子时，他的宇宙论和本体论的建构则更多的是继承北宋五子已有的成果，如二程之言"理"、张载之言"气"，集其所成，而不是再直接回到《易》当中去寻找这些理论资源。另一方面，朱子对于心性论和工夫论的重视，也使得与此关系更为密切而切中"人道"的四书之地位必然呈现出一个与《易》之下降相反而获得提升的过程，所以朱子《四书章句集注》的集结也就是必然的。他说："《诗》《书》是隔一重两重说，《易》、《春秋》是隔三重四重说……今欲直得圣人本意不差，未须理会经，先须于《论语》《孟子》中专意看他。"② 也就很

---

① 朱熹：《四书章句集注》，第6页、7页。
② 黎靖德编：《朱子语类》卷一百〇四，第2614页。

好理解了。

　　对以上五个方面亦可以从如下角度归纳：以《易》《论》《孟》《学》《庸》为例，它们之间既相互贯通，又彼此区分，而所谓经典体系的建立则至少意味着四点：其一，因为各部经典皆有不同的侧重，比如《论》《孟》侧重人道，《易》《庸》兼顾双方，《论》只提"仁"，《孟》则把"仁"明确落实到心性当中，换言之，只依靠某一部经典无法从范围上涵盖宋学本体论、心性论和工夫论的内容，因此每一部经典皆在其中扮演着不可或缺的角色；其二，对于经典内容实现贯通的前提是范畴之间的贯通，也就是说，核心话语在其中的重要作用，这通常有两种方式：第一，以一个范畴为中心贯通其他所有范畴，比如朱子即以"理"或者"天理"实现对于"心""性""情"等各主要概念内容的界定和彼此关系的说明；第二，范畴之间彼此勾连互相解释，比如《大学》以"格物致知"为工夫入口，《易》强调"穷理尽性至命"，二程则以"穷理"解释"格物"，以此建立《易》与《学》之间具体的一致性和相关性；其三，各部经典之间的差异是客观存在的，经典体系则意味着以某一部经典为基础来统合并贯通各部经典，其实质是以某部经典为主要标准去弥合这些经典之间可能的矛盾，而这部基本经典的选择就成为理论分殊的重要关节点；其四，既然要统合不同的经典，那么结果可能是与每一部经典都有相同又有相异，比如二程之提出二元性论，虽然坚持先天性善与现实之恶，但是毕竟已经超出《孟子》的理解。而作为以上四个方面的结果的是四书的形成，并进而实现统领五经的格局。而宋明理学的兴起发展正与这一经典体系的变化同一相应，这一相应也是在与核心话语互为表里的建构中得以实现的，也就是说，理学思想得以通过经学的资源生发并大兴。

后　记

《宋代经学哲学研究》，作为作者承担的教育部人文社科重点研究基地重大项目《宋代经学与哲学研究》的结项成果，在经过各位参与者数年的辛勤劳作之后，终于能够交付出版。虽然项目的进行经历了相当程度的拖延，但看到它的顺利成书还是值得高兴的。

宋代经学与哲学研究，是山东大学易学与中国古代哲学中心提出的招标课题，也是这些年作者愿意为之付出并努力探索的重点研究方向。"经学哲学"的研究，与通常单纯的理学研究不尽相同，它看重的是儒家经学自身的变革和经学内在的哲学思维的生长，而理学的产生则是它的成果方面。

本书1部3卷，《基本理论卷》属于典型的哲学研究，它突出的是本课题理论研究的结果，而在其逻辑展开的过程中，又体现出自身历史发展的蕴涵。《儒学复兴卷》综合考虑了唐宋转型期的社会氛围和文化背景，注意抓取儒学复兴中的哲学意识，并将重点放在了中唐以后的经学变革上；《理学体贴卷》则力图阐明理学学术究竟怎样在与佛老的颉颃中警醒，并通过经典资源的再造，最终使传统经学变形为新儒学——宋代理学。三卷书既有上中下之分，又可以说是互为首尾，共同构成为宋代经学哲学研究成果的整体。

本套书由向世陵负责主持，并撰写《基本理论卷》；高会霞、杨泽撰写《儒学复兴卷》；王心竹、吴亚楠撰写《理学体贴卷》。五位作者精诚合作，互相协商，最终协力完成了各自所承担的项目及全部书稿。

本书的出版，得到教育部人文社会科学重点研究基地基金资助和山东大学易学与中国古代哲学研究中心的鼎力支持，正是有赖这些多方面的支持，才能使本书顺利呈现在读者面前，谨此一并表示最真诚的谢意。

本书的撰写虽历时较长，但至交稿之日，仍发觉其中有不少值得再斟酌修改之处。考虑到总得为本书画上一个相对的句号，故其不完满和欠缺之处，真切恳请读者不吝赐教，以待来日修订时补足。

作者

2014年3月25日

参考文献

1. 李宗侗、叶庆炳校订：《春秋左传今注今译》，北京：新世界出版社，2012年。
2. 朱海雷编著：《关尹子·慎子今译》，杭州：浙江大学出版社，2012年。
3. 贾谊著，闫振益、钟夏校注：《新书校注》，北京：中华书局，2000年。
4. 董仲舒著，叶平注译：《春秋繁露》，郑州：中州古籍出版社，2010年。
5. 韩婴著，许维遹校释：《韩诗外传集释》，北京：中华书局，1980年。
6. 郑玄：《周易乾凿度》，影印文渊阁四库全书，第53册，台北：台湾商务印书馆，1986年。
7. 郑玄注，孔颖达疏，陆德明音义：《礼记注疏》，影印文渊阁四库全书，第116册，台北：台湾商务印书馆，1986年。
8. 许慎著，段玉裁注，许惟贤整理：《说文解字注》，凤凰出版传媒集团，凤凰出版社，2007年。
9. 严遵著，王德有点校：《老子指归》，北京：中华书局，1994年。
10. 王弼注，韩康伯注，孔颖达疏，陆德明音义：《周易注疏》，北京：中央编译出版社，2013年。
11. 王弼注，韩康伯注，孔颖达疏：《周易正义》，北京：北京大学出版社，1999年。
12. 嵇康著，戴明扬校注：《嵇中散集校注》，北京：人民文学出版社，1962年。
13. 郭象：《庄子注》，影印文渊阁四库全书，第1056册，台北：台湾商务印书馆，1986年。
14. 徐幹：《中论》，《四部丛刊正编》〇一八，王云五主编，台北：台湾商务印书馆，1979年。

15. 李鼎祚著,王鹤鸣、殷子和整理:《周易集解》,北京:中央编译出版社,2011年。
16. 吴筠:《宗玄集》,影印《文渊阁四库全书》,第1071册,台北:台湾商务印书馆,1986年。
17. 谭峭著,丁祯彦、李似珍点校:《化书》,北京:中华书局,1996年。
18. 彭晓:《周易参同契通真义》,影印文渊阁四库全书,第1058册,台北:台湾商务印书馆,1986年。
19. 脱脱等:《二十四史·宋史》(简体字本),北京:中华书局,2000年。
20. 李觏,王国轩点校:《李觏集》,北京:中华书局,1981年。
21. 范仲淹著,李先勇、王蓉贵点校:《范仲淹全集》,成都:四川大学出版社,2007年。
22. 欧阳修著,李逸安点校:《欧阳修全集》,北京:中华书局,2001年。
23. 欧阳修著,李之亮注译:《欧阳修集》,郑州:中州古籍出版社,2010年。
24. 苏轼:《苏东坡全集》,北京:北京市中国书店,1986年。
25. 石介:《徂徕石先生文集》,北京:中华书局,1984年。
26. 胡瑗:《周易口义》,影印文渊阁四库全书,第8册,台北:台湾商务印书馆,1986年。
27. 孙复:《春秋尊王发微》,影印文渊阁四库全书,第147册年。
28. 司马光著,李文泽、霞绍晖点校:《司马光集》,成都:四川大学出版社,2010年。
29. 司马光:《涑水记闻》,北京:中华书局,2004年。
30. 王安石:《王文公文集》,上海:上海人民出版社,1974年。
31. 王安石:《临川先生文集》,北京:中华书局,1959年
32. 苏轼:《东坡易传》,长春:吉林文史出版社,2002年。
33. 周敦颐著,谭松林、尹红整理:《周敦颐集》,长沙:岳麓书社,2002年。
34. 张载:《张载集》,北京:中华书局,1978年。
35. 程颢、程颐著,王孝鱼点校:《二程集》,北京:中华书局,1981年。
36. 邵雍著,黄畿注、卫绍生校理:《皇极经世书》,郑州:中州古籍出版社,1992年。
37. 胡安国:《春秋传》,长沙:岳麓书社,2011年。
38. 胡宏:《胡宏集》,北京:中华书局,1987年。

39. 朱熹著，朱杰人、严佐之、刘永翔主编：《朱子全书》，上海：上海古籍出版社、合肥：安徽教育出版社，2010年。

40. 朱熹：《四书章句集注》，新编诸子集成本，北京：中华书局，1983年。

41. 黎靖德著，王星贤点校：《朱子语类》，北京：中华书局，1986年。

42. 吕祖谦：《吕祖谦全集》，杭州：浙江古籍出版社，2008年。

43. 陈亮：《陈亮集》，北京：中华书局，1974年。

44. 陆九渊：《陆九渊集》，北京：中华书局，1980年。

45. 张栻著，杨世文、王蓉贵点校：《张栻全集》，长春：长春出版社，1999年。

46. 邵伯温：《邵氏闻见录》，北京：中华书局，1997年。

47. 杨简：《慈湖先生遗书》，济南：山东友谊书社，1991年。

48. 陈淳：《北溪字义》，北京：中华书局，1983年。

49. 褚伯秀：《南华真经义海纂微》卷五十八《达生》，影印文渊阁四库全书，第1057册，台北：台湾商务印书馆，1986年。

50. 李焘：《续资治通鉴长编》，北京：中华书局，1995年。

51. 张溥：《汉魏六朝百三家集》（二），影印文渊阁四库全书，第1413册，台北：台湾商务印书馆，1986年。

52. 王夫之：《张子正蒙注》，北京：中华书局，1975年。

53. 黄宗羲等著，全祖望补修，陈金生、梁运华点校：《宋元学案》，北京：中华书局，1986年。

54. 黄宗羲等著：《宋元学案》，《黄宗羲全集》第三、四册，杭州：浙江古籍出版社，2005年。

55. 永瑢等：《四库全书总目》，影印文渊阁全书，第1册。

56. 朱彝尊著，林庆彰、蒋秋华、杨晋龙、冯晓庭主编：《经义考新校》，上海：上海古籍出版社，2010年。

57. 江永：《近思录集注》卷十四，上海：上海书店，1987年。

58. 戴震：《孟子字义疏证》，北京：中华书局，1982年。

59. 王先谦、刘武：《庄子集解》，北京：中华书局，1987年。

60. 王先谦：《荀子集解》，北京：中华书局，1988年。

61. 王懋竑：《朱子年谱》，北京：中华书局，1985年。

62. 郭庆藩：《庄子集释》，北京：中华书局，1961年。

63. 朱谦之编：《老子校释》，北京：中华书局，1984年。

64. 《黄帝内经》，王云五主编：《四部丛刊正编》〇一九，台北：台湾商务印书馆，1979年。

65. 王利器：《文子疏义》，北京：中华书局，2000年。

66. 皮锡瑞著，周予同注释：《经学历史》，北京：中华书局，2004年。

67. 刘师培著，陈居渊注：《经学教科书》，上海：上海古籍出版社，2006年。

68. 陈寅恪：《金明馆丛稿二编》，上海：上海古籍出版社，1980年。

69. 唐君毅：《中国哲学原论（导论篇）》，北京：中国社会科学出版社，2005年。

70. 唐君毅：《中国哲学原论（原教篇）》，北京：中国社会科学出版社，2006年。

71. 钱穆：《庄老通辨》，北京：三联书店，2005年。

72. 钱穆：《中国思想史论丛》（二），北京：三联书店，2009年。

73. 钱穆：《中国思想史论丛》（五），北京：三联书店，2009年。

74. 钱穆：《朱子新学案》，北京：九州出版社，2011年。

75. 钱穆：《宋明理学概述》，北京：九州出版社，2011年。

76. 吕澂：《吕澂佛学论着选集》，济南：齐鲁书社，1991年。

77. 张岱年：《中国哲学大纲——中国哲学问题史》，北京：昆仑出版社，2010年。

78. 牟宗三：《心体与性体》，上海：上海古籍出版社，1999年。

79. 侯外庐、邱汉生、张岂之主编：《宋明理学史》，上海：人民出版社，1984年。

80. 邱汉生：《四书章句集注简论》，北京：中国社会科学出版社，1980年。

81. 任继愈主编：《中国道教史》，北京：中国社会科学出版社，2001年。

82. 邓广铭：《邓广铭治史丛稿》，北京：北京大学出版社，1997年。

83. 方立天：《中国佛教要义》，北京：中国人民大学出版社，2002年。

84. 张立文：《宋明理学研究》，北京：中国人民大学出版社，1985年。

85. 张立文主编，徐荪铭、蔡方鹿、张怀承、岑贤安、张立文著：《中国哲学范畴精粹丛书——理》，北京：中国人民大学出版社，1991年。

86. 张立文：《走向心学之路——陆象山思想足迹》，北京：中华书局，1992年。

87. 余英时：《朱熹的历史世界》，北京：三联书店，2004年。
88. 朱伯崑：《易学哲学史》，北京：华夏出版社，1995年。
89. 劳思光：《新编中国哲学史》三卷上，南宁：广西师范大学出版社，2005年。
90. 土田健次郎：《道学之形成》，上海：上海古籍出版社，2010年。
91. 沟口雄三、小岛毅主编：《中国的思维世界》，南京：江苏人民出版社，2006年。
92. 陈荣捷：《朱学论集》，上海：华东师范大学出版社，2007年。
93. 陈荣捷：《朱子新探索》，上海：华东师范大学出版社，2007年。
94. 韦政通：《中国哲学辞典》，长春：吉林出版集团有限责任公司，2009年。
95. 蒙培元：《理学的演变》，福州：福建人民出版社，1984年。
96. 蒙培元：《理学范畴系统》，北京：人民出版社，1989年。
97. 马宗霍：《中国经学史》，上海：上海书店，1984年。
98. 陈来：《朱子哲学研究》，上海：华东师范大学出版社，2000年。
99. 陈来：《宋明理学》，上海：华东师范大学出版社，2004年。
100. 陈来主编：《早期道学话语的形成与演变》，合肥：安徽教育出版社，2007年。
101. 卿希泰主编：《中国道教史》，四川人民出版社，1992年。
102. 向世陵：《善恶之上——胡宏·性学·理学》，北京：中国广播电视出版社，2000年。
103. 向世陵：《理气性心之间——宋明理学的四系与分系》，北京：人民出版社，2008年。
104. 向世陵：《理学与易学》，长春：长春出版社，2011年。
105. 陈植锷《北宋文化史论述》，北京：中国社会科学出版社，1992年。
106. 石训等：《中国宋代哲学》，郑州：河南人民出版社，1992年。
107. 蔡方鹿：《一代学者宗师——张栻及其哲学》，成都：巴蜀书社，1991年。
108. 蔡方鹿：《朱熹经学与中国经学》，北京：人民出版社，2004年。
109. 徐洪兴：《思想的转型——理学发生过程研究》，上海：上海人民出版社，1996年。
110. 章权才：《宋明经学史》，广州：广东人民出版社，1999年。

111. 熊琬：《宋代理学与佛学之探讨》，台北：文津出版社，1985年。
112. 卢国龙：《宋儒微言》，北京：华夏出版社，2001年。
113. 朱汉民、肖永明：《宋代〈四书〉学与理学》，北京：中华书局，2009年。
114. 唐明贵：《论语学史》，北京：中国社会科学出版社，2009年。
115. 田浩：《朱熹的思维世界》，南京：江苏人民出版社，2009年。
116. 田浩：《旁观朱子学》，上海：华东师范大学出版社，2011年。
117. 孔令宏：《宋代理学与道家、道教》，北京：中华书局，2006年。
118. 萧永明：《北宋新学与理学》，西安：陕西人民出版社，2001年。
119. 范立舟：《理学的产生及其历史命运》，西安：陕西人民出版社，2001年。
120. 彭永捷：《朱陆之辩：朱熹陆九渊哲学比较研究》，北京：人民出版社，2002年。
121. 李祥俊：《道通于———北宋哲学思潮研究》，北京：北京师范大学出版社，2006年。
122. 杨立华：《气本与神化：张载哲学述论》，北京：北京大学出版社，2008年。
123. 李仁群、程梅花、夏当英著：《道家与中国哲学》（宋代卷），孙以楷主编，北京：人民出版社，2005年。
124. 杨世文：《走出汉学——宋代经典辨疑思潮研究》，成都：四川大学出版社，2008年。
125. 陈弱水：《唐代文士与中国思想的转型》，桂林：广西师范大学出版社，2009年。
126. 邓国光：《经学义理》，上海：上海古籍出版社，2011年。
127. 吴国武：《经术与性理——北宋儒学转型考论》，北京：学苑出版社，2009年。
128. 吾淳：《中国哲学的起源——前诸子时期观念、概念、思想发生发展与成型的历史》，上海：上海人民出版社，2010年。
129. 吴雁南、秦学顾等主编：《中国经学史》，福州：福建人民出版社，2001年。
130. 姚瀛艇主编：《宋代文化史》，开封：河南大学出版社，1992年。
131. 李长远：《北宋理学"性与天道"思想的渊源初探》，台北：文史哲出版社，2012年。

关键词索引

（斜线前为关键词，斜线后为页码）

B

本心/65,75,76,204,234,236—238,240,242—246

C

参两/92,174,175,193,195

诚/11,14,35,41,44,46,61,65,69,76,95,98,106,107,109,110,114,119—121,123,124,168,173,198,202,203,206—209,215,217,219,220,238,245,249,250,262

D

《大学》/14,65,83,93,94,97,98,104—107,110,111,114,123,127,129,130,145—147,149,150,200,204,205,207—209,211—213,219,241,258,259,261

F

返本复性/75,76,78—82,258

G

格物/65,105—107,123,130,145—147,149,150,162,204—209,211—213,258,259,261

J

经学/1,9,14,16,19—21,24,25,27—30,32,35,38,40,42,43,66,74,83,84,86,91,93—95,101—103,105,110,112,117,134,142,150,198,200,201,204,214,215,220,222,226,227,243,247,251,257,261,262,267—270

敬/3,11,46,90,102,106,125,127,145,146,160,168—173,201,205,207,209,210,215,216,218,220,225—230,232,233,237,246

L

理学/1,17,20,28,33,37—43,63,66,69,73,75,79,81—84,88,90,91,93—99,101,102,104—107,109,111—114,123,129—131,133,139,142,150,151,156,157,171,173—175,184,192,197,204,209,213,214,217—220,225,226,228,232,233,240,247—249,252,254—262,267—270

《论语》/10, 17, 22, 23, 27, 41, 61, 62, 83, 93, 97—102, 104, 105, 110, 111, 114, 122, 124, 125, 127, 129, 130, 150, 154, 157, 164, 169, 171, 173, 200, 201, 203, 204, 214—217, 220—222, 226, 227, 230, 233, 242, 248—254, 260

M

《孟子》/17, 23, 29, 37, 41, 66, 70, 83, 97—99, 101—105, 110, 111, 114, 122, 124, 125, 127, 129, 130, 146, 150, 154, 157, 158, 160, 164, 170, 175, 197, 200, 201, 203, 215, 217, 241—245, 248, 249, 251, 253—256, 260, 261

明体达用/31, 32, 35, 36, 89

Q

气/2, 4, 8, 10, 11, 21, 26, 27, 33, 36, 38—41, 50, 58, 62, 63, 69, 71, 72, 74, 77, 81, 82, 86, 91, 100, 104, 109, 115—117, 120, 121, 128—130, 140, 151—153, 156, 162, 174—200, 202, 203, 210, 211, 215, 220, 224, 228, 235—237, 239, 245, 247, 248, 251, 254, 255, 260, 269

穷理/42, 68, 70, 90, 91, 94, 95, 99, 106, 107, 143—145, 147, 149, 150, 152, 162, 165—167, 201, 202, 205, 212, 213, 258, 259, 261

R

仁/1, 6, 11—15, 21, 31—36, 38, 40,

44—46, 48, 52, 56, 57, 64, 65, 70, 71, 73, 75—78, 84, 86, 95, 100, 102, 106, 107, 111, 118, 119, 122—124, 138, 144—146, 149—155, 157—161, 164, 169, 207, 209, 210, 216, 223—225, 229, 230, 232, 240, 244, 245, 260, 266, 269

S

神/3, 5, 7, 8, 12, 13, 16, 17, 27, 28, 30—33, 35—39, 41, 44, 48—50, 52, 53, 58—61, 67, 70, 72, 74, 75, 80, 84, 89, 92, 104, 119, 123, 124, 126, 134, 140, 144, 145, 159, 167, 174, 175, 177—183, 185, 188, 192—197, 201, 213, 215, 234, 243, 248—250, 269

T

太和/92, 134, 174, 175, 187, 188, 191—195, 197, 198, 203

太极/35, 38, 40, 41, 72, 88, 91, 98, 110, 112—121, 126, 129, 147, 148, 174, 181, 185—187, 195—197, 210, 211, 256

太虚/39, 74, 91, 134, 174—189, 191, 192, 194, 195, 197—199, 202, 203

W

五经/22, 23, 53, 83, 84, 89, 93, 96—99, 101, 104, 111, 112, 150, 154, 203, 241, 247, 248, 257, 258, 260, 261

X

性/1, 2, 5—11, 14—20, 25, 29, 33,

35－42,45,46,50,52－54,56,57,59－65,67－82,84,86－99,101－103,105－113,117－119,121,124－130,132,133,135－142,144,146－151,153－165,167,169－173,177－180,182－184,186,188－190,193－201,206,208－213,215,217,219－221,223,227,228,230,232－254,260－262

Y

疑经惑传/19,28,30,84,93,247,248,251

Z

《中庸》/14,25,41,46,60,66,69,70,79,83,91,93,94,97－99,101,104－112,114,119－123,127,129,130,150,157,158,164,165,168,169,173,175,197,199－202,205,219,235,241,245,249,250,252

《周易》/8,25,66,70,73,78,83,88－91,93,94,97,99,105,110,112,114－116,119－121,123,125,129,130,143,144,147,150,153,154,158,160,169,174,175,183,185,188－194,196,199,201,203,215,241,249,255,258